I0470815

عبد السعيد الشرقاوي
خبيــر قضــائي - وسيط وحكم دولــي
معتمد في حقوق الملكية الفكرية

حق المؤلف في الخزانات العامة: ثروة غير محصنة من أضرار القرصنة

حق المؤلف في الخزانات العامة: ثروة غير محصنة من أضرار القرصنة

بسم الله الرحمن الرحيم

{ن والقلم وما يسطرون}

جميع الحقوق محفوظة للمؤلف - (ن) الشرقاوي 2009-2013

Tous droits réservés à l'auteur

© Cherkaoui, 2013

الطبعة الأولى:

الإيداع القانوني: 2009/1616

الترقيم الدولي الموحد للكتب: ISBN 978 -9954-8058-7-7

2

حق المؤلف في الخزانات العامة: ثروة غير محصنة من أضرار القرصنة

المؤلف: عبد السعيد الشرقاوي

- ✓ خبير متمرس نظريا و ميدانا في مجال حقوق المؤلف منذ 1967.
- ✓ مستشار قانوني؛ خبير قضائي؛ وسيط وحكم دولي؛
- ✓ عضو مركز الوساطة و التحكيم بالمنظمة العالمية للملكية الفكرية؛
- ✓ معتمد في حقوق الملكية الفكرية الأدبية و العلمية و الفنية.

- مؤلف مشروع "أس التحضر و الامساك بناصية التحديث".
- مؤسس مدرسة حقوق المؤلف الاسلامية.
- مؤلف موسوعة حقوق الملكية الفكرية.

أصول المادة العلمية:

لكي تكون الفائدة أكمل وأعم، فإنه يستحسن الرجوع إلى عملنا الأول:

حقوق الملكية الفكرية: أس الحضارة والعمران وتكريم للحق والخلق (1995)، وذلك لاشتماله على أصول المادة التي نحن بصدد بسط بعض قضاياها في هذا العمل، الذي هو بمثابة ضوء كاشف، وبكثافة شديدة، على بعض تلك الأصول.

كما ننصح بالرجوع إلى كتاباتنا، وتصريحاتنا المختلفة التي سبق الإدلاء بها لمختلف وسائل الإعلام الوطنية ووكالات الأنباء العربية والعالمية. و التي عملنا كذلك على جمعها في عملنا الثاني: عولمة الملكية الفكرية: بين التنظير الوهمي والتطبيق العشوائي.

لمعرفة المزيد، يرجى زيارة الموقع الالكتروني الخاص بالمؤلف:

www.cherkaoui.net

عنوان الاتصال والتواصل:

Info@cherkaoui.net

حق المؤلف في الخزانات العامة: ثروة غير محصنة من أضرار القرصنة

تنبيه ونصيحة

طبقاً للاتفاقياتِ العالمية، ووفقاً للقوانين الوطنية الخاصة بحقوق الملكية الفكرية، فإن المؤلف "المالك الأصلي للحقوق" وحدَه دون سواه، هو الذي يملك الحقَّ الاستئثاري في الترخيص للغير باستعمال أو استغلال أو صنع نسخ من عمله.

وبناءً عليه، فإنه يُمنع دون ترخيصِ مكتوبٍ من المؤلف أيُّ عرضٍ أو نسخ كليٍّ أو جزئي لهذا العمل الموجَّهِ خصيصاً للاستعمال الفردي الخاص والشخصي، وليس للاستغلال أو الاستخدام أو الاستنساخ من طرف المؤسَّسات العمومية؛ كالخزانات ومصالح التوثيق وغيرها من المكتبات التعليمية والثقافية، سواء التي تستهدف الربحَ التجاري أم لا تستهدفه بطريقةٍ مباشرةٍ أو غير مباشرة، والتي يرتكب بعضُها جرائمَ الاستغلال غير المشروع لأعمالٍ مملوكةٍ للغير؛ بحجةِ "تشجيع الدراسات والبحوث العلمية" أو "نشر الثقافة" أو "القراءة للجميع"!.

مثل هذه المؤسَّسات غير مرخَّصٍ لها شرعاً باستنساخ أي مقالٍ أو حتى مقطع قصير من مصنفٍ مشمول بالحماية القانونية، إلا إذا تمَّ الحصول على الترخيص اللازم أو/ وأداء مكافأةٍ عادلة؛ ذلك أن عملية النسخ التي تقوم بها مثلُ هذه المؤسَّسات غيرُ مرخَّصٍ بها أصلا، وهي محرَّمة عالمياً إلا في بعض الحالات الخاصة الاستثنائية التي تخضع لحدودٍ صارمةٍ وشروطٍ معيَّنة، منها: "ألا يتعارضَ عمل مثل هذه النسخ مع الاستغلال العادي للمصنَّف، وألا يسبّب ضرراً غير مبرَّر للمصالح المشروعة للمؤلّف"،[1] "نظراً لأن النسخ الفوتوغرافي على نطاق واسع قد يضرُّ بمصالح المؤلفين عندما يصبح بديلا عن شراء المصنف ويؤدي إلى انكماش السوق أمام الناشرين"[2].

وإن أيَّ عرضٍ أو نسخ أو استغلال غير مرخَّصٍ به مسبقاً من المؤلف، كيفما كانت الطريقة أو الوسيلة المستعملة لهذه الغاية، يعتبر في الوقت الراهن جريمة جنائية تعرِّضُ مرتكبَها أو مرتكبيها للعقوباتِ المنصوص عليها في التشريعات الوطنية والاتفاقيات العالمية، وعلى رأسها اتفاقيةِ "الجات" التي تلزم البلدانَ الأعضاء بقصر القيود أو الاستثناءاتِ من الحقوق الاستئثارية على بعض الحالاتِ الخاصة التي لا تتعارض مع الاستغلال العادي للعمل، ولا تلحِقُ ضرراً غيرَ مبرَّر بالمصالح المشروعة لمالك الحقوق[3].

وننبِّه إلى أن الاعتداء على حقوق المؤلف في أيةِ صورةٍ من الصور يعادل جريمة السرقة، ويكون مرتكبُه عرضة لرفع دعوى ضده؛ شأنُ غيره من المعتدين على سائر الحقوق المدنية. ويكون مرتكبه أو مرتكبته في حكم الدين الإسلامي الحنيف عرضة لقطع اليد، (والسارق والسارقة فاقطعوا أيديَهما جزاءً بما كسبا نكالاً من الله والله عزيزٌ حكيم) [4]

ونذكر كذلك أن تلك العقوبات- في حال المسِّ بحقوق المؤلف- لا تقتصِر فقط على التشريع الخاص بحقوق الملكية الفكرية، بل تدخل أيضاً في حكم القوانين المألوفة في النظام القضائي المدني والجنائي بصورةٍ خاصة والوطني والدولي بوجه عام.

ومن ثمة نؤكد أن أيَّ عرضٍ غير مشروع أو استنساخ دون إذنٍ من المؤلف، أو ممَّن ينوبُ عنه شرعاً، لا يتعارضُ فقط مع الاستغلال العادي لأعمال الملكية الفكرية أو يسبب ضرراً بغير مبرِّر لمصالح المؤلفين وحقوقهم المشروعة، بل هو جريمةٌ جنائية- سرقة، وأكل لأموال الناس بالباطل، وقتل بغير حق للنفس المبدعة، بل قتلٌ للناس جميعاً، (من قتلَ نفساً بغير نفسٍ أو فساد في الأرض فكأنما قتل الناس جميعاً ومن أحياها فكأنما أحيا الناس جميعاً) [5]

---

[1] - اتفاقية برن (المادة 9).
[2] - المبادئ الأولية لحقوق المؤلف/ اليونسكو.
[3] - اتفاقية برن (المادة 9) -"اتفاقية حقوق الملكية الفكرية المرتبطة بالتجارة" (المادة 13)-"شرعة الملكية الفكرية "(عملنا الخامس).
[4] - سورة المائدة- الآية 38 .
[5] - سورة المائدة- الآية 32.

حق المؤلف في الخزانات العامة: ثروة غير محصنة من أضرار القرصنة

إهــداء

إلـــى:

- العاملات والعاملين بإحسان في مجال الاستثمار الفكري والإنتاج الذهني...

- الأدباء والعلماء...الذين يعملون الصالحات { وَمَا جَعَلْنَاهُمْ جَسَدًا لَّا يَأْكُلُونَ الطَّعَامَ وَمَا كَانُوا خَالِدِينَ } [1]

- { الَّذِينَ أُحْصِرُوا فِي سَبِيلِ اللَّهِ لَا يَسْتَطِيعُونَ ضَرْبًا فِي الْأَرْضِ يَحْسَبُهُمُ الْجَاهِلُ أَغْنِيَاءَ مِنَ التَّعَفُّفِ تَعْرِفُهُم بِسِيمَاهُمْ لَا يَسْأَلُونَ النَّاسَ إِلْحَافًا } [2]

- { وَالَّذِينَ اجْتَنَبُوا الطَّاغُوتَ أَن يَعْبُدُوهَا وَأَنَابُوا إِلَى اللَّهِ لَهُمُ الْبُشْرَىٰ ۚ فَبَشِّرْ عِبَادِ * الَّذِينَ يَسْتَمِعُونَ الْقَوْلَ فَيَتَّبِعُونَ أَحْسَنَهُ ۚ أُولَٰئِكَ الَّذِينَ هَدَاهُمُ اللَّهُ ۖ وَأُولَٰئِكَ هُمْ أُولُو الْأَلْبَابِ} [3]

{ أَمْ نَجْعَلُ الَّذِينَ آمَنُوا وَعَمِلُوا الصَّالِحَاتِ كَالْمُفْسِدِينَ فِي الْأَرْضِ أَمْ نَجْعَلُ الْمُتَّقِينَ كَالْفُجَّارِ * كِتَابٌ أَنزَلْنَاهُ إِلَيْكَ مُبَارَكٌ لِّيَدَّبَّرُوا آيَاتِهِ وَلِيَتَذَكَّرَ أُولُو الْأَلْبَابِ } [4]

صدق الله العظيم.

محتويات الكتاب:

[1] - سورة الأنبياء - الآية 10//8
[2] - سورة البقرة - الآية 273
[3] - سورة الزمر - الآية 18/17
[4] - سورة ص - الآية 29/28

- توطئة ....ص 7
- عرض و تقديم ....ص 11
الجزء الأول ....ص 13
حق النسخ: بين القاعدة و الاستثناء ....
الجزء الثاني ....ص 43
"النظام العالمي الجديد": أمر برفع الحواجز أمام التجارة العالمية لحقوق المؤلف الاقتصادية ....
الجزء الثالث ....ص 77
حق المؤلف في الخزانات العربية: ثروة غير محصنة من أضرار القرصنة ....
الجزء الرابع ....ص 110
دعوة للخروج من الجاهلية و ولوج نظام الملكية الفكرية ....

حق المؤلف في الخزانات العامة: ثروة غير محصنة من أضرار القرصنة

تـــوطـــئـــة

كتاب المفارقات: "ثروة الأمم" - كتاب جليل القدر لمؤلفه آدم سميث، تكاد لا تخلو منه مكتبة رجل الاقتصاد والسياسة في الوقت الحاضر نظرا لأهميته البالغة، حتى انه لينعت بالأمي من لم تتح له الفرصة للاطلاع عليه مهما بلغت ثقافته وسعة فكره !

ونحن إذ نضع بين يدي المثقف (المؤلف) الكريم والغافل عن حقه هذا السفر الصغير، إنما ندعوه ونستنهض همته ليأخذ زمام المبادرة بوضع الترتيبات والآليات اللازمة والميكانزمات العملية والدقيقة لاستخلاص حقوقه المادية كاملة وعن "آخر مليم" كما يقول إخواننا في المشرق العربي، والتي تقدر بالملايير من الدراهم والدينارات والريالات والدولارات. وتمثل ثروة حقيقية، طالما أن رياح الثورة الفكرية (التكنولوجية) مؤاتية، حيث إن الاتفاقيات المتعددة الأطراف الموقع عليها في إطار "الغات" أو المنظمة العالمية للتجارة والمنظمة العالمية للملكية الفكرية، وكذا التشريعات الوطنية المتعلقة بحماية حقوق الملكية الفكرية، والتي جاءت بها الدول المتقدمة، وعلى رأسها الولايات المتحدة الأمريكية، تقف إلى جانب المؤلف أو المالك الأصلي للحقوق الاقتصادية، سواء تعلق الأمر بشخص ذاتي أو بشخص اعتباري...

ونأمل صادقين ألا ينقضي الربع الأول من القرن الواحد والعشرين حتى يظهر إلى الوجود آدم سميث جديد يضع كتابا جديدا يسميه "ثروة المؤلفين العرب"...و لشدما سيكون فرحنا غامرا إذا كان هذا المؤلف من عالمنا العربي أو الإسلامي الذي تتعرض فيه حقوق المؤلفين للسلب والنهب في واضحة النهار دونما وجه حق.. وهذا الأمر إنما هو راجع لغفلة المؤلفين العرب، لا أقل ولا أكثر.

وإن ما يدعو إلى الإشفاق والأسف حقا هو أن ترى المؤلف، سواء في المغرب أو في أي قطر من الأقطار العربية، واقفا بين يدي الناشر أو "الوراق" (صاحب المطبعة)، وفي يده نسخة من كتابه الجديد، راجيا أيا منهما أن يطلب له الدعم المادي من وزارة الثقافة أو الاتصال أو أي جهة رسمية أخرى ليتمكن من طبع كتابه، لأنه يعاني من شظف العيش وقلة ذات اليد، وكأنه يستجديه الصدقة، رغم أنه الغني من حيث لا يدري وحبذا لو يدري !

وما أكثر ما لجأ الناشرون في العالم العربي للإعلان عن إصداراتهم الجديدة إلى استعمال عبارة "ثمرات المطابع" لترويج بضاعتهم في الأسواق ومعارض الكتب. وتلك الإصدارات في واقع الأمر إنما هي ثمرات الفكر الإنساني الخلاق. و باختصار شديد نقول إنها "ثمرات المؤلفين".

والغريب حقا، أن المؤلف المذكور يسعفه الحظ ! في تلقي الدعم المنشود، ويمضي إلى حال سبيله خاوي الوفاض. و كلما ألف كتابا جديدا وقف أمام وزارة الثقافة أو الناشر نفس الموقف المزري. فما أن تراه حتى تقفز إلى ذاكرتك صورة المؤلف الأديب العربي الكبير أبي حيان التوحيدي الذي ألف الكثير في علوم عصره أملا في أن يدرك الثروة والجاه فتتنكر له الناس كما يروي في مقدمة كتابه "الإمتاع والمؤانسة"، وبلغ به الفقر درجة شديدة اضطر معها إلى "أكل الخضراء في الصحراء" والرعي مع بهيمة الأغنام في الأرض الخلاء.

بيد أن الفرق بين أبي حيان التوحيدي والمؤلفين العرب والمسلمين بصفة عامة (الذين ينتمون لدول الجنوب) أن هؤلاء لازالوا مستمرين في عملية التأليف، بينما أبو حيان التوحيدي الذي ثار على الوضع، احتجاجا منه على الوضعية

حق المؤلف في الخزانات العامة: ثروة غير محصنة من أضرار القرصنة

المزرية التي كان يعيشها المؤلف في زمانه، عمد إلى إحراق كتبه التي تربو التسعين كتابا ولم يصلنا منها إلا القليل والمعدود على رؤوس أصابع اليد الواحدة.

ولنضع هذه المأساة في سياقها التاريخي نقول: إن ما وقع للمؤلفين في الزمن القديم كان قبل اختراع حروف الطباعة المتحركة للمخترع الطابع الألماني يوحن جوتنبرغ حوالي عام 1450م، حيث كانت كل المعرفة المكتوبة (الأدب؛ الفلسفة؛ العلم...) تكتب أو تنسخ باليد.

ولما كانت عملية النسخ عملية مرهقة، كانت النسخ المتاحة، من أي عمل، محدودة. ولذا كان الناس يقرؤون قليلا إذا حصلوا على شيء ذي أهمية خاصة. وكانت قراءته تتم بصوت عال للآخرين. ولكن اختراع الطباعة وضع الكتب في متناول الجميع تقريبا، وزاد بشكل هائل عدد الكتب التي يمكن قراءتها و " نسخها ".

فانتشار معرفة القراءة والكتابة والروايات المسلسلة الرخيصة التي تصور عوالم الأفراد الخاصة المتخفية وراء الأدوار الاجتماعية وحركة إنشاء المدارس العامة، وتكنولوجيا بناء الحيز الخاص، وصلت إلى أعضاء كافة الطبقات الاجتماعية، بما فيها طبقة الفلاحين والحرفيين، وفي سائر قارات المعمور.

ومن المفارقات العجيبة أن هذا الابتكار الرائع "للمطبعة" كان كفيلا بأن يجعل المؤلفين من أثرى الأثرياء في العالم، وخليقا بأن يجعل منهم طبقة متميزة داخل المجتمع، إن لم نقل جماعة ضغط (لوبي) يحسب له ألف حساب...غير أن شيئا من هذا لم يتحقق...وربما يعود إلى ثلاثة أسباب:

- **أولا:** مجتمع السوق لم يتبلور بعد بالشكل الذي نعرفه اليوم؛
- **ثانيا:** اتفاقية برن لم تصادق عليها بعض البلدان الأوروبية إلا في نهاية القرن التاسع عشر؛
- **ثالثا:** الاتفاقية العالمية لحماية جوانب حقوق الملكية الفكرية المرتبطة بالتجارة (أدبيك)[1] أو (تريبس)[2]، التي تعتبر الحجر الأساس لإنشاء المنظمة العالمية للتجارة، لم تظهر إلى الوجود إلا في نهاية القرن العشرين.

يضاف إلى ذلك أن معظم المؤلفين كانوا يشتغلون بالتدريس أو يمتهنون حرفا أخرى غير التأليف لضمان معاشهم. وكان كفاحهم إنما ينصب على إثبات الذات وتحقيق النجومية والشهرة أو تلميع الاسم، ولو كان ذلك على حساب صحتهم و/أو أحوالهم الاجتماعية التي تدعو إلى الرثاء...كما هو الحال بالنسبة للمؤلف الأديب والفيلسوف الفرنسي الكبير جان جاك روسو (من أصل سويسري) الذي قضى كل حياته ناسخا لأعمال الموسيقى (النوتة) ومربيا للأطفال. فالمهم بالنسبة إليه هو ذيوع الصيت لا كسب المال. ونحن نلمس هذا حينما نقرأ الفقرة التالية من كتاب الاعترافات، حيث يقول: " إنني أشرع في عمل لم يسبقني إليه أحد، وإذا أنجزته، فلن يكون له مقلد، وغايتي أن أنشر على الناس صورة صادقة لإنسان كما صاغته الطبيعة دون تبديل، وهذا الإنسان هو أنا. أنا دون غيري. فقد عرفت نفسي وخبرت الناس. إنني لم أخلق على غرار أحد ممن رأيت. بل إنني لأتجاسر على القول إنني لم أخلق على مثال أي إنسان موجود. ولئن لم أكن ممتازا عنهم، فإنني على الأقل متميز. أما مسألة ما إذا كانت الطبيعة قد كسرت القالب الذي حبستني فيه قد أحسنت أم أساءت، فهذا أمر لا يمكن البث فيه إلا بعد قراءة كتابي هذا".

---

[1] - Aspects des droits de propriété intellectuelle qui touchent au commerce (ADPIC)
[2] - Trade related intellectual property rights (TRIPs)

حق المؤلف في الخزانات العامة: ثروة غير محصنة من أضرار القرصنة

وبيننا وبين عصر المؤلف روسو - و فلاسفة الأنوار الذين مهدوا لقيام الثورة الفرنسية لحق المؤلف - مسافة زمنية تزيد على قرنين ونصف من الزمن، حيث كل شيء تغير وانقلب رأسا على عقب. فنحن نعيش عصر "الثورة الأمريكية لحق النسخ" - عصر انفجار معرفي حقيقي، والعالم كله صار عبارة عن قرية كونية بفضل وسائل الإعلام والاتصال والمواصلات الحديثة والأقمار الصناعية. كما أن وسائل التصوير والنسخ الشمسية والرقمية يكاد لا يخلو منها بيت داخل الحواضر والعواصم العالمية..انه عصر العولمة والمعيشة المكلفة... نتيجة لموجة الرأسمالية العالمية التي تجتاح العالم، مما جعل قيم السوق تطغى على سائر القيم...التي عملت على تغيير السلوك الإنساني. فالسلوك الإنساني اليوم – على سبيل المثال – يهدف إما إلى الكسب أو المجد، أي أن الدافع وراء سلوكنا ليس محبة رفاقنا بقدر ما هو حبنا لأنفسنا. والأفراد أشبه بالذرات المستقلة ذات الإرادة المستقلة، كل منهم يحاول أن يزيد ثروته أو سلطته أو نفوذه إلى الحد الأقصى. وليس للقيم والأخلاقيات معنى إلا في إطار إشباع هذه الرغبات.

والحقوق المادية لأي شيء تعلو على سائر الاعتبارات الإنسانية مهما بلغت من التسامي، بما فيها حتى الشرف...بمعنى أن الشرف الحقيقي هو أي شيء نملكه، أو أي شيء نفعله، أو أية صفة نتصف بها، ويكون دليلا على القوة وعلامة عليها. فالسيطرة والانتصار أمران شريفان، لأننا نحصل عليهما بالثورة الفكرية السلمية أو بالقوة...قوة القانون أو قوة الإمكانات.. والثروات شريفة في حد ذاتها لأنها هي القوة. والفعل الحق أو السليم، في إطار المعاملات التجارية وفق أخلاق السوق، هو الذي يزيد من قوة الإنسان أو ثروته أو يخدم مصلحته. وكل الناس يبحثون عن تحقيق أعلى درجة لرغباتهم و زيادة ممتلكاتهم. وعجلة السوق تدور لأن الناس قادرون على تجاهل المسائل العاطفية الانفعالية وعلى المساومة بطريقة عقلية.

وخير الناس هم تلك الآلات العقلية التي تستطيع أن تستخلص أقصى ما يمكن من عملية المساومة. والقيمة هي الحصول على أعلى سعر. ولما كان كل شيء مفروضا للبيع، فان خير الناس هم أولائك الذين يستطيعون البيع بأغلى الأسعار لزيادة سلطانهم.

ومن ثمة، فان قيمة الإنسان أو جدارته هي "سعره"، شأنه في هذا شأن كل الأشياء الأخرى، أي مقدار ما يدفع له نظير استخدام قوته الفكرية أو المادية. وما ينطبق على الأشياء الأخرى ينطبق على الإنسان. فالذي يحدد السعر هو المشتري وليس البائع.

صحيح أن الإنسان – شأنه شأن معظم الناس – يحدد لنفسه أعلى قيمة يستطيعها، ومع هذا فان قيمته الحقيقية هي ما يقدره الآخرون.

وصحيح كذلك أن المؤلف ليس كغيره من الناس؛ لأنه مبدع، متميز، خلاق...ولولا أعماله الفكرية التي أنتجها عبر العصور لما كانت للسوق – سوق الوفرة والرفاه التي نعرفها اليوم – من وجود يذكر. ولولاه لما وجدت الحضارة أصلا.

وحيث انه كذلك، فينبغي أن يكون أغنى إنسان في العالم. لكن شيئا من هذا لم يتحقق في العالم العربي نتيجة عدم وعي المؤلف العربي...ولا نقصد وعيه الوجودي الفلسفي، بل وعيه بحقه الاستئثاري – الحق المطلق الذي تخوله له التشريعات الوطنية والدولية – في القيام بأعمال إعادة النشر والاستنساخ والترجمة و التأجير و الإعارة العمومية والتوزيع على العموم، الخ. أو منعها أو الترخيص بها للغير بعوض أو بدون عوض...

حق المؤلف في الخزانات العامة: ثروة غير محصنة من أضرار القرصنة

وهو حق يتجاوز زمانا ومكانا تلك "الإكرامية" التي يتقاضاها من الناشر. كما يتجاوز كذلك تلك الإكرامية الأخرى التي يحصل عليها الناشر كدعم من وزارة الثقافة، فور أو بعد طبع وتوزيع عمله ونشره في الناس... وقيمته المادية تعد بالملايين من الدراهم لو عرف المؤلف (أو الناشر) كيف يستغل هذا الحق المهدور ويطالب به ضد الخزانات ومصالح التوثيق التي تنتشر في العالمين العربي والإسلامي انتشار الفطر، تحت غطاء بذل العلم والمعرفة والعرفان بالمجان للجميع...لكن في الحقيقة، أصبح بعضها عبارة عن مقاولات ومصانع رسمية لصنع نسخ طبق الأصل لكتب مشمولة بالحماية القانونية وحقوقها محفوظة لأصحابها...إنها عبارة عن أوكار لقرصنة أعمال المؤلفين المشمولة بالحماية القانونية دون ترخيص من هؤلاء، ودون أداء أية مكافأة عادلة...

والقانون المغربي رقم 2.00 المتعلق بحقوق المؤلف والحقوق المجاورة، كما تم تغييره وتتميمه بمقتضى القانون رقم 34.05، واضح في هذا الخصوص، حيث يعد كل عرض على العموم أو استعمال أو استخدام أو نشر أو استنساخ جزئيا أو كليا في مكان عمومي لعمل مشمول بالحماية دون الحصول على إذن مسبق من المؤلف، مالك الحق في الترخيص أو ممن ينوب عنه شرعا، عملا غير مشروع يتعين معاقبة مرتكبه أو مرتكبيه..

ورغم بعض القيود الواردة على الحقوق الاستئثارية التي يملكها المؤلف أو المالك الأصلي للحقوق، حيث يرخص دون إذنه مع، أو دون، أداء مكافأة بصنع بعض النسخ لبعض المصنفات. ولكن هذا لا يكون إلا في بعض الحالات الخاصة جدا، و يخضع لحدود صارمة جدا، بحيث يستحيل وجود مثل هذه الحالات، مما يعني أنه ينبغي دائما القراءة بين سطور النصوص القانونية المتعلقة بحقوق المؤلف، حيث تشكل هذه القراءة طوق النجاة مما لا تحمد عقباه، لو وعى المؤلف بحقه الاستئثاري و لجأ إلى خبير متمرس (ولو في الصين) ليشرح له النصوص القانونية، وينير له الطريق، و يبصره بمصالحه وحقوقه المشروعة وثروته الضائعة بين رفوف الخزانات ومصالح التوثيق و غيرها من المؤسسات.

لما ذكر أعلاه، فان الانتماء لاتحادات الكتاب التي تضم جيشا عرمرما من الناس لا تجدي ولا تغني المؤلف في شيء، طالما أنها لا ترتكز على الحقوق المادية للمؤلف، وعلى رأسها حق النسخ الاستئثاري، وطالما أن هم هذه الاتحادات في الوطن العربي هو التنسيق مع وزارات الثقافة و/أو الاعلام لإقامة المهرجانات الشعرية أو الروائية والسفريات إلى هذا القطر أو ذاك...لا لإقامة شراكة مع الجهات المعنية من أجل التعاون على البر والتقوى واستخلاص الحقوق المادية المشروعة، كما هو الحال في دول العالم المتقدم...

و في أمتنا: هل من جهة وطنية ترعى ثروتنا الفكرية ؟ أو تحمي من أضرار القرصنة و ظاهرة الاستنساخ حقوق المؤلف الاقتصادية ؟

حق المؤلف في الخزانات العامة: ثروة غير محصنة من أضرار القرصنة

عرض و تقديم هذا العمل

ـ ظاهرة الاستنساخ من قبل الخزانات و مصالح التوثيق: جريمة اعتدائية

لقد أفردنا هذا العمل لمؤلفي و ناشري الأعمال الأدبية و العلمية و الصحفية التي هي إبداعات فكرية أصلية، والتي تتعرض للاستعمال أو الاستنساخ من قبل الخزانات ومصالح التوثيق وغيرها من المؤسسات والأماكن العمومية، دون إذن المؤلف أو أي مالك آخر لحقوق المؤلف.

و جدير بالتذكير أن الاستنساخ أو الاستعمال دون ترخيص لعمل فكري مشمول بالحماية القانونية يعادل جريمة السرقة. و أن المنظمات العالمية و المحاكم الدولية و الوطنية الخاصة بحقوق الملكية الفكرية في الدول الغربية، و كذا "الغالبية العظمى من هذه الدول في الوقت الراهن تعتبر الاعتداء على الحقوق الاستئثارية للمؤلف جريمة جنائية... و قد حدا هذا بجميع التشريعات للنص على المحاكمة الجنائية للأشخاص الذين يعتدون على حقوق مبدعي المصنفات الفكرية".[1]

إلا أننا و للأسف الشديد، نلاحظ أن المؤلفين (العرب) الذين (حين) يطالبون بالحماية التي توفرها القوانين الخاصة بحقوق المؤلف و بتنفيذ هذه القوانين "يقومون بتقديم طلباتهم في إطار نظم وطنية ذات قوانين وإجراءات و طرق تنفيذ مختلفة. و من ثم فان نتائج جهودهم الرامية إلى حماية حقوقهم لا تسفر عن نتائج متماثلة. و المؤلفون لا يعرفون دائما حقوقهم، كما أنهم يعانون غالبا من نقص الموارد المالية اللازمة للمطالبة بالحماية و يواجهون صعوبات في الاهتداء إلى طريقهم خلال شعاب القانون و الإجراءات المعقدة في بعض النظم التشريعية. و من ثم فان نتائج جهودهم لحماية حقوقهم تختلف من بلد لآخر..."[2]

ـ تأطير ظاهرة "الاعتداء على الحقوق الاستئثارية للمؤلف"

وهذا ما حدا ببعض الدول المتقدمة أن تخصص لهذه الغاية جامعات ومعاهد ومراكز للدراسات والبحوث الإستراتيجية، و محاكم خاصة بقضايا حقوق المؤلفين، وترصد لها فقهاء قانونيين وأساتذة محنكين و قضاة متمكنين، و خبراء متمرسين، كل حسب مجال أو فرع اختصاصه.

أجل، إن قضايا الاعتداء على حقوق المؤلف الاستئثارية، في الدول المتقدمة، لا يكاد يمضي عليها شهر من الزمان حتى تجد الحلول المناسبة و العادلة. والسر إنما يكمن في كيفية تأطير تلك القضايا بناء على الخبرة اللازمة...

وهذا "العمل-الخبير"، إنما هو عصارة خبرتنا النظرية والميدانية على امتداد 44 سنة، واكبنا خلالها عدة قضايا وطنية و دولية. كما أنه تجميع للمواد والأحكام المتعلقة بـ"حرية الاستنساخ"، بين ما هو قاعدة أو قيمة مطلقة لا تقبل الاستثناء وبين ما هو استثناءات و قيود تقيدها القاعدة الأساسية، آثرنا وضعها بين يدي أولي النهى والنهي والأمر، ورجال ونساء القضاء والقانون والمال والأعمال، والمؤلفين والمثقفين والأساتذة الباحثين والجامعيين والدارسين والطلبة، وأمناء الخزانات أو المكتبات و مصالح التوثيق، والناشرين، وكل المتعطشين إلى العلم و المعرفة، لتكون هذه "الخبرة-المذكرة"

---

[1] ـ المبادئ الأولية لحقوق المؤلف/اليونسكو
[2] ـ المرجع السابق

حق المؤلف في الخزانات العامة: ثروة غير محصنة من أضرار القرصنة

المفصلة والمعمقة بمثابة أداة عمل ناجعة و نافعة بإذن الله، يمكن الاستعانة بها أو الرجوع إليها كلما استعصت قضية من قضايا حقوق التأليف أو النسخ. حيث عملنا على شرح و تبسيط الاتفاقيات العالمية والتشريعات الوطنية ذي الصلة بالموضوع، كما عملنا من خلال فصول هذا "العمل-المرجع" على تأطير "ظاهرة الاعتداء" على ملكية حقوق المؤلف (من قبل مؤسسة للدراسات الإسلامية و العلوم الإنسانية) [1]، وتحديد نوعية هذا الاعتداء تحديدا قانونيا، ينسجم والمواصفات العالمية الخبيرة لحقوق الملكية الفكرية، المعتمدة في النظام الاقتصادي العالمي الجديد. و ذلك بهدف تقييم ثروة المؤلفين التي لا تقدر بثمن؛ و هي في الخزانات والمؤسسات العربية "ثروة غير محصنة من أضرار القرصنة" [2].

(وَتِلْكَ حُدُودُ اللَّهِ يُبَيِّنُهَا لِقَوْمٍ يَعْلَمُونَ) [3]...و على الله قصد السبيل.

ملاحظة:

كل إشارة إلى "المؤلف" في هذه الدراسة فهي تعني: الشخص الذاتي الذي أبدع كتابات أدبية و/أو علمية أصلية. فهو إذن: العالم، الأديب، الكاتب الصحفي أو الإعلامي، الروائي أو القاص، المحاضر، الخطيب، الواعظ، المرشد، الشاعر، الزجال، الخ.

وكل إشارة إلى "حقوق المؤلف"، فهي تعني حقوق "المبدع الإنسان"، المالك الأصلي للحقوق المعنوية والمادية.

كما أن "كل إشارة إلى الحقوق المادية للمؤلفين، (بالمعنى الذي يحدده التشريع المغربي) "حينما يكون المالك الأصلي لهذه الحقوق شخصا ذاتيا أو معنويا آخر غير المؤلف، فهي تعني حقوق المالك الأصلي للحقوق". [4]

---

[1] - راجع أصل الحكم المحفوظ بكتابة الضبط بالمحكمة الابتدائية بالدار البيضاء "الحكم رقم 2784 الصادر عن المحكمة الابتدائية بالدار البيضاء بتاريخ 24 أبريل 2006 – ملف مدني عدد 05/2/9775
[2] - راجع ما سيأتي حول هذه القضية (قضية الاستنساخ غير المشروع): "ظاهرة الاعتداء".. تأطيرها و طرق علاجها.
[3] - سورة البقرة، الآية 230
[4] - راجع المادة الأولى من القانون المغربي

الجزء الأول

حق النسخ:

بين القاعدة و الاستثناء

يتيح هذا الجزء التعرف على أهم القيود و الاستثناءات التي ترد على الحقوق الاستئثارية التي يملكها المؤلف بالنسبة للمصنفات المرخص باستنساخها من قبل بعض المؤسسات التعليمية والخزانات ومصالح التوثيق...كما يتيح التعرف على المصنفات التي يحتمل أن يشملها الاستثناء أو المرخص باستنساخها بكل حرية، دون أداء مكافأة ودون إذن المؤلف أو أي مالك آخر لحقوق التأليف أو النسخ.

- **الفصل 1**: القاعدة: حقوق المؤلف استئثارية   ص 14

- **الفصل 2**: "حرية الاستنساخ": استثناء من القاعدة   ص 20

- **الفصل 3**: "حرية الاستنساخ" مقيدة بشروط   ص 25

- **الفصل 4**: الاستنساخ بغير حق: اغتيال لروح الابداع و الخلق   ص 37

الفصل 1

القاعدة الأساسية:

حقوق المؤلف استئثارية

حق النسخ: حق الاستغلال[1] و الكسب المادي

تقضي اتفاقية برن وتشريعات البلاد ذات النظم الاشتراكية والبلاد ذات التقاليد القانونية المستمدة من القانون الروماني (كالمغرب قبل عام 2000) بأن تُمنح ملكية حقوق المؤلف إلى الشخص الذاتي الذي أبدع المصنَّف. و تنقسم هذه الحقوق إلى نوعين أساسيين من الحقوق[2]، وهي:

- الحقوق المعنوية، الأدبية أو الأخلاقية؛
- والحقوق المادية، المالية أو الاقتصادية.

أما البلاد التي تأخذ قوانينها بالنزعة الأنجلوسكسونية (كالمغرب بعد صدور قانون عام 2000) و التي تستخدم تعبير "حق النسخ"، فهي لا تعترف اعترافا صريحا بالطبيعة الأدبية أو المعنوية لتلك الحقوق. حيث ان "المؤلف"، في هذه الدول، شخص معنوي (شركة منتجة، مستثمرة، تجارية، متعددة الجنسيات أو عابرة للقارات). لا ينتمي بالضرورة إلى جنس البشر، ولا يسعى إلا للحصول على الحقوق المادية،

وهو ما يؤكده "القانون المغربي رقم 2.00 المتعلق بحقوق المؤلف والحقوق المجاورة كما تم تغييره وتتميمه بمقتضى القانون رقم 34.05" الذي يعرِّف "المؤلف بأنه الشخص الذاتي الذي أبدع المصنَّف؛ و كل اشارة الى الحقوق المادية للمؤلفين في هذا القانون حينما يكون المالك الأصلي لهذه الحقوق شخصا ذاتيا أو معنويا آخر غير المؤلف، فهي تعني حقوق المالك الأصلي للحقوق". (المادة 1(1)).

والمؤلف ـ صاحب الملكية الأولية أو "صنوه" المالك الأصلي للحقوق ـ يطمح دائما إلى توصيل عمله إلى الناس، والوصول به إلى أكبر عدد منهم على اختلاف أجناسهم ولغاتهم وأوطانهم...وهو في ذات

---

[1] ـ راجع ضمن عملنا الأول:"حق الاستغلال" ص 219-222
[2] راجع ضمن عملنا الأول: حقوق المؤلف المادية و المعنوية "

الوقت ينتظر المقابل المادي لهذا العمل، شأنه شأن أي منتج، تاجر، ناشر، مستثمر، أو عامل آخر يحصل على أجر عادل مقابل عمله أو إنتاجه. وهذا الأجر هو الذي "يمكنه من كسب عيشه من عمله ويحصل على نصيب معقول من العائد الاقتصادي المتحصل من انتفاع الناس بأعماله".[1]

وجدير بالتذكير أن مؤلفي الابداعات الأصلية في مجالات الأدب والعلم، كغيرهم من المبدعين في مجالات أخرى، يتمتعون بحقوق استئثارية على أعمالهم الأصلية، المعبر عنها كتابة أو شفاهيا.

وحق النسخ هو أحد حقوق الاستغلال الأساسية المخولة أصلا وشرعا لسائر المؤلفين في العالم.

وهو الحق الذي من شأنه أن يجعل المؤلف وحده يملك الحق الاستئثاري:

- في منح الآخرين الترخيص اللازم بنسخ أو نشر عمله أو عرضه على الجمهور و توصيله اليه أو اعداده لغرض آخر؛
- أو في منعهم من القيام بمثل هذه العمليات.

حقوق المؤلف المالية: حقوق حصرية

تلك هي القاعدة الأساسية التي جاءت بها أحكام التشريعات الوطنية والاتفاقيات الثنائية والاقليمية والمتعددة الأطراف، والتي نذكر منها:

- <u>اتفاقية برن لحماية المصنفات الأدبية والفنية</u> التي نصت في الفقرة (1) من المادة 9 على أن : "يتمتع مؤلفو المصنفات الأدبية والفنية الذين تحميهم هذه الاتفاقية بحق استئثاري في التصريح بعمل نسخ من هذه المصنفات بأية طريقة وبأي شكل كان".

- <u>الإعلان العالمي لحقوق الإنسان</u> الذي اعتمدته الجمعية العامة للأمم المتحدة في 1948؛ و الذي ينص في المادة 27 (2) على أن: "لكل فرد الحق في حماية المصالح الأدبية والمادية المترتبة على إنتاجه العلمي أو الأدبي أو الفني".

- <u>الاتفاقية العالمية لحقوق المؤلف</u> التي تنص في الفقرة (1) من المادة الرابعة (ثانيا) على أن: "الحقوق المشار إليها في المادة الأولى (من هذه الاتفاقية) تشمل الحقوق الأساسية التي تكفل حماية المصالح المالية للمؤلف بما فيها حقه وحده في الترخيص بالاستنساخ بأية وسيلة من الوسائل....."

---

[1] - المبادئ الأولية لحقوق المؤلف – اليونسكو

➡ اتفاقية جوانب حقوق الملكية الفكرية المرتبطة بالتجارة[1] (أدبيك أو تريبس) التي تلزم الدول الأعضاء في المنظمة العالمية للتجارة بتمتيع المؤلفين بحقوقهم الاستئثارية، مراعاة للأحكام من 1 الى 21 من اتفاقية برن وملحقها... باستثناء المادة 6 مكرر...[2]

➡ اتفاقية التبادل التجاري الحر بين المغرب والولايات المتحدة التي أكدت على أن:

- "ينص كل طرف من الطرفين على أن للمؤلفين وفناني الأداء ومنتجي التسجيلات الصوتية الحق في أن يرخصوا أو يمنعوا كل عملية استنساخ لمصنفاتهم و أداءاتهم وتسجيلاتهم الصوتية على أي نحو أو بأي شكل كان، بصورة دائمة أو مؤقتة (بما في ذلك تخزينها مؤقتاً على شكل إلكتروني)." (المادة 15-5 (1)

- "يمنح كل طرف من الطرفين للمؤلفين حقاً استئثاريا في أن يرخصوا أو يمنعوا عرض مصنفاتهم على الجمهور، عن طريق وسائل سلكية أو لا سلكية، بما في ذلك بكيفيات تمكن الجمهور من الاطلاع على هذه المصنفات من مكان و وقت يختار بشكل انفرادي من الأفراد المذكورين". (المادة 15-6)

➡ التشريع النموذجي لحماية حقوق المؤلف والحقوق المجاورة في الوطن العربي الذي يمنح المؤلف و خلفه من بعده حقوق استغلال المصنف ماليا بكل الطرق بما في ذلك التأجير التجاري والاستنساخ على أية دعامة كانت...حيث "للمؤلف أن يستأثر أو أن يرخص للغير القيام بأي من الأعمال التالية:

1 – استنساخ المصنف بأية وسيلة بما فيها الطبع و التصوير و التسجيل..

4 – جميع صور الاستغلال المادي للمصنف، بوجه عام، بما فيها التأجير التجاري له أو لنسخه. (الحقوق المالية – المادة 6)

➡ مشروع القانون العربي الاسترشادي لحماية حق المؤلف و الحقوق المجاورة[3]: الذي يوضح بدوره أن: "للمؤلف وحده وخَلَفِه من بعده، أو صاحب حقّ المؤلف أن يرخص باستغلال المصنّف، بأي وجه من الوجوه. خاصة عن طريق النسخ بما في ذلك التحميل أو التخزين الإلكتروني، أو التمثيل، أو البثّ الإذاعي، أو إعادة البثّ الإذاعي، أو الأداء أو التوصيل العلني، أو الترجمة، أو التحوير، أو التعديل، أو التغيير، أو التأجير، أو الإعارة، أو النشر بأي طريقة من الطرق بما في ذلك إتاحته عبر أجهزة

[1] - الجزء الثاني- المعايير المتعلقة بتوفير حقوق الملكية الفكرية ونطاقها واستخدامها-"القسم 1: حقوق المؤلف والحقوق المتعلقة بها.
[2] - راجع هذه المادة ضمن: "إيلاف الملكية الفكرية..أس العولمة"...و "دستور الملكية الفكرية..سلطان العولمة"
[3]- جامعة الدول العربية – مجلس وزراء العدل العرب – المركز العربي للبحوث القانونية و القضائية.

الحاسب الآلي أو شبكات المعلومات أو شبكات الإتصال وغيرها من الوسائل أو استيراد نسخ من المصنّف مصنوعة في الخارج". (المادة 13)

تشريعات البلدان العربية[1] - المغرب نموذجا (الحقوق المادية - المادة 10):

امتثالا لنظام العولمة التجارية و استجابة للأمر (ordre) الاقتصادي العالمي الجديد، أصدرت البلدان العربية تشريعات وطنية (من املاءات خارجية) توفر للمؤلف (الأجنبي الواعي بحقوقه) كافة الضمانات اللازمة، و تمتعه بكامل حقوقه الاستئثارية.

وهو ما يعترف به القانون المغربي الذي: "يخول للمؤلف الحق المطلق في القيام بالأعمال التالية أو منعها أو الترخيص بها، شريطة مراعاة مقتضيات المواد من 11 إلى 22 أدناه:

إعادة نشر واستنساخ مصنفه بأية طريقة كانت وبأي شكل كان، دائم أو مؤقت بما فيه التوثيق المؤقت بوسيلة الكترونية – ب) ترجمة مصنفه – ج) إعداد اقتباسات أو تعديلات أو تحويلات أخرى لمصنفه - د) القيام بتأجير مصنفه أو الترخيص بذلك، أو الإعارة العمومية لأصل مصنفه السمعي-البصري أو لنسخة منه، أو لمصنفه المدمج في مسجل صوتي أو برنامج حاسوب أو قاعدة معطيات أو مصنف موسيقي على شكل توليفة مهما يكن مالك الأصل أو النظير موضوع تأجير أو إعارة للعموم – ه) القيام أو الترخيص بالتوزيع على العموم عن طريق البيع أو التأجير أو الإعارة العمومية أو أي شكل آخر من تحويله الملكية أو الامتلاك لأصلٍ مصنفه أو لتسخ منه، لم يسبق أن كانت موضوع توزيع مرخص من قبله – و) عرض أو أداء مصنفه أمام الجمهور - ز) استيراد نسخ من مصنفه؛ - ح) إذاعة مصنفه - ط) نقل المصنف إلى الجمهور بواسطة كابل أو أية وسيلة أخرى."

حق المؤلف: حق استئثاري...مع بعض الاستثناءات

يتبين مما سبق أن حق النسخ هو أحد الحقوق المخولة للمؤلف الأصلي في أن يرخص أو يمنع استنساخ أعماله الفكرية، "بأية طريقة كانت وبأي شكل كان"، أي كيفما كانت الدعامات المادية والوسائل التقنية المستعملة، وكيفما كان شكل استنساخ عمله (دائم أو مؤقت؛ ورقي أو الكتروني)...

ومقابل هذا الاستنساخ، يتقاضى المؤلف أو من يمثله أو ينوب عنه شرعا مكافأة عادلة أو حقوقا مادية أو نصيبا معقولا من العائد الاقتصادي المتحصل من عمليات الاستنساخ. و يعتبر هذا "الحقّ المادي للمؤلف حقاً منقولاً يمكن التنازل عنه كلياً أو جزئيا[1].

---

[1] - راجع قائمة المراجع و المصادر الملحقة بالكتاب، و ضمنها لائحة الاتفاقيات و التشريعات المعتمدة في هذه الدراسة.

حيث تقتضي القاعدة الأساسية بأن " المؤلف الأصلي وحده هو الذي يملك الحق في استنساخ إنتاجه الأصيل وفي بيع النسخ المنتجة منه أو في منح الآخرين الحق في القيام بهذا العمل".[2] كما يمكن له التنازل أو التخلي، جزئيا أو كليا، بمقابل أو بدون مقابل، عن حقوقه المالية لفائدة أشخاص آخرين ذاتيين أو اعتباريين. ويتعين على هؤلاء الحصول، مسبقا وكتابة، على رخص استئثارية أو غير استئثارية، تتضمن شروطا معينة، تمكنهم من القيام بأعمال واردة ضمن حقوق المؤلف[3].

هذا، و يعد كل عرض على العموم أو نشر أو استنساخ – جزئيا أو كليا – في مكان عمومي، لعمل مشمول بالحماية دون الحصول على إذن مسبق من المؤلف الأصلي أو ممن ينوب عنه شرعا، أو من أي مالك آخر لحقوق المؤلف، عملا غير مشروع يتعين معاقبة مرتكبه أو مرتكبيه.

الاىستنساخ محدد بنصوص دولية و وطنية

كما سبق و أن ذكرنا، فان للمؤلف كافة الحقوق الاستئثارية؛ و له وحده الحق المطلق في القيام بأعمال النسخ أو النقل، أو منعها، أو الترخيص بها. "وله أو لخَلَفِه أن يتقاضى المقابل النقدي أو العيني نظير نقله حقّ أو أكثر من حقوق الإستغلال المادي للمصنّف إلى الغير على أساس مشاركة نسبية في الإيراد الناتج من الإستغلال. كما يحقّ له التعاقد على أساس مبلغ جزافي، أو الجمع بين الأساسين".

إلا أن هناك بعض القيود و الاستثناءات التي قد ترد على هذه الحقوق، حيث يرخص دون إذن المؤلف، مع أو دون أداء مكافأة، بصنع بعض النسخ لبعض المصنفات في بعض الحالات الخاصة بشروط صارمة. إذ لا يجب أن تتعارض تلك القيود أو الاستثناءات مع القاعدة العامة، الأساسية والجوهرية التي تنص عليها و تؤكدها كل المواثيق والمعاهدات والاتفاقيات الثنائية و الإقليمية و المتعددة الأطراف الخاصة بحقوق المؤلف أو "النسخ"، والتي نذكر منها على سبيل المثال لا الحصر:

⬅ اتفاقية برن – حيث تنص (المادة 9 (2) على أن: "تختص تشريعات دول الاتحاد بحق السماح بعمل نسخ من هذه المصنفات في بعض الحالات الخاصة بشرط ألا يتعارض عمل مثل هذه النسخ مع الاستغلال العادي للمصنف وألا يسبب ضررا بغير مبرر للمصالح المشروعة للمؤلف".

---

[1] - المادة 13 من مشروع القانون العربي الاسترشادي لحماية حق المؤلف و الحقوق المجاورة – مجلس وزراء العدل العرب

[2] - المبادئ الأولية لحقوق المؤلف / اليونسكو

[3] - راجع عملنا الأول – ص 257/256

← اتفاقية حقوق الملكية الفكرية المرتبطة بالتجارة (أدبيك/تريبس) تسمح بدورها للبلدان الأعضاء بوضع استثناءات على حماية حقوق المؤلف المالية "في بعض الحالات الخاصة التي لا تتعارض مع الاستغلال العادي للعمل ولا تلحق ضرراً غير مبرر بالمصالح المشروعة لمالك الحقوق"

ويسري هذا الحكم على جميع القيود و الاستثناءات المسموح بها بموجب اتفاقية برن و اتفاقية أدبيك/تريبس التي تلزم الدول الأعضاء بتطبيق هذه الأحكام على كافة القيود و الاستثناءات "بالشكل الذي لا يضر بالمصالح المشروعة "للمؤلف" أو "للمالك الأصلي للحقوق".

حيث تلتزم البلدان الأعضاء في المنظمة العالمية للتجارة والمنظمة العالمية للملكية الفكرية بقصر القيود أو الاستثناءات من الحقوق الاستئثارية على بعض الحالات الخاصة، و وفق شروط معينة وضوابط محددة، لا تتعارض مع الاستغلال العادي للعمل ولا تلحق ضرراً غير مبرر بالمصالح المشروعة "للمؤلف" أو "لمالك الحقوق".

و هي الشروط المنصوص عليها في اتفاقية برن منذ 1886، قبل أن يتم توحيدها و عولمتها بمقتضى اتفاقية المنظمة العالمية للتجارة (1994)، و قبل أن يتم تعميمها و تتميمها بموجب اتفاق المنظمة العالمية للملكية الفكرية (1996).

و هي شروط معروفة لدى الخبراء و رجال القضاء و القانون في الدول المتقدمة، يحددها "اختبار المراحل أو الخطوات الثلاث" (Triple test ou Test en 3 étapes) الذي كانت محتوياته الى غاية 2000 مبهمة، قبل أن تقدم لجنة المنظمة العالمية للتجارة تعريفا لهذه الشروط، و التي تتضمن بأن الاستثناء أو القيد في التشريع الوطني يجب أن يكون محددا بشكل واضح، يتوافق مع متطلب وجود:

1) "حالة معينة" أو حالة خاصة"، و بشرط:

2" ألا يتعارض عمل النسخ مع الاستغلال العادي للمصنف؛

3" وألا يسبب ضررا بغير مبرر للمصالح المشروعة للمؤلف".

وقد تضمنت التشريعات الوطنية هذه الأحكام الخاصة بعملية النسخ الذي تقوم به هيئات الخزانات أو المكتبات والمحفوظات العامة ومصالح التوثيق غير التجارية والمؤسسات العلمية والتربوية... والتي سنعمل على عرضها وتبسيطها على امتداد هذا العمل.

الفصل 2

حق المؤلف في الخزانات العامة: ثروة غير محصنة من أضرار القرصنة

حرية الاستنساخ : استثناء من القاعدة

استنساخ المصنفات غير المحمية

إن التشريع المغربي، كسائر التشريعات الوطنية، يجيز حرية الاستعمال والاستنساخ طبق الأصل للمصنفات غير المحمية. وذلك لأسباب تتعلق بالمصلحة العامة والسياسة الاجتماعية كحاجة المجتمع للحصول على المعرفة والمعلومات التشريعية والإدارية والقضائية والإخبارية...حيث تنص المادة 8 على أن:

"لا تشمل الحماية المنصوص عليها في هذا القانون ما يلي:

أ) النصوص الرسمية ذات الطابع التشريعي أو الإداري أو القضائي وكذا ترجمتها الرسمية؛

ب) الأخبار اليومية؛

ج) الأفكار والأساليب والأنظمة ومناهج التسيير والمفاهيم والمبادئ والاكتشافات أو البيانات البسيطة حتى لو سبق الإعلان عنها و وصفها وشرحها ورسمها أو إدماجها في مصنف ما".

وهذا يعني أن المغرب، كجل بلدان العالم، لا يمتع بالحماية المصنفات غير الأصلية، الأخبار اليومية، الأفكار والأساليب..والقوانين والوثائق الحكومية، والقرارات الإدارية والقضائية والتقارير والمحررات الرسمية، الخ. وكذا ترجمتها الرسمية.

استنساخ المصنفات غير الأصلية

تستبعد القوانين الخاصة بحق النسخ الأنجلوسكسوني و حق المؤلف الأوروبي من الحماية الوثائق الرسمية، (القوانين، القرارات الإدارية، التقارير الرسمية...) و الوثائق الداخلية (المذكرات، الدوريات، النشرات أو المنشورات...) التي لا تتوفر على عنصر الأصالة بالقدر الكافي الذي يمكنها من الاستفادة من الحماية المقررة لحقوق المؤلف.[1]

<u>*Documents officiels échappant au droit d'auteur*</u> - Le copyright anglo-saxon et le droit d'auteur européen font tomber la plupart des documents officiels créés par l'administration dans le domaine public. D'un côté les lois sur

---

[1] - **ملاحظة:** لم يتسن لنا العثور على مراجع باللغة العربية صادرة في الدول الغربية. لذلك ارتأينا في بعض الأحيان عرض بعض النصوص بإحدى اللغتين الانجليزية أو الفرنسية المتوفرة لدينا. كما أننا نضطر في أحيان أخرى إلى الاستشهاد بلغة أجنبية. و ما ذلك إلا حرصا منا على تقديم نصوص موثقة و معلومات مدققة، صادرة عن جهات رسمية، خبيرة و موثوق بها.

حق المؤلف في الخزانات العامة: ثروة غير محصنة من أضرار القرصنة

le droit d'auteur établissent une liste des divers types de documents qui ne sont pas des œuvres au sens du droit d'auteur (lois, décisions administratives, rapports officiels, etc.), de l'autre certains documents internes sont également exclus faute d'un degré d'originalité suffisant pour être protégés par le droit d'auteur (circulaires, notes de service, etc.).[1]

كما أن قوانين بلدان أخرى تقرر أن القوانين والقرارات والوثائق الحكومية...وترجمتها الأصلية لا يمكن أن تكون مشمولة بالحماية، باستثناء الخرائط والروائع الفنية والموسيقية والأشعار المشمولة أصلا بالحماية، و التي قد تدمج في وثيقة من هذه الوثائق.

Ainsi, par exemple, l'article 9 de la loi suédoise sur le droit d'auteur précise que les lois, les décisions des autorités, les avis ainsi que les prononcés des autorités suédoises et les traductions officielles ne peuvent faire l'objet d'un droit d'auteur (cette réserve doit être interprétée largement, incluant les rapports, les jugements, les projets des commissions d'experts). Exception: les cartes, les œuvres d'art, les œuvres musicales et les poèmes qui seraient incorporés dans un document non susceptible de droit d'auteur sont en revanche protégés par le droit d'auteur.[2]

وفي بعض القوانين ذات التقاليد الانجلوسكسونية: "لا يجوز إضفاء حماية حقوق المؤلف على الوثائق أو المطبوعات التي تنتجها الحكومة، بسبب ما هو معترف به من حاجة الشعب إلى المعلومات المتعلقة بأنشطة الحكومة".[3]

حيث إن حق النسخ الأمريكي يمنع على الإدارة الأمريكية المطالبة بأي من حقوق النسخ على المصنفات التي تنتجها، سواء تم أم لم يتم نشرها.

Le droit américain est encore plus explicite à cet égard, puisque l'article 105 du Copyright Act (17 USC 105) interdit à l'administration américaine de revendiquer un quelconque droit d'auteur sur les œuvres qu'elle produit, que celles-ci aient été publiées ou non..."The Coypright Act effectively avoids the possibility of restraint by putting all works in the public domain (...). Thus any United States citizen may copy or distribute government work".[4]

أما في المملكة المتحدة، فان التاج الملكي هو الذي يتمتع بحق المؤلف على الوثائق الرسمية والنصوص التشريعية. وهو النهج الذي تسير عليه بلدان الكومنولث.

On signalera en revanche que le Royaume-Uni (suivi en cela par les pays du Commonwealth) fait bénéficier la Couronne d'un droit d'auteur sur les documents officiels, y compris les textes législatifs.[5]

---

[1] - Institut suisse de droit comparé
[2] - Item

[3] - المبادئ الأولية لحقوق المؤلف – اليونسكو

[4] - Institut suisse de droit comparé.
[5] - Item

حق المؤلف في الخزانات العامة: ثروة غير محصنة من أضرار القرصنة

كما أن هناك دول أخرى تطبق بعض المبادئ الخاصة بشفافية الوثائق الإدارية التي تتضمن أعمالا مشمولة بحماية حقوق المؤلف...

Consultation de l'œuvre - Principe de la priorité à la transparence

Ce principe est posé en Belgique par la loi sur la publicité de l'administration (art. 9) qui dispose que lorsque la demande de publicité porte sur un document administratif d'une autorité administrative fédérale incluant une œuvre protégée par le droit d'auteur, l'autorisation de l'auteur ou de la personne à laquelle les droits de celui-ci ont été transmis n'est pas requise pour autoriser la consultation sur place du document ou pour fournir des explications à son propos.

Dans les pays nordiques, le principe de priorité n'est pas ancré dans les lois sur la transparence, mais dans la législation sur la propriété intellectuelle : art. 27 de la loi danoise sur le droit d'auteur, art. 25d de la loi finlandaise, art. 27 de la loi norvégienne, art. 26b de la loi suédoise. En des termes très semblables – les législations sur la propriété intellectuelle des pays scandinaves sont le fruit d'un effort d'harmonisation inter nordique - ces normes soulignent, en substance, que le droit d'auteur ne saurait faire obstacle à la consultation des documents soumis à la transparence en vertu des lois sur la publicité des documents administratifs.

Soucieuse du détail, la loi danoise relève expressément que la consultation demeure possible qu'il s'agisse de documents créés au sein de l'administration ou parvenus à l'administration.[1]

استنساخ النصوص الرسمية

يمكن القول بوجه عام أن الأفكار والإجراءات وأساليب العمل والمفاهيم الرياضية، والمبادئ والحقائق المجردة، والأخبار أو الأنباء اليومية المنشورة أو المذاعة أو المبلغة علنا، والنصوص الرسمية، مثل القوانين والمراسيم والأنظمة والاتفاقيات الدولية والأحكام القضائية وقرارات الهيئات الإدارية وسائر الوثائق الرسمية وكذلك الترجمات الرسمية لها، مستثناة من الحماية في جل القوانين العربية، والتي نذكر منها[2]:

* قانون حق المؤلف السوري رقم 2001/12 (المادة 4) - قانون حق المؤلف القطري رقم 7/ 2002 (المادة 4) - قانون حق المؤلف المصري/ قانون الملكية الفكرية رقم 82/ 2002 (المادة 141) - قانون حق المؤلف الإماراتي رقم 7/ 2002 (المادة رقم 3) - قانون حق المؤلف الأردني رقم 2005/4702م (المادة 7) - قانون حق المؤلف اللبناني رقم 1999/75 (المادة 4) - قانون حق المؤلف السعودي/ مرسوم ملكي رقم م/41/ 2003 (المادة 4).

---

[1] - David S. Lewitt, Copyright protection for United States Government computer programs, IDEA: The Journal of Law and Technology 2000, p. 235. Cette règle ne vaut que pour l'administration fédérale; au niveau des Etats fédérés, la situation est beaucoup plus confuse. Pour plus de détails, voir Irina Dimitrieva, State ownership of copyrights in primary law materials, Hastings Communications and Entertainment Law Journal 2000 p. 82ss.

[2] - راجع القوانين العربية من مصادرها الأصلية؛ راجع قائمة المراجع و المصادر (الملحقة بهذا العمل)

حق المؤلف في الخزانات العامة: ثروة غير محصنة من أضرار القرصنة

استنساخ أعمال الملكية العامة

كما تسمح القوانين المتعلقة بحقوق المؤلف باستنساخ و/أو استعمال بعض المصنفات التي آلت إلى الملكية العامة أو التي لا تتمتع بالحماية "لأسباب تتعلق بالمصلحة العامة"؛ أو "للأسباب المتصلة بالسياسة الاجتماعية..ألا وهي حاجة المجتمع للحصول على المعرفة والمعلومات عن أحداث العالم[1].

تجذر الاشارة الى أن القانون المغربي الجديد لا يشمل بالحماية الأعمال الوطنية التي آلت إلى الملك العام (تراث الآباء و الأجداد...)؛ و قد كان القانون المغربي السابق (1970)، و رغم انقضاء الأجل المحدد لحماية حقوق المؤلفين، يوفر الحماية القانونية الثقافية للأعمال التي دخلت في نطاق الملكية العامة أو لم يعد لها وارث، حيث: "إذا ثبت أنه ليس لحق المؤلف وارث أصبح هذا الحق كسبا لهيأة المؤلفين المنصوص عليها في الفصل 53 وخصص محصول مداخيله بأغراض اجتماعية يستفيد منها المؤلفون المغاربة بصرف النظر عن حقوق الدائنين وعن تنفيذ عقود التخلي التي يكون قد أبرمها المؤلف أو ذوو حقوقه". (الفصل 27).

وبمقتضى هذا النص، كان المكتب المغربي لحقوق المؤلفين يستخلص من الأماكن العمومية الحقوق المترتبة عن استغلال هذه المصنفات...فهل كان يخصص محصول هذه المداخيل لأغراض اجتماعية ؟ وهل استفاد منها المؤلفون المغاربة ؟

وهل بقي للمغرب الحق في مواجهة أي تشويه أو تحوير أو تحريف أو اضرار بالمصالح الثقافية الوطنية ؟ و هل بقيت الوزارة المكلفة بالشؤون الثقافية مكلفة بحماية أعمال الملكية العامة الحضارية، التاريخية، الثقافية المغربية ؟

أما الدول المتمسكة بهويتها الثقافية والواعية بحقوقها التاريخية المشروعة، فهي مازالت تواصل حماية واستغلال حقوق المصنفات التي آلت الى الملك العام، والتي تسهر على رعايتها وزارات الثقافة الوطنية...وهو ما يسمى بـ"الملك العام المؤدى عنه".[2]

---

[1] - نفس المرجع أعلاه

[2] - Domaine public payant

الفصل 3
حرية الاستنساخ... مقيدة بشروط

حرية الاستنساخ لتعزيز أهداف السياسة العامة

تتعلق القيود أو الحدود و الاستثناءات في المقام الأول بالمصنفات التي ينبغي السماح للجمهور باستخدامها بحرية في بعض الحالات الخاصة لتعزيز أهداف السياسة العامة المتعلقة بالإعلام الجماهيري وبالنقد أو بالتربية. وتنطبق هذه الاستثناءات على: الاتصالات الخاصة و/أو الحرة، والاستعمال للأغراض التعليمية، والمحفوظات والمكتبات، والمعالم الدائمة أو المصنفات التي توضع في المنشآت العامة"[1]. لذلك اعترفت جميع التشريعات المتعلقة بحقوق المؤلف بـ"حرية الاستنساخ و الاستعمال" في بعض الحالات الخصة.

حرية الاستنساخ أو الاستعمال من أجل الاستشهاد

* اتفاقية برن (المادة 10) تنص على أن:

1) "يسمح بنقل مقتطفات من المصنف الذي وضع في متناول الجمهور على نحو مشروع، بشرط أن يتفق ذلك وحسن الاستعمال وأن يكون في الحدود التي يبررها الغرض المنشود، ويشمل ذلك نقل مقتطفات من مقالات الصحف والدوريات في شكل مختصرات صحفية.

2) يجب عند استعمال المصنفات طبقا للفقرتين السابقتين من هذه المادة ذكر المصدر واسم المؤلف إذا كان واردا به".

وكذلك جاءت القوانين الوطنية تدرج في نصوصها شروط الاستشهاد التي نصت عليها المادة 10 أعلاه. والتي نص عليها كذلك القانون المغربي الجديد في المادة 14، تحت عنوان:

حرية الاستنساخ التي تكتسي طابعا استشهاديا.

حيث: "بصرف النظر عن مقتضيات المادة 10 أعلاه، يرخص دون إذن المؤلف و دون أداء مكافأة الاستشهاد بمصنف منشور بصفة مشروعة ضمن مصنف آخر شريطة ذكر المصدر و اسم المؤلف إذا ورد في المصدر و أن يكون الاستشهاد قد استعمل لغاية حسنة و بقدر ما يبرر تلك الغاية المراد تحقيقها".

---

[1] ـ المبادئ الأولية لحقوق المؤلف

حق المؤلف في الخزانات العامة: ثروة غير محصنة من أضرار القرصنة

حرية الاستعمال: حرية مقيدة بشروط

ومن أهم هذه الشروط أن تجري عملية الاقتباس أو الاستشهاد لغايات حسنة و في حدود ما يبرره الهدف المنشود أو المراد تحقيقه. حيث يمكن الاستشهاد بمصنف ضمن مصنف آخر بشرط:

3) أن يكون المصنف المصدر منشورا بصفة مشروعة؛

4) أن يتم ذكر المصدر و اسم المؤلف إذا ورد في المصدر؛

5) أن يتم استخدام هذا الاستشهاد لغايات حسنة و بالقدر الذي تبررها الغاية المراد تحقيقها منه؛

6) "ألا يتعارض ذلك مع الاستغلال العادي للمصنف و ألا يسبب ضررا بغير مبرر للمصالح المشروعة للمؤلف"[1].

<u>الاستشهاد لغايات حسنة: استخدام معقول</u>

حيث يمكن الاقتباس أو الاستشهاد بمصنف منشور بصفة مشروعة ضمن مصنف آخر، دون إذن المؤلف ودون أداء مكافأة، إنما في حدود المعقول وبشروط تحددها التشريعات الوطنية، منها الاستخدام المعقول أو الاستعمال لغايات حسنة.

وتكاد جميع القوانين الوطنية أن تتضمن النص على الحق في الاقتباس أو الاستشهاد بمصنفات سبق نشرها بصفة مشروعة، وفي السماح باستعمالها بأمانة واستخدامها لغايات الإيضاح أو الشرح أو النقد أو التربية أو الإعلام.. مع الإشارة إلى مصدر المصنف واسم المؤلف إذا ورد في المصدر.. ونذكر من هذه القوانين، مثالا لا حصرا:

* <u>التشريع النموذجي لحماية حقوق المؤلف والحقوق المجاورة في الوطن العربي</u> (المادة 31):

"تعتبر الاستعمالات التالية للمصنفات المحمية مشروعة و لو لم تقترن بموافقة المؤلف:

3 – نقل مقتطفات محدودة من المصنف في مصنف آخر بهدف الإيضاح أو الشرح، وفي حدود العرف المتبع، و بالقدر الذي يبرره هذا الهدف، بما يتفق مع حسن الاستعمال بشرط ذكر المصدر واسم المؤلف". (الفصل الثالث – القيود الواردة على الحقوق المالية)

* <u>القوانين الوطنية العربية</u>: قانون حق المؤلف الجزائري (المادة 42) - قانون حق المؤلف العماني (المادة 20) - قانون حق المؤلف اللبناني (المادة 30) - قانون حق المؤلف الأردني (المادة 17) - قانون حق المؤلف القطري (المادة 18) - قانون حق المؤلف الإماراتي (المادة 22)

---

[1] - للمزيد راجع عملنا الأول ص 248-250

حق المؤلف في الخزانات العامة: ثروة غير محصنة من أضرار القرصنة

* القوانين التي تسمح بحرية استعمال النصوص باللغة الأصلية أو المترجمة:

حيث تسمح نصوص بعض القوانين العربية الأخرى باستعمال المصنف بلغته الأصلية أو بنصه المترجم إليه، نذكر منها: قانون حق المؤلف السوري (المادة 37) - قانون حق المؤلف التونسي (المادة 11) - قانون حق المؤلف السعودي (المادة 15)

* القانون المغربي السابق (لعام 1970): كان يسمح بحق الاقتباس.. واستعمال النصوص الأصلية أو المترجمة. حيث كان من الممكن:

ا - "الاستشهاد بفقرات قصيرة من مؤلف سبق عرضه على العموم بصفة مشروعة بشرط أن تستعمل لغايات حسنة وبقدر ما تبرر ذلك الغاية المراد تحقيقها منها وكذا الاستشهاد بمقالات من نشرات دورية في شكل عرض صحفي، و يمكن أن تستعمل في هذا الصدد النصوص الأصلية أو المترجمة للفقرات والمقالات المذكورة". (الفصل 17 من قانون 1970)

<u>حرية استعمال و استنساخ المصنفات لأغراض التعليم و البحث</u>

<u>تنص اتفاقية برن على أن</u>: "تختص تشريعات دول الاتحاد، والاتفاقات الخاصة المعقودة أو التي قد تعقد فيما بينها، وفي حدود ما يبرره الغرض المنشود، بإباحة استعمال المصنفات الأدبية أو الفنية على سبيل التوضيح للأغراض التعليمية وذلك عن طريق النشرات والإذاعات اللاسلكية والتسجيلات الصوتية أو البصرية بشرط أن يتفق مثل هذا الاستخدام وحسن الاستعمال.

- يجب عند استعمال المصنفات طبقا للفقرتين السابقتين من هذه المادة ذكر المصدر واسم المؤلف إذا كان واردا به". (المادة 10 / الفقرة 2 و 3)

<u>التشريع النموذجي لحماية حقوق المؤلف والحقوق المجاورة في الوطن العربي (المادة 31)</u> يعتبر:

"الاستعمالات التالية للمصنفات المحمية مشروعة و لو لم تقترن بموافقة المؤلف:

2 - استعمال المصنف على سبيل الإيضاح للأغراض التعليمية بواسطة المطبوعات أو البرامج أو التسجيلات السمعية أو البصرية أو السمعية البصرية، و ذلك بالشروط التالية:

أ - ذكر المصدر كاملا واسم المؤلف في كل مرة يتم فيها استعمال المصنف.

ب - ألا يكون الاستعمال لأغراض تجارية أو ربحية.

ج - ألا يضر بالاستغلال العادي للمصنف".

وكذلك جاءت القوانين الوطنية تجيز استعمال أو استخدام أو/و إعداد بعض النسخ لمقالات منفصلة..أو لمقاطع مختصرة..أو لمصنف قصير...و ذلك بشروط محددة، منها:

- أن تكون هذه المصنفات قد سبق نشرها بصفة مشروعة؛

- أن يكون النسخ لغايات التعليم أو الدراسة أو البحث أو لأغراض الامتحانات؛

- أن يتم ذلك في الحدود اللازمة لتلك الغايات؛

- ألا يتعارض استعمال المصنف مع الاستغلال العادي له، وألا يسبب ضرراً بغير مبرر للمصالح المشروعة للمؤلف.

- أن يتضمن القانون استثناءاً على استعمال المصنفات في التعليم مع مراعاة شرط أن لا يؤدي هذا الاستعمال إلى إلحاق الضرر بالحقوق الاقتصادية للمؤلف أو لمالك حق المؤلف. و قد ورد في المادة 18(1) الاستعمالات المشروعة والتي تشمل استنساخ مقتطفات قصيرة من أي مصنف منشور سواءً كان رسوماً أو صوراً توضيحية، أو كتابة (منشورة) أو تسجيلاً سمعياً-بصرياً. كما يشمل الاستثناء استنساخ ونقل وعرض بعض أجزاء من المصنفات لأهداف التدريس الصَفّي".

و نعرض فيما يلي لبعض النصوص الوطنية التي تحد من الحقوق المادية:

* القانون المغربي (المادة 15): "بصرف النظر عن مقتضيات المادة 10 أعلاه، يرخص دون إذن المؤلف ودون أداء مكافأة، و شريطة ذكر المصدر واسم المؤلف إذا ورد في المصدر:

أ) باستعمال مصنف منشور بصفة مشروعة بمثابة توضيح في منشورات برامج إذاعية أو تسجيلات صوتية أو مرئية موجهة للتعليم؛

ب) بالاستنساخ، بوسائل النسخ التصويري من أجل التعليم أو الامتحانات داخل مؤسسات التعليم في الأنشطة التي لا تستهدف الربح التجاري مباشرة أو بصفة غير مباشرة في الحدود التي تبررها الأغراض المتوخاة بمقالات منفصلة منشورة بصفة مشروعة في جريدة أو دورية، أو لمقاطع مختصرة من مصنف منشور بصفة مشروعة أو لمصنف قصير منشور بصفة مشروعة".

حرية الاستنساخ في اتجاه التقييد و التضييق

حيث إن المسموح باستنساخه لأغراض التعليم داخل مؤسسات التعليم غير التجارية، دون إذن المؤلف ودون أداء مكافأة، هو الآتي:

1- مقالات منفصلة منشورة بصفة مشروعة في جريدة أو دورية؛

2- أو مقاطع مختصرة من مصنف منشور بصفة مشروعة؛

3- أو مصنف قصير منشور بصفة مشروعة.

وذلك شريطة ذكر المصدر واسم المؤلف إذا ورد في المصدر، و شريطة الالتزام بالحدود التي تبررها الأغراض المتوخاة...أي "الاستعمال أو الاستخدام المعقول". و"**بشرط** ألا يتعارض عمل مثل هذه النسخ مع الاستغلال العادي للمصنف وألا يسبب ضررا بغير مبرر للمصالح المشروعة للمؤلف."

و هو ما جاءت به القوانين العربية التي نذكر منها مثالا لا حصرا و امعانا في التوضيح:

* قانون حق المؤلف العماني (المادة 20): "مع عدم الإخلال بحقوق المؤلف الأدبية المنصوص عليها في هذا القانون، تكون استخدامات المصنفات مشروعة دون موافقة المؤلف شريطة ذكر المصدر واسم المؤلف- إذا ما أشير إليهما في المصنف – وألا تتعارض تلك الاستخدامات مع الاستغلال المعتاد للمصنف...أو تضر بصورة غير معقولة بالمصالح المشروعة للمؤلف..، وذلك في الحالات التالية:

- استخدام المصنف في اجتماعات داخل نطاق الأسرة أو لطلاب داخل منشأة تعليمية للإيضاح ولغايات التعليم و التدريس وجها لوجه وفي الحدود التي تبررها هذه الغايات، وأن يكون ذلك بدون مقابل مباشر أو غير مباشر".

* قانون حق المؤلف الأردني (المادة 17): "يجوز استعمال المصنفات المنشورة دون إذن المؤلف وفقاً للشروط وفي الحالات التالية:

- الاعتماد على المصنف وسيلة للإيضاح في التعليم بواسطة المطبوعات أو البرامج والتسجيلات الصوتية والسمعية والبصرية لأهداف تربوية أو تثقيفية أو دينية أو للتدريب المهني وذلك في الحدود التي يقتضيها تحقيق تلك الأهداف **شريطة** أن لا يتعارض ذلك مع الاستغلال العادي للمصنف وعلى أن لا يقصد من الاعتماد على المصنف في هذه الحالة تحقيق أي ربح مادي وأن يذكر المصنف واسم مؤلفه".

* قانون حق المؤلف اللبناني (المادة 26): "يجوز من غير موافقة المؤلف ومن غير دفع أي تعويض له نسخ أو تصوير مقالات منشورة في الصحف والمجلات أو أجزاء قصيرة من عمل ما **شرط** أن يتم ذلك لغاية تعليمية صرفة وضمن الحدود اللازمة لتلك الغاية التعليمية، و أن يشار إلى اسم المؤلف أو المؤلفين واسم الناشر عند كل استعمال لنسخة أو صورة المقال أو العمل إذا كانت هذه الأسماء مذكورة في العمل الأصلي".

* قانون حق المؤلف المصري (المادة 171): "مع عدم الإخلال بحقوق المؤلف الأدبية طبقا لأحكام هذه القانون "ليس للمؤلف بعد نشر مصنفه أن يمنع الغير من القيام بأي عمل من الأعمال الآتية:

- نسخ أجزاء قصيرة من مصنف في صورة مكتوبة أو مسجلة تسجيلا سمعيا أو بصريا وذلك لأغراض التدريس بهدف الإيضاح أو الشرح **وبشرط** أن يكون النسخ في الحدود المعقولة و ألا يتجاوز الغرض منه وأن يذكر اسم المؤلف وعنوان المصنف على كل النسخ كلما كان ذلك ممكنا عملا.

- نسخ مقال أو مصنف قصير أو مستخرج من مصنف إذا كان ذلك ضروريا لأغراض التدريس في منشات تعليمية وذلك بالشرطين الآتيين:

- أن يكون النسخ لمرة واحدة في أوقات منفصلة غير متصلة.
- أن يشار إلى اسم المؤلف وعنوان المصنف على كل نسخة."

* قانون حق المؤلف الكويتي (المادة 9) - قانون حق المؤلف السوري (المادة 37) - قانون حق المؤلف التونسي (المادة 10) - قانون حق المؤلف السعودي (المادة 15) - قانون حق المؤلف الإماراتي (المادة 22) - قانون حق المؤلف القطري (21/19) .

"إيداع المصنفات المستنسخة بالمحفوظات الرسمية": "من غير الإضرار بحقوق المؤلف"

تنص مقتضيات المادة 17 من التشريع المغربي على امكانية "إيداع المصنفات المستنسخة التي تكتسي صبغة وثائقية استثنائية وكذا نسخة من التسجيلات التي لها قيمة ثقافية بالمحفوظات الرسمية المعينة لهذا الغرض من طرف السلطة الحكومية المكلفة بالشؤون الثقافية من غير الإضرار بحق المؤلف في الحصول على تعويض عادل. وتصدر السلطة الحكومية المكلفة بالاتصال والسلطة الحكومية المكلفة بالشؤون الثقافية قرارا مشتركا بتحديد لائحة المصنفات المستنسخة والتسجيلات المشار إليها أعلاه."

"حرية الاستنساخ": في حدود ما تقتضيه الإجراءات القضائية

تنص المادة 2 (ثانيا) من اتفاقية برن على أن:

- "تختص تشريعات دول الاتحاد بالحق في أن تستبعد جزئيا أو كليا الخطب السياسية والمرافعات التي تتم أثناء الإجراءات القضائية من الحماية المقررة في المادة السابقة".

و هو ما تعبر عنه عدة تشريعات وطنية التي تجيز، دون إذن المؤلف ودون أداء مكافأة له، استعمال المصنفات المتمتعة بحماية حقوق المؤلف، أو إعادة نشرها بهدف خدمة مسطرة قضائية أو إدارية، و بقدر ما تبرر ذلك الأغراض المتوخاة، ودون إغفال المصدر واسم المؤلف.

و نذكر من هذه القوانين:

* قانون حق المؤلف المغربي (المادة 18) - قانون حق المؤلف الجزائري (المادة 50) - قانون حق المؤلف المصري (المادة 171) - حق المؤلف الإماراتي (المادة 22) - قانون حق المؤلف التونسي (المادة 10) - قانون حق المؤلف اللبناني (المادة 29)

"استعمال المصنفات لأغراض إخبارية"

بين حرية الاستعمال.. و تحديد الجزاء المترتب على أي إخلال...

تتيح المادة 10 (ثانيا) من اتفاقية برن "إمكانيات أخرى بشأن حرية استعمال المصنفات"، ويتعلق الأمر "ببعض المقالات وكذلك بعض المصنفات المذاعة و المصنفات التي تشهد أو تسمع أثناء عرض أحداث جارية". حيث:

1) "تختص تشريعات دول الاتحاد بحق السماح بنقل المقالات المنشورة في الصحف والدوريات من موضوعات جارية اقتصادية أو سياسية أو دينية أو المصنفات المذاعة التي لها ذات الطابع، و ذلك بواسطة الصحافة أو الإذاعة أو النقل السلكي للجمهور، في الحالات التي لا تكون فيها حقوق النقل أو الإذاعة أو النقل السلكي المذكور محفوظة صراحة. ومع ذلك فانه يجب دائما الإشارة بكل وضوح إلى المصدر، ويحدد تشريع الدولة المطلوب توفير الحماية فيها الجزاء المترتب على الإخلال بهذا اللاتزام"[1].

حيث يعد استنساخ المقالات الإخبارية المنشورة في الصحف والدوريات، بواسطة الصحافة أو الإذاعة أو النقل السلكي، حرا: ما لم تتضمن المقالة بيانا صريحا يفيد أن الاستنساخ محفوظ أو محظور.

الإعلام: بين حدود الحماية و "حدود ما يبرره الغرض الإعلامي المنشود"

- طبقا للمادة 10 (ثانيا) من اتفاقية برن: "تختص أيضا تشريعات دول الاتحاد بتحديد الشروط التي يمكن بمقتضاها، وذلك بمناسبة عرض أحداث جارية عن طريق التصوير الفوتوغرافي أو السينمائي أو الإذاعة أو النقل السلكي للجمهور، نقل المصنفات الأدبية أو الفنية التي شوهدت أو سمعت أثناء الحدث وجعلها في متناول الجمهور، وذلك في حدود ما يبرره الغرض الإعلامي المنشود".

كما أن المادة 2 (ثانيا) من اتفاقية برن تسمح بإمكانية تحديد حماية بعض المصنفات (كالمحاضرات والخطب والأعمال الأخرى التي تتسم بنفس الطبيعة، حيث:

- "تختص أيضا تشريعات دول الاتحاد بحق تحديد الشروط التي يمكن بمقتضاها نقل المحاضرات والخطب والأعمال الأخرى التي تتسم بنفس الطبيعة والتي تلقى علنيا وذلك عن طريق الصحافة وإذاعتها

---

[1] - القانون المغربي يتضمن أحكاما تكتسي صبغة مشددة وصارمة تعاقب المعتدي وتعوض المؤلف المتضرر

وإحاطة الجمهور علما بها بالوسائل السلكية أو عن طريق تضمينها وسائل النقل للجمهور المنصوص عليها في المادة (11) ثانيا (1) من هذه الاتفاقية وذلك عندما يبرر الهدف الإعلامي المنشود مثل هذا الاستعمال.

- ومع ذلك، يتمتع المؤلف بحق استئثاري في عمل مجموعة من مصنفاته المنصوص عليها في الفقرات السابقة".

و في ظل التشريع النموذجي لحماية حقوق المؤلف والحقوق المجاورة في الوطن العربي:

- "تعتبر الاستعمالات التالية للمصنفات المحمية مشروعة و لو لم تقترن بموافقة المؤلف:

— نقل أو استنساخ المقالات المنشورة في الصحف والدوريات عن موضوعات جارية اقتصادية أو سياسية أو دينية أو المصنفات المذاعة التي لها الطابع نفسه وذلك بواسطة الصحافة أو الإذاعة أو النقل السلكي للجمهور في الحالات التي لا تكون فيها حقوق النقل والاستنساخ محفوظة صراحة مع ضرورة الإشارة إلى المصدر بصورة واضحة". (المادة 31)

- "يجوز لوسائل الإعلام بدون إذن المؤلف أو من يخلفه أن تنشر ما يلقى علنا من خطب ومحاضرات ومرافعات قضائية بشرط ذكر المصدر واسم المؤلف بصورة واضحة، وبالقدر الذي يبرره الهدف الإعلامي المنشود. ومع ذلك، يتمتع المؤلف بحق استئثاري في عمل مجموعة من هذه المصنفات". (المادة 34)

وهو ما تنص عليه كذلك عدة قوانين وطنية، نذكر منها:

* قانون حق المؤلف المغربي (المادة 19) - قانون حق المؤلف المصري (المادة 172) - قانون حق المؤلف الجزائري: (المادة 49/48) - قانون حق المؤلف اللبناني (المادة 30) - قانون حق المؤلف السوري (المادة 37) - قانون حق المؤلف القطري (المادة 24/19) - قانون حق المؤلف الكويتي (المواد من 10 الى 12) - قانون حق المؤلف الأردني (المادة 20/19) - قانون حق المؤلف التونسي (المادة 10 د) - قانون حق المؤلف السعودي (المادة 15).

الاستنساخ المؤقت

تنص المادة 13 من التشريع المغربي على: "أن يسمح بالاستنساخ المؤقت لمصنف ما -"بصرف النظر عن مقتضيات المادة 10 أعلاه – و شريطة :

أ) أن تتم العملية أثناء بث رقمي للمصنف، أو أثناء عمل يتوخى جعل مصنف مخزن بشكل رقمي قابلا للإدراك؛

ب) أن تتم العملية من قبل شخص ذاتي أو معنوي مرخص له من قبل مالك حقوق المؤلف أو بمقتضى القانون، بأن ينجز بث المصنف أو الفعل الهادف إلى جعله قابلا للإدراك؛

ج) أن تكتسي العملية أهمية ثانوية بالنسبة للبث، وأن تتم في إطار الاستعمال العادي للتجهيزات، وأن يندثر تلقائيا دون السماح بالاستدراك الإلكتروني للمصنف قصد أغراض أخرى غير تلك المذكورة في البندين (أ) و(ب) من هذه المادة".

<u>حرية الاستعمال لصور مصنفات موجودة بصفة دائمة في أماكن عمومية</u>

يرخص القانون المغربي (المادة 20): "دون إذن المؤلف و دون أداء مكافأة، و بصرف النظر عن مقتضيات المادة 10 أعلاه، بإعادة نشر أو إذاعة أو تبليغ إلى الجمهور بالكابل لصورة مصنف في الهندسة المعمارية، و الفنون الجميلة و الفوتوغرافية، و الفنون التطبيقية المودعة بصفة دائمة في مكان مفتوح للجمهور باستثناء إذا كانت صورة المصنف موضوعا رئيسيا لمثل هذا الاستنساخ و للإذاعة أو للتبليغ إلى الجمهور وتم استعمالها لأغراض تجارية"[1].

<u>حرية استعمال برامج الحاسوب واقتباسها[2]</u>

تنص المادة 21 من القانون المغربي على أنه: "بصرف النظر عن مقتضيات المادة 10 أعلاه، يمكن للمالك الشرعي لنسخة من برنامج حاسوب، دون إذن المؤلف ودون أداء مكافأة منفصلة، إنجاز نسخة من هذا البرنامج والاقتباس منه شريطة أن تكون النسخة أو عملية الاقتباس هذه :

أ) ضرورية لاستعمال برنامج الحاسوب للأغراض التي تم اقتناؤه من أجلها؛

ب) ضرورية لأغراض توثيقية ومن أجل تعويض النسخة الموجودة بشكل مشروع من قبل في حالة ما إذا ضاعت أو أتلفت أو أصبحت غير قابلة للاستعمال.

لا يمكن إنجاز أية نسخة أو القيام بأي اقتباس لأغراض أخرى غير تلك المنصوص عليها في البندين السالفين من هذه المادة و كل نسخة أو اقتباس يتوجب إتلافهما في الحالة التي تصبح فيها الحيازة المطولة لنسخة برنامج الحاسوب غير شرعية".

<u>حرية التسجيل المؤقت من قبل هيآت الاذاعة</u>

---

[1] - راجع تفسير هذه المادة ضمن عملنا الأول (ص 245- 250)

[2] - لا يدخل شرح هذه المادة ضمن هذا العمل

تنص المادة 22 من القانون المغربي على أنه: "بصرف النظر عن مقتضيات المادة 10 أعلاه، يمكن لهيأة الإذاعة دون إذن المؤلف و دون أداء مكافأة منفصلة، أن تقوم بتسجيل مؤقت بوسائلها الخاصة و لأجل برامجها الخاصة لمصنف تملك حق بثه.

وعلى الهيأة الإذاعية أن تتلف التسجيل بعد ستة أشهر من إنجازه إلا في حالة حصول اتفاق بينها و بين المؤلف لمدة تزيد عن هذه الفترة. و في حالة عدم وجود الاتفاق يمكن للهيأة الاحتفاظ بنسخة فريدة من هذا التسجيل لأغراض توثيقية فقط."

* و هو ما جاءت به كذلك القوانين العربية الأخرى كقانون حق المؤلف الجزائري (المادة 52) - قانون حق المؤلف العماني (المادة 20) - قانون حق المؤلف القطري (المادة 22) - قانون حق المؤلف السعودي (المادة 15) .

التسجيلات الوقتية لمحطات الإذاعة[1]

كان القانون المغربي السابق لعام 1970 (الفصل 22) "يؤذن لمؤسسة الإذاعة والتلفزة دون الإضرار بحقوق المؤلف بخصوص إذاعة إنتاجه في أن تسجل الإنتاج المذكور على أسطوانات أو أشرطة أو بأية طريقة مماثلة أخرى قصد إذاعته فيما بعد إذاعة صوتية أو بصرية و صوتية نظرا لأسباب زمنية أو تقنية، بشرط أن يتلف هذا التسجيل أو يصبح غير صالح بعد استعماله". (المادة 22)

حرية التمثيل أو الأداء العلني داخل اطار عائلي[2]

"يراد بعبارة "التمثيل أو الأداء العلني"، القراءة أو العزف أو الرقص أو الأداء بطريقة ما للمصنف، مباشرة أو بواسطة جهاز أو وسيلة ما، وفي حالة مصنف سمعي بصري إظهار المصنف في متابعة أو تحويل الأصوات المصاحبة إلى شيء مسموع، سواء تم ذلك في مكان أو أمكنة مختلفة، حيث يوجد أو يمكن أن يوجد أشخاص خارج دائرة الأسرة ومحيطها المباشر، ولا يهم في هذا الصدد أن يكون هؤلاء الأشخاص في نفس المكان وفي نفس الوقت، أو في أمكنة وأوقات مختلفة، حيث يمكن أن يشاهد التمثيل أو الأداء، وهذا دون أن يتم تبليغ الجمهور بالضرورة، كما يحدد ذلك البند (22) أدناه[3]."

"يراد بعبارة "النقل إلى الجمهور"، البث سلكيا أو لا سلكيا بالصورة أو بالصوت، أو بالصورة وبالصوت معا لمصنف، أو تمثيل أو أداء، أو مسجل صوتي بكيفية يمكن معها لأشخاص خارج دائرة الأسرة و محيطها المباشر من التقاط البث، في مكان أو عدة أمكنة بعيدة عن المكان الأصلي للبث، بحيث

---

[1] - راجع التسجيلات الوفتية لمحطات الإذاعة – ص 238-241 من عملنا الأول

[2] - راجع عملنا الأول ص 245 - 250

[3] - المادة الأولى – الفصل الأول من القانون المغربي الجديد (20)

حق المؤلف في الخزانات العامة: ثروة غير محصنة من أضرار القرصنة

لولا هذا البث لما أمكن التقاط الصورة أو الصوت في هذا المكان أو هذه الأمكنة و لا يهم في هذه الحالة أن يستطيع هؤلاء الأشخاص التقاط الصورة أو الصوت في نفس المكان و في نفس الوقت، أو في أمكنة وأوقات مختلفة يختارونها فرادى"[1].

* القانون المغربي - المادة 23 تخص الحفلات الرسمية و الأعياد الدينية و الأنشطة التعليمية الخاصة، حيث: "بصرف النظر عن مقتضيات المادة 10 أعلاه، يرخص دون إذن المؤلف و دون أداء مكافأة بالتمثيل أو الأداء العلني لمصنف عموميا:

أ) خلال الحفلات الرسمية أو الدينية بالقدر الذي تبرره طبيعة هذه الحفلات؛

ب) في إطار أنشطة مؤسسة تعليمية، لفائدة العاملين و طلبة هذه المؤسسة، إذا كان الجمهور مكونا فقط من العاملين و الطلبة بالمؤسسة أو الآباء و الحراس و باقي الأشخاص الذين لهم ارتباط مباشر بأنشطة المؤسسة".

وتعرف المادة الأولى – الفصل الأول (21) من القانون المغربي الجديد عبارة "تمثيل أو أداء مصنف"، على أن المراد منها هو: تلاوته أو تشخيصه أو تشخيصه رقصا أو أداؤه مباشرة أو بواسطة جهاز أو أي وسيلة أخرى، وفي حالة مصنف سمعي بصري، إظهار الصور في أي ترتيب كان، أو تحويل الصور المصاحبة إلى شيء مسموع."

وكان بمقتضى الفصل 16 من القانون المغربي السابق: "إذا عرض الإنتاج بصفة مشروعة على العموم أصبح من غير الجائز لمؤلفه منع: (1) تقديمه في عرض خاص و بالمجان داخل دائرة عائلية".

و نعرض فيما يلي لبعض القوانين العربية التي تجيز استعمال المصنفات (تمثيل أو أداء) مجانا داخل الدائرة العائلية أو المنشأة التعليمية:

* قانون حق المؤلف الجزائري (المادة 44): "يعد عملاً مشروعاً التمثيل أو الأداء المجاني لمصنف في الحالتين الآتيتين: 1) الدائرة العائلية. 2) مؤسسات التعليم والتكوين لتلبية احتياجاتها البيداغوجية المحضة".

* قانون حق المؤلف المصري (المادة 171): "مع عدم الإخلال بحقوق المؤلف الأدبية طبقا لأحكام هذا القانون ليس للمؤلف بعد نشر مصنفه أن يمنع الغير من القيام باى عمل من الأعمال الآتية:

---

[1] ـ المادة الأولى – الفصل الأول من القانون المغربي الجديد (22)

أولا: أداء لمصنف في اجتماعات داخل إطار عائلي أو بطلاب داخل المنشأة التعليمية مادام ذلك يتم بدون تحصيل مقابل مالي مباشر أو غير مباشر".

* <u>قانون حق المؤلف الأردني</u> (المادة 17): "يجوز استعمال المصنفات المنشورة دون إذن المؤلف وفقاً للشروط وفي الحالات التالية:

(أ) تقديم المصنف أو عرضه أو إلقاؤه أو تمثيله أو إيقاعه إذا حصل في اجتماع عائلي خاص أو في مؤسسة تعليمية أو ثقافية أو اجتماعية على سبيل التوضيح للإغراض التعليمية، ويجوز للفرق الموسيقية التابعة للدولة إيقاع المصنفات الموسيقية، ويشترط في ذلك كله إن لا يتأتى عنه أي مردود مالي، وان يتم ذكر المصدر واسم المؤلف إذا كان وارداً به."

* قانون حق المؤلف السعودي (المادة 8/15) - قانون حق المؤلف الكويتي (المادة 7).

<u>الاستيراد لأغراض شخصية[1]</u>

و ذلك طبقا للمادة 60 من اتفاقية جوانب حقوق الملكية الفكرية المرتبطة بالتجارة (أدبيك) التي "تجيز للبلدان الأعضاء أن تستثني (من تطبيق أحكام الاتفاقية) الواردات قليلة الشأن و الكميات الضئيلة من السلع ذات الصبغة غير التجارية التي ترد ضمن أمتعة المسافرين الشخصية أو ترسل في طرود صغيرة".

<u>و هو ما ترخص به التشريعات الوطنية. حيث:</u>

- يرخص التشريع المغربي (المادة 24) "بصرف النظر عن مقتضيات البند (ز) بالمادة 10 أعلاه، باستيراد نسخة من مصنف ما من قبل شخص ذاتي لأغراض شخصية دون إذن المؤلف أو أي مالك آخر بحوزته حقوق المؤلف لهذا المصنف".

- يجيز قانون حق المؤلف القطري (المادة 23) " بدون إذن المؤلف، لأي شخص طبيعي أن يستورد لنفسه نسخة من المصنف، بشرط أن يكون ذلك لأغراض شخصية".

---

[1] - لا يدخل شرح هذه المادة ضمن هذا العمل

الفصل 4

الاستنساخ بغير حق:

اغتيال لروح الابداع و الخلق

الاستنساخ المشروع: وسيلة لتحقيق الكسب للمؤلف

مما لا شك فيه أن الوسائل والوسائط التكنولوجية الجديدة قد أتاحت فرصا كبيرة للإعلام والاتصال والتواصل، ونقل المعرفة والمعلومات والأخبار. كما أنها أفسحت المجال واسعا للاستنساخ طبق الأصل للمصنفات الأدبية والعلمية المشمولة وغير المشمولة بالحماية، سواء من طرف أشخاص ذاتيين أو من قبل الخزانات ومصالح التوثيق وغيرها.

و"الاستنساخ" هو: عبارة "يراد بها صناعة نسخة أو عدة نسخ لمصنف أو لمسجل صوتي أو لجزء من مصنف أو مسجل صوتي، في أي شكل كان، بما فيه التسجيل الصوتي والمرئي، والتخزين الدائم أو المؤقت على شكل الكتروني لمصنف أو لمسجل صوتي". (المادة 1 – رقم 17 من القانون المغربي).

و"يراد بعبارة "النسخ التصويري" أو "الاستنساخ طبق الأصل" لمصنف ما: صناعة نسخ بالفكسيميلي لأصول المصنف، أو نسخ للمصنف بواسطة وسائل أخرى غير الرسم الزيتي، مثل التصوير بآلات النسخ، وتعتبر أيضا صناعة نسخ بالفاكسيميلي، سواء كانت هذه النسخ مصغرة أو مكبرة، بمثابة استنساخ طبق الأصل". (المادة 1 – رقم 18 من القانون المغربي).

<u>آلات النسخ: وسائل و وسائط لتحقيق التكامل و التكافل</u>

ولعل المؤلف لا يأسف لهذه الوضعية إن كانت هذه الوسائل والوسائط تتيح لعمله أكبر فرص للانتشار عبر بلدان المعمور، وتحقق له جمهورا عريضا وشهرة واسعة قد تبلغ حد النجومية، و مردودية عالية قد تعد بالأرقام الفلكية.

حق المؤلف في الخزانات العامة: ثروة غير محصنة من أضرار القرصنة

المؤلف لا يكتم العلم ولا يكرس للقطيعة

بل المؤلف - المبدع الحق - يسعى حثيثا للتواصل مع الجماهير من كل الجنسيات و بمختلف اللغات، وعبر كل القارات، مما يحقق الانتشار الواسع لأعماله.

وهذا الانتشار الواسع هو أسمى ما يمكن أن يطمح إليه المؤلفون الذين يرجون من ورائه أن يكون "وسيلة" لجلب الفائدة للمتلقي، ولتحقيق المنفعة والكسب الحلال للمؤلف، حتى يتحقق نوع من التكامل والتكافل والتوازن..

وتتلخص تلك الوسيلة في الحماية التي توفرها الاتفاقيات الثنائية والمتعددة الأطراف و التشريعات الوطنية الخاصة بحقوق المؤلف، حيث إن كل الدول الأعضاء في المنظمة العالمية للتجارة التزمت بتضييق هامش "حرية الاستنساخ" و فرض مجموعة من الشروط في حال "السماح بعمل نسخ من بعض المصنفات في بعض الحالات الخاصة". والتي نصت عليها القاعدة القانونية التي تشترط في مثل هذه الحالات: "ألا يتعارض عمل مثل هذه النسخ مع الاستغلال العادي للمصنف و ألا يسبب ضررا بغير مبرر للمصالح المشروعة للمؤلف".

<u>"حرية الاستنساخ للاستعمال الشخصي"</u>: حرية مقيدة باستثناءات...

* <u>القانون المغربي</u> (المادة 12)، كجميع القوانين المتعلقة بحقوق المؤلف، يرخص دون إذن المؤلف ودون أداء مكافأة، بحرية استنساخ بعض "المصنفات" للاستعمال الشخصي...باستثناء:

أ)   استنساخ مصنفات الهندسة المعمارية المجسدة على شكل عمارات أو بنايات أخرى مماثلة؛

ب) استنساخ <u>طبق الأصل لكتاب بالكامل</u> أو مصنف موسيقي في شكل توليفة؛

ج)   استنساخ قواعد البيانات كليا أو جزئيا بشكل رقمي؛

د)   إعادة نشر برامج الحاسوب ماعدا الحالات المنصوص عليها في المادة 21 أدناه؛

ه)   <u>عملية استنساخ أي مصنف من شأنها أن تضر بالاستغلال العادي لهذا المصنف، أو من شأنها أن تضر دون مبرر بالمصالح المشروعة للمؤلف".</u>

ويكون للمؤلف الحق في منع الغير من القيام بدون إذنه بأي عمل من الأعمال المنصوص عليها في القانون. وهو ما نصت عليه القوانين العربية التي تناولناها بالدرس، و التي نذكر منها:

حق المؤلف في الخزانات العامة: ثروة غير محصنة من أضرار القرصنة

* قانون حق المؤلف المصري (المادة 171) – حيث: "مع عدم الإخلال بحقوق المؤلف الأدبية طبقا لأحكام هذا القانون، ليس للمؤلف بعد نشر مصنفه أن يمنع الغير من القيام بأي عمل من الأعمال الآتية:

- عمل نسخة وحيدة من المصنف لاستعمال الناسخ الشخصي المحض وبشرط ألا يخل هذا النسخ بالاستغلال العادي للمصنف أو يلحق ضررا غير مبرر بالمصالح المشروعة للمؤلف أو بأصحاب حق المؤلف"...

* قانون حق المؤلف الأردني (المادة 17)حيث: "يجوز استعمال المصنفات المنشورة دون إذن المؤلف وفقاً للشروط وفي الحالات التالية:

- الاستعانة بالمصنف للاستعمال الشخصي الخاص وذلك بعمل نسخة واحدة منه بواسطة الاستنساخ أو الترجمة أو الاقتباس أو التوزيع الموسيقي ويشترط في ذلك كله أن لا يتعارض مع الاستغلال العادي للمصنف ولا يسبب ضرراً غير مبرر بالمصالح المشروعة لصاحب الحق".

* قانون حق المؤلف القطري (المادة 18) حيث: "تعتبر الاستعمالات التالية للمصنفات المحمية مشروعة، ولو لم تقترن بموافقة المؤلف:

- الاستنساخ أو الترجمة أو الاقتباس، أو التوزيع الموسيقي أو التمثيل، أو الاستماع الإذاعي أو المشاهد التلفزيونية أو التصوير بأي شكل آخر للاستعمال الشخصي البحت.

ويشترط للاستعمالات الواردة في البند السابق، ألا يتعارض استعمال المصنف مع الاستغلال العادي له، وألا يسبب ضرراً بغير مبرر للمصالح المشروعة للمؤلف".

* قانون حق المؤلف التونسي (المادة 10) * قانون حق المؤلف الإماراتي (المادة 22)

القاعدة تقيد الاستثناء

مقتضيات المادة 12 من التشريع المغربي (الفصل الرابع المتعلق بالحد من الحقوق المادية) تنص على أنه:

«بصرف النظر عن مقتضيات المادة 10 أعلاه، ومراعاة لمقتضيات الفقرة الثانية من هذه المادة، يرخص دون إذن المؤلف ودون أداء مكافأة باستنساخ مصنف منشور بكيفية مشروعة قصد الاستعمال الشخصي حصرا. ولا تسري مقتضيات الفقرة السابقة على:

ب) استنساخ طبق الأصل لكتاب بالكامل...

هـ) <u>عملية استنساخ أي مصنف من شأنها أن تضر بالاستغلال العادي لهذا المصنف، أو من شأنها أن تضر دون مبرر بالمصالح المشروعة للمؤلف".</u>

فالمادة 12 من القانون المغربي، وان كانت (في الفقرة الأولى) " تمنح ظاهريا، دون إذن المؤلف و دون أداء مكافأة، "حرية الاستنساخ للاستعمال الشخصي"، فهي لا ترخص (في الفقرة الثانية/ب) "باستنساخ طبق الأصل لكتاب بالكامل"، حتى لو كان ذلك قصد الاستعمال الشخصي حصرا. ولا ترخص كذلك "باستنساخ مصنف منشور بكيفية مشروعة" إلا في بعض الحالات الخاصة.

من هذه الحالات الخاصة، أنه عندما يتم نشر مصنف ما انتشارا واسعا بكيفية مشروعة، فانه يجوز لشخص ذاتي، دون إذن المؤلف ودون أداء مكافأة، أن ينسخ أو ينقل بعض الفقرات قصد استعمالها لغرضه الشخصي والخاص.

وحرية الاستنساخ للاستعمال الشخصي هذه، "دون إذن المؤلف ودون أداء مكافأة"، لا تعني أنها حرية مطلقة، كما قد يتبادر إلى الذهن[1].

والقانون المغربي، كجميع القوانين الخاصة بحقوق المؤلف، لا يرخص اطلاقا بمقتضى الفقرة الثانية (هـ) لأي كان "بأن يقوم بعملية استنساخ أي مصنف من شأنها أن تضر بالاستغلال العادي لهذا المصنف، أو من شأنها أن تضر دون مبرر بالمصالح المشروعة للمؤلف."

كما أن مقتضيات المادة 12 لا ترخص بالاستنساخ لأي شخص اعتباري أو عمومي. ولا ترخص لأي شخص ذاتي بالاستنساخ خارج دائرته العائلية. ولا ترخص بالاستنساخ قصد الاستخدام الجماعي، ولا باستعمال النسخة المنسوخة ضمن خزانة أو شركة أو داخل أي مكان عمومي آخر. ولا ترخص لأي كان إذا كان الهدف من الاستنساخ هو الحصول على كسب مالي.

<u>مقتضيات المادة 12 لا تتعلق بشخص اعتباري أو عمومي</u>

فالمادة 12 إذن لا تخص الأشخاص الاعتباريين كالشركات والمقاولات والهيئات والجماعات والإدارات العمومية، ولا الجمعيات والنوادي، أو المعاهد والمؤسسات الثقافية، التعليمية التربوية، الدينية، أو الخزانات أو المكتبات ومصالح التوثيق.. ولا غيرها من المحلات العمومية والأماكن المفتوحة في وجه العموم بصفة عامة، سواء كانت تجارية أو غير تجارية.

حيث: أ.   "يجوز لأي شخص طبيعي من أجل استعماله الشخصي والخاص أن ينسخ أو يسجّل

---

[1] - راجع حيثيات الحكم رقم 2784 الصادر عن المحكمة الابتدائية بالدار البيضاء (2006/04/24)– الملف المدني عدد 05/2/9775.

حق المؤلف في الخزانات العامة: ثروة غير محصنة من أضرار القرصنة

أو يصوّر نسخة واحدة من أي مصنّف محمي بموجب هذا القانون، من غير إذن أو موافقة صاحب حقّ المؤلف، ومن دون دفع أي تعويض له، شرط أن يكون المصنّف قد نشر بصورة قانونية، وأن يكون قد استحصل على النسخة الأصلية بشكل مشروع.

ب."لا يعتبر استعمال النسخة المنسوخة أو المصوّرة ضمن شركة أو في أي مكان عمل آخر استعمالاً شخصياً وخاصاً[1]".

وهو ما يؤكده قانون حق المؤلف اللبناني حين نص صراحة على أن: " لا يعتبر استعمال النسخة المنسوخة أو المصورة ضمن شركة أو في أي مكان عمل آخر استعمالاً شخصياً وخاصاً." و هذا واضح من خلال المادتين التاليتين:

- المادة 23 – "مع مراعاة أحكام المادة 24 من هذا القانون، يجوز لأي شخص طبيعي من أجل استعماله الشخصي والخاص أن ينسخ أو يسجل أو يصور نسخة واحدة من أي عمل محمي بموجب هذا القانون من غير إذن أو موافقة صاحب حق المؤلف ومن دون دفع أي تعويض له شرط أن يكون العمل قد نشر بشكل مشروع.

لا يعتبر استعمال النسخة المنسوخة أو المصورة ضمن شركة أو في أي مكان عمل آخر استعمالاً شخصياً وخاصاً.

- المادة 24 – لا يطبق الاستثناء المنصوص عليه في المادة السابقة إذا أدى ذلك إلى إلحاق الضرر بحقوق ومصالح صاحب حق المؤلف الأخرى ولا يجوز بشكل خاص القيام بما يأتي:

- تصوير كتاب كامل أو جزء كبير منه".

"الاستعمال الشخصي والخاص": يكون داخل إطار عائلي..لا داخل خزانة أو مصلحة للتوثيق.

و قد جاءت مقتضيات القانون المغربي مطابقة لأحكام اتفاقية برن التي تسمح "بحرية استنساخ بعض المصنفات "للاستعمال الشخصي" في بعض الحالات الخاصة"، داخل "الدائرة العائلية".

و قد تبدو عبارة "الاستعمال الشخصي" بديهية" إلا أن تحديد مضمونها أمر بالغ الأهمية إذ أن هذا التحديد يمثل الفارق بين انتهاك حق المؤلف و بين العمل في إطاره، و قد نهت قوانين حق المؤلف على "أنه ليس للمؤلف بعد نشر مصنفه أن يمنع إيقاعه أو تمثيله أو إلقاءه في اجتماع عائلي أو منتدى خاص أو مدرسة مادام لا يحصل في نظير ذلك على رسم أو مقابل مالي"[2]

---

[1] - المادة 22 من مشروع القانون العربي الاسترشادي لحماية حق المؤلف و الحقوق المجاورة

1- ندوة الويبو الوطنية المتخصصة للسلطات القضائية الأردنية. نظمتها المنظمة العالمية للملكية الفكرية مع المجلس القضائي الأردني و مركز الملك عبد الله الثاني للملكية الفكرية (7-9 أكتوبر 2004

حق المؤلف في الخزانات العامة: ثروة غير محصنة من أضرار القرصنة

وتتمثل الفكرة الأساسية في أنه يجوز لأي شخص ذاتي أن يقوم باستنساخ المقتطفات التي يحتاج إليها لاستعمالها أو استخدامها لأغراض شخصية وخاصة به، على أساس أن يكون هذا الاستنساخ من مصنف سبق نشره بكيفية مشروعة، وألا يكون الاستنساخ لكتاب بالكامل، وألا يكون الهدف من هذه العملية هو الحصول على كسب مالي.

"الاستعمال الخاص" لا يخرج عن دائرة الأسرة الصغيرة:

Il est à noter que la loi fait souvent référence au caractère public ou privé de l'utilisation de l'œuvre (par exemple : l'usage privé (art.12) pour dire que toute utilisation d'une œuvre protégée, lorsqu'elle présente un caractère public, est soumise à l'intervention des auteurs. Ainsi, c'est bien la notion de «cercle de famille » (privée) qui définit, par opposition, la notion de « public ». Le critère de cercle de famille posé par la loi (aussi bien en France qu'au Maroc) doit être pris dans son sens le plus étroit : le cercle d'une famille est constitué de son entourage le plus immédiat, c'est-à-dire, par des personnes réunies entre elles par des liens les plus proches ou les plus intimes.[1]

الخزانة ليست شخصا ذاتيا...و لا مكانا خاصا أو دائرة عائلية

ان الاستنساخ أو النقل باقتضاب قصد الاستعمال الشخصي هو ذلك النسخ أو الاستعمال الذي يقوم به شخص ذاتي في مكان خاص – لا في مكان عمومي، داخل - لا خارج - دائرته العائلية الصغيرة، ليستعمله أو يستخدمه لغرضه "الشخصي وحصرا"، دون سواه. والاستنساخ الخاص للاستعمال الشخصي حصرا والمسموح به دون إذن المؤلف ودون أداء مكافأة، حسب النصوص الدولية و الوطنية، هو ذالك الذي لا يكتسي طابعا تجاريا، ولا يكون في مكان عام تجاري أو غير تجاري (وزارة، مؤسسة عمومية، خزانة...). ولا يتجاوز بعض الفقرات القصيرة التي قد يحتاجها هذا الشخص من أجل استعمالها أو استخدامها "استعمالا أو استخداما معقولا"، لا يتجاوز "قدر ما تبرر ذالك الغاية المراد تحقيقها منه".

[1] Société des auteurs compositeurs et éditeurs de musique (SACEM) - Cf. notre livre « Empire empileur et Mondialisation en douceur ».

حق المؤلف في الخزانات العامة: ثروة غير محصنة من أضرار القرصنة

الجزء الثاني

"النظام[1] العالمي الجديد"

أمر برفع القيود و الحواجز أمام التجارة العالمية

لحقوق المؤلف الاقتصادية

"حقوق المؤلف تأكيد قانوني لحق الكتاب والفنانين في ملكية مصنفاتهم"[2]

تستهدف "اتفاقية جوانب حقوق الملكية الفكرية المرتبطة بالتجارة" (أدبيك أو تريبس) تحرير التجارة المشروعة لحقوق المؤلف الاقتصادية، و رفع الحواجز و القيود أمامها لتتمتع بالحرية و الانسياب عبر بلدان العالم[3]. و ذلك من خلال تشجيع الحماية الفعالة و الملائمة لحقوق الملكية الفكرية و فروعها "و ضمان ألا تكون التدابير المتخذة لانفاذ هذه الحماية تشكل في حد ذاتها عائقا أمام التجارة العالمية المشروعة".

- **الفصل 5** — حق المؤلف في تضييق هامش الحرية   ص 44
- **الفصل 6** - الاستنساخ بغير حق: خرق للقانون و اعتداء على الحق   ص 57
- **الفصل 7** — الاستنساخ استجابة لطلب شخص ذاتي: تصريح و التزام و   ص 63
- **الفصل 8** — الاستنساخ من قبل الخزانات...قابل لأداء الاتاوات   ص 68

---

[1] - Nouvel Ordre Mondial
[2] - المبادئ الأولية لحقوق المؤلف - اليونسكو.
[3] راجع عملنا الأول — اطلالة على النظام العالمي الجديد - ص 427

الفصل 5

حق المؤلف في تضييق هامش الحرية

أنواع المؤسسات المستفيدة:

يتبين مما سبق أن القانون يخول المؤلف الحق المطلق في الترخيص للغير بعمليات الاستنساخ، و يخوله كذلك الحق المطلق في منعها. كما أن القانون لا يسمح بحرية الاستنساخ و لا يجيز الاستفادة من الاستثناء إلا لفئة معينة من المؤسسات التي تتجمع فيها مواد المعرفة و مصادر المعلومات في مختلف الميادين، و التي ينظم نشاطها و خدماتها و أهدافها مرسوم أو قانون وطني.

* القانون المغربي اكتفى بالإشارة إلى أن "الخزانات ومصالح التوثيق التي لا تستهدف أنشطتها الربح التجاري بصفة مباشرة أو غير مباشرة" هي المرخص لها بالاستنساخ "دون إذن المؤلف أو أي مالك آخر لحقوق المؤلف". (المادة 16) [1]

* بينما تهدف قوانين بعض البلدان العربية الأخرى إلى الترخيص بالاستنساخ لـ:

- " الجهات المنوط بها حفظ الوثائق أو المكتبات العامة أو مراكز التوثيق غير التجارية أو مؤسسات التعليم أو المؤسسات العلمية أو الثقافية غير التجارية أو مؤسسات التعليم أو المؤسسات العلمية أو الثقافية غير التجارية أو مؤسسات التعليم أو المؤسسات العلمية أو الثقافية..." (القانون العماني المادة 3/20)

-"المكتبات العموميّة والمراكز ومصالح التوثيق غير التجارية والمكتبات الموجودة بالمؤسّسات التربويّة والتكوينيّة.." (القانون التونسي الفصل 12 - الفقرة 2)

- "دار الوثائق أو المحفوظات أو مكتبات الاطلاع أو مراكز التوثيق والتي لا تستهدف أي منها الربح" (المادة 22 من القانون الإماراتي)

- "مكتبة عامة أو مركز للتوثيق غير تجاري أو مؤسسة علمية أو معهد تعليمي" (القانون السوري- المادة 20)

[1] - راجع كذلك قوانين السعودية؛ مصر؛ البحرين؛ قطر؛ الجزائر؛ لبنان..

حق المؤلف في الخزانات العامة: ثروة غير محصنة من أضرار القرصنة

- "المكتبات العامة ومراكز التوثيق غير التجارية والمعاهد التعليمية والمؤسسات العلمية والثقافية" (القانون الأردني- المادة 20)

* كما تعرف قوانين أخرى "بأن الخزانات ومصالح التوثيق المعنية بالترخيص هي مصالح التوثيق الرسمية والخزانات الوطنية".

* فيما تضع قوانين دول أوروبية وأمريكية قائمة تعرف بالجهات المستفيدة من الترخيص، و توسع نطاق الاستثناء لتكون الاستفادة شاملة لسائر هيئات المحفوظات والمكتبات والمؤسسات والمعاهد والمدارس مثل:

× المدارس الابتدائية، الثانوية، الإعدادية، المعاهد، الكليات، الجامعات، الأكاديميات؛
× مؤسسات التعليم العالي؛
× مراكز، معاهد و مؤسسات الدراسات والبحوث؛
× الخزانات أو المكتبات الملكية، الوطنية، الإقليمية، الجهوية، المحلية أو البلدية، و غيرها من الخزانات التي تسيرها الجماعات المحلية أو السلطات العمومية؛
× المكتبات أو الخزانات التابعة للمجالس البرلمانية أو/و للقطاع الحكومي؛
× المكتبات أو الخزانات التي تهدف إلى تيسير وتشجيع دراسة مادة أو مجموعة من المواد التالية: دين أو فقه، فلسفة، علوم (إنسانية، طبيعية، اجتماعية، تكنولوجية، طبية، تاريخية، أدبية، لغوية، تربوية، موسيقية، حقوقية، قانونية فنون جميلة...)؛
× الخزانات التي تديرها مؤسسة أو منظمة لها نفس الاهتمام أو الهدف المبين أعلاه؛
× الخزانات التي لها نفس المواصفات والموجودة على أرض الوطن؛
× المحفوظات أو مصالح التوثيق التي تتولى حفظ المصنفات التي تكتسي صبغة وثائقية استثنائية بصفة دائمة كمصادر ومراجع، يمكن الرجوع إليها عندما تدخل في نطاق الملك العام أو تصبح نادرة أو مفقودة في الأسواق.[1]

متى يرخص للخزانات ومصالح التوثيق بحرية الاستنساخ ؟

جدير بالتذكير أن الاتفاقيات المتعددة الأطراف و الاقليمية و الثنائية لم تسمح صراحة باستنساخ الأعمال الأدبية والعلمية والفنية من قبل الخزانات أو مصالح التوثيق. إلا أنه يمكن إدراج "عمل نسخ من

---

[1] - راجع المادة 17 أعلاه حول إيداع المصنفات المستنسخة بالمحفوظات الرسمية

حق المؤلف في الخزانات العامة: ثروة غير محصنة من أضرار القرصنة

بعض المصنفات في بعض الحالات الخاصة" ضمن "إمكانية وضع بعض الاستثناءات" الواردة على الحقوق الاستئثارية للمؤلفين، المنصوص عليها في:

* اتفاقية برن لحماية المصنفات الأدبية و الفنية – التي تتيح لدول الاتحاد بأن: "تختص تشريعاتها بحق السماح بعمل نسخ من هذه المصنفات في بعض الحالات الخاصة بشرط ألا يتعارض عمل مثل هذه النسخ مع الاستغلال العادي للمصنف وألا يسبب ضررا بغير مبرر للمصالح المشروعة للمؤلف". (المادة 9)

* الاتفاقية العالمية لحقوق المؤلف تجيز كذلك "لكل دولة متعاقدة أن تقرر بتشريعها الداخلي استثناءات من الحقوق المشار إليها بالفقرة 1 من هذه المادة، على أن لا تتعارض تلك الاستثناءات مع روح هذه الاتفاقية وأحكامها. وعلى كل دولة يقضي تشريعها بذلك أن تضفي مع ذلك قدرا معقولا من الحماية الفعلية لكل حق يرد بشأنه استثناء". (الفقرة (2) من المادة الرابعة (ثانيا)

* اتفاقية جوانب حقوق الملكية الفكرية المرتبط بالتجارة الموقع عليها في اطار "الجات" بمراكش عام 1994: "تلزم الدول الأعضاء بقصر القيود أو الاستثناءات من الحقوق الاستئثارية على بعض الحالات الخاصة التي لا تتعارض مع الاستغلال العادي للعمل ولا تلحق ضرراً غير مبرر بالمصالح المشروعة لمالك الحقوق ".(المادة 13)

* اتفاق المنظمة العالمية للملكية الفكرية حول حقوق المؤلف المصادق عليه[1] عام 1996 يلزم كذلك الدول الأعضاء بقصر القيود و الاستثناءات على حالات خاصة، لا تتعارض مع الاستخدام العادل للمصنف و لا تلحق ضررا غير معقول بالمصالح المشروعة للمؤلف.[2] (الفصل 10)

* اتفاقية التبادل التجاري الحر بين المغرب والولايات المتحدة تؤكد من جهتها: "(أ) بالنسبة للمادة 11 و المادتين 15-6 و 15-7، بأن يجعل كل طرف من الطرفين الحدود أو الاستثناءات المتعلقة بالحقوق الاستئثارية مقتصرة على حالات خاصة لا تتعارض مع الاستغلال العادي للمصنف أو الأداء أو التسجيل الصوتي، ولا تضر بشكل غير معقول بالمصالح المشروعة لمالك الحقوق."

---

[1] - راجع تصريحنا لوكالة المغرب العربي للأنباء 29 نونبر تحت عنوان: "مراجعة اتفاقية الملكية الفكرية تستحق عناية خاصة".

2- راجع كذلك "العولمة-المسرحية" ضمن عملنا الثالث "ايلاف الملكية الفكرية...أس العمولمة..." حيث: يمكن القول إننا بصدد التفرج على مسرحية كبرى واقعية، متكاملة العناصر ومحبوكة بشكل لا نظير له في التاريخ الإنساني، تعرف فيها البلدان-الأطراف المتقدمة أدوارها جيدا. ولا يخفى - كما أسلفنا القول- أنها عاشت ومنذ التوقيع على اتفاقية "الغات"، على أمل لقاء أو لقاءات قادمة للعب أدوارها في المسرحية المذكورة، بعد أن تكون قد استكملت حفظ تلك الأدوار، وتخلصت من شوائب العاطفة والارتجال ؛ وبكلمة واحدة، بعد أن تكون كما يقال قد ألمت بقواعد اللعبة.. وبشكل تطمئن معه على أن لاعبي البلدان الأطراف الثالثية، مهما حضروا وتفننوا وآنسوا من أنفسهم الأهلية والرغبة للمشاركة على أرضية الخشبة الدولية، فلن تكون مشاركتهم سوى شكلية وهامشية، وبلغة كرة القدم ستكون تلك الأطراف في حالة شرود.[2]

حق المؤلف في الخزانات العامة: ثروة غير محصنة من أضرار القرصنة

* **قانون تونس النموذجي لحقوق المؤلف الخاص بالبلدان النامية:**

Loi Type de Tunis sur le droit d'auteur à l'usage des pays en développement :

Selon le commentaire qui accompagne la loi type, « l'exception en faveur des bibliothèques vise à suivre le libellé du triple critère de la Convention de Berne. Deux des conditions sont expressément reprises dans la loi type. Il est tenu compte de la première – que la copie soit réalisée dans certains "cas spéciaux"–en confinant l'exception dans les bibliothèques et institutions connexes et en limitant la réalisation de copies aux besoins de l'institution concernée. »

* <u>توجيهات الاتحاد الأوروبي</u>[1] تصب في نفس الاتجاه. حيث "لا يجوز تطبيق القيود و الاستثناءات إلا في بعض الحالات الخاصة التي لا تتعارض مع الاستغلال العادي للمصنف، ولا تضر بالمصالح المشروعة لمالك الحقوق."

* <u>المذكرة التوضيحية حول الاتفاقية العربية لحماية حقوق المؤلف والحقوق المجاورة</u> تشرح شروط الاتفاقية العربية لحماية حقوق المؤلف والحقوق المجاورة، و تبين بوضوح أن " المشرع أورد استثناء لصالح المكتبات الوطنية ودور المحفوظات مفاده أحقيتها في استنساخ نسخة واحدة أو نسختين من أي مصنف محمي ما دام ذلك لا يتم بهدف تجاري أو ربحي بشروط أربعة وهي:

1) أن يقتصر استخدام النسخ المصورة على أغراض التعليم،

2) وأن يكون التصوير لمرة واحدة،

3) وأن تكون طبعة المصنف قد نفدت،

4) وأن تكون النسخة الشرعية التي كانت لدى المكتبة أو دار المحفوظات قد فقدت أو أتلفت.

وفي هذا القيد ما يحقق صالح المكتبات الوطنية ودور المحفوظات حيث تستكمل مجموعاتها فتستنسخ نسخة واحدة أو نسختين مما فقد أو أتلف من مصنفات ما دام الغرض من هذا كله هو خدمة أغراض التعليم والبحث العلمي. وكان من البديهي قصر هذا الحق على مرة واحدة فقط حتى لا يساء استغلال القيد".

وحتى "لا يساء استغلال القيد"، فقد يرد النص على تحديد عدد النسخ:

---

[1] Les directives de l'Union européenne : « Les exceptions et limitations… ne sont applicables que dans certains cas spéciaux qui ne portent pas atteinte à l'exploitation normale de l'œuvre ou autre objet protégé ni ne causent un préjudice injustifié aux intérêts légitimes du titulaire du droit. »

حق المؤلف في الخزانات العامة: ثروة غير محصنة من أضرار القرصنة

كأن تقتصر الخزانات ومصالح التوثيق على تصوير نسخة وحيدة أو "لمرة واحدة"، ان كان ذلك ضروريا.

الاستنساخ الموجه لحفظ المصنف أو تعويضه: تصوير نسخة واحدة..ان كان ذلك ضروريا

يمكن للخزانات ومصالح التوثيق إنتاج نسخة منفصلة، منعزلة (أو إضافية) واحدة من مصنف أصلي (يكون في حوزتها)، في حالة فقدان هذا المصنف أو تلفه أو عدم قابليته للاستعمال: إذا كان الاستنساخ موجها لحفظ المصنف الأصلي وصيانته بصفة دائمة كمرجع أو، إن كان ذلك ضروريا، لتعويضه ضمن سلسلة دائمة لخزانات أخرى أو مصلحة أخرى للتوثيق بهدف تعويض نسخ فقدت أو أتلفت أو أصبحت غير قابلة للاستعمال.

مشروع القانون العربي الاسترشادي لحماية حق المؤلف و الحقوق المجاورة "يجيز من غير موافقة صاحب حقّ المؤلف ومن غير دفع أي تعويض له، إعداد نسخة إضافية للمصنّف بطريق النسخ أو التصوير أو أي وسيلة مشروعة أخرى من قبل مكتبات عامة لا تتوخّى الربح شرط أن يكون بحوزتها نسخة واحدة أصلية على الأقل وذلك من أجل الإحتفاظ بالنسخة الإضافية لاستعمالها فقط في حال فقدان أو تضرّر النسخة الأصلية".(المادة 27)

وهو ما تعبر عنه التشريعات الوطنية التي "ترخص دون إذن المؤلف أو أي مالك آخر لحقوق المؤلف، للخزانات ومصالح التوثيق التي لا تستهدف أنشطتها الربح التجاري بصفة مباشرة أو غير مباشرة أن تقوم باستنساخ طبق الأصل لنسخ منفصلة لمصنف ما..." أي أنه يجوز لهذه المؤسسات نسخ أو تصوير أو عمل نسخة واحدة من مصنف ما، **بشرط**:

- " أن يكون الاستنساخ لنسخ منفصلة لمصنف موجه لحفظه إن كان ذلك ضروريا (في حالة فقدان المصنف أو تلفه أو عدم قابليته للاستعمال)..." (القانون المغربي المادة 16/ب)

- "نسخ أو تصوير نسخة إضافية من قبل مكتبات عامة لا تتوخى الربح شرط أن يكون بحوزتها نسخة واحدة أصلية على الأقل. وذلك من أجل الاحتفاظ بتلك النسخة الإضافية لاستعمالها فقط في حال فقدان أو تضرر النسخة الأصلية". (القانون اللبناني المادة 27)

- "عمل نسخة واحدة من مصنف محمي بواسطة الجهات المنوط بها حفظ الوثائق أو المكتبات العامة أو مراكز التوثيق غير التجارية أو مؤسسات التعليم أو المؤسسات العلمية أو الثقافية غير التجارية أو مؤسسات التعليم أو المؤسسات العلمية أو الثقافية غير التجارية أو مؤسسات التعليم أو المؤسسات العلمية أو الثقافية..." (القانون العماني المادة 3/20)

- "تصوير نسخة وحيدة من المصنف بمعرفة دار للوثائق أو المحفوظات أو مكتبات الاطلاع أو مراكز التوثيق والتي لا تستهدف أي منها الربح سواء أكان بصورة مباشرة أم غير مباشرة" (القانون الإماراتي المادة 4/22).

- "استنساخ مصنف في نسخة واحدة طبق الأصل دون ترخيص من المؤلف أو أي مالك آخر لحقوق المؤلف". (القانون الجزائري المادة 45)

- "تصوير نسخة وحيدة من المصنف بواسطة دار للوثائق أو المحفوظات أو بواسطة المكتبات التي لا تستهدف الربح- بصورة مباشرة أو غير مباشرة" (القانون المصري المادة 171/ثامنا).

- " تصوير نسخة واحدة من المصنف بواسطة أي مكتبة أو دار محفوظات، ما دام ذلك لا يستهدف الربح (القانون القطري المادة 2/21).

- "عمل نسخة واحدة من المصنف بوسائل النسخ التصويري من قبل دار لحفظ الوثائق أو المكتبات التي لا تستهدف الربح" (القانون البحريني المادة 22).

- "تصوير نسخة أو نسختين للمكتبات العامة أو مراكز التوثيق غير التجارية..." (القانون السعودي المادة 3/15).

"حرية الاستنساخ" مقيدة بشروط صارمة

يستفاد مما سبق أن الأحكام الواردة في بعض التشريعات الوطنية تجيز، كقاعدة عامة، للخزانات و مصالح التوثيق بأن تقوم بتصوير نسخة (أو نسختين) لمصنف موجه لحفظه...**بشرط:**

- "أن يكون الاستنساخ لصالح أي من تلك الجهات بغرض إحلال النسخة الجديدة محل النسخة الأصلية في حالة فقدها أو تلفها أو عدم صلاحيتها للاستخدام..." (القانون البحريني المادة 22/أ)
- "أن يكون النسخ لغرض المحافظة على النسخة الأصلية أو استبدال نسخة مفقودة أو تالفة لا يمكن الحصول على بديل لها". (القانون العماني المادة 3/20/ب)
- أن "تكون عملية استنساخ صورة طبق الأصل عملاً معزولاً لا يتكرر حدوثه إلا في مناسبات متميزة ولا علاقة لها فيما بينها." (القانون الجزائري المادة 47)
- "أن يكون النسخ بهدف المحافظة على النسخة الأصلية، أو لتحل هذه النسخة محل نسخة فقدت، أو تلفت، أو أصبحت غير صالحة للاستخدام.." (القانون الإماراتي المادة 4/22/أ)
- "أن يكون ذلك الاستنساخ وعدد النسخ مقتصراً على احتياجات أنشطة الجهات المستنسخة..." (القانون السوري المادة 5/37)

- "أن يكون النسخ مقصورا على حاجة الأنشطة..." (القانون السعودي-المادة 3/15)
- "أن يكون النسخ و عدد النسخ مقصورا على حاجة المؤسسات..." (القانون الأردني - المادة 20)
- " أن يكون النسخ مقصورا على حاجة أنشطتها...". (قانون جيبوتي-المادة 54)
- "إذا كان الهدف من الاستنساخ هو حفظ المصنف إن كان ذلك ضروريا**..**أو تعويضه ضمن سلسلة دائمة لخزانة أخرى أو مصلحة أخرى للتوثيق بهدف تعويض نسخ فقدت أو أتلفت أو أصبحت غير قابلة للاستعمال" (القانون المغربي المادة 16/ب)

و إذا كانت النسخة قد تم تصويرها بهدف المحافظة على المصنف، أو لاستخدامها عند الضرورة لتحل محل نسخة فقدت أو تلفت أو أصبحت غير صالحة للاستخدام ضمن المقتنيات الدائمة لمكتبة أو دار محفوظات أخرى، فيمكن استنساخها **بشرط:**

- ✓ "أن يكون مستحيلاً الحصول على هذه النسخة بشروط معقولة". (القانون القطري المادة 2/21/ب)
- ✓ "أن يتم التصوير لمرة واحدة". (القانون القطري المادة 2/21/ب)
- ✓ «إذا تعذر الحصول على نسخة جيدة بشروط مقبولة" (القانون الجزائري المادة 47)
- ✓ "إذا تعذر الحصول على بديل للنسخة الأصلية بشروط معقولة". (القانون الإماراتي المادة 22/أ)
- ✓ " إذا تعذر الحصول على بديل للنسخة الأصلية بشروط معقولة". (القانون البحريني المادة 22/أ)
- ✓ أو "استحال الحصول على بديل لها بشروط معقولة". (القانون المصري المادة 171)
- ✓ " واستحال الحصول على بديل لها بشروط معقولة". (القانون الإماراتي المادة 4/22/أ)

و جدير بالذكر: ان الاستثناءات الواردة في بعض التشريعات الوطنية لا تنطبق على:

- "عملية استنساخ أي مصنف من شأنها أن تضر بالاستغلال العادي لهذا المصنف، أو من شأنها أن تضر دون مبرر بالمصالح المشروعة للمؤلف". (القانون المغربي، "الحد من الحقوق المادية"، الفقرة الثانية، المادة 12/هـ).

حق المؤلف في تضييق هامش حرية المشرع

لقد وردت هذه الاستثناءات، لا لتحد من حقوق المؤلف الاقتصادية ولا لمنح حرية مطلقة باستنساخ الأعمال المشمولة بالحماية القانونية من قبل الخزانات ومصالح التوثيق (المرخص لها بالاستنساخ)، كما قد يتبادر إلى الذهن، بل لتضييق هامش حرية الاستنساخ داخل هذه الخزانات والمصالح، حسب ما

حق المؤلف في الخزانات العامة: ثروة غير محصنة من أضرار القرصنة

تقتضيه طبيعة الخزانة وطبيعة المصنف المزمع استنساخه في "بعض الحالات الخاصة"، وبشروط منصوص عليها في التشريعات الوطنية. والتي جاءت أحكامها مطابقة لأحكام الاتفاقيات العالمية المتعلقة بحقوق المؤلف.

وتهدف هذه التشريعات إلى تمكين الخزانات ومصالح التوثيق التي لا تستهدف أنشطتها الربح التجاري بصفة مباشرة أو غير مباشرة من القيام:

- باستنساخ نسخة واحدة (أو نسختين) إذا كان الاستنساخ موجها لحفظ المصنف الأصلي إن كان ذلك ضروريا، أو تعويض مصنف مفقود أو تالف أو غير قابل للاستعمال...وذلك إذا تعذر الحصول على بديل للمصنف الأصلي...؛

- باستنساخ مصنف في شكل مقال أو مصنف قصير أو مقاطع قصيرة لكتابات...منشورة ضمن سلسلة مصنفات أو ضمن عدد من جريدة أو دورية... "إذا كان الهدف من الاستنساخ هو الاستجابة لطلب شخص ذاتي."

حيث "قد تحفظ النسخ المرخص باستنساخها"، بصفة دائمة في الخزانات أو مصالح التوثيق، "كنسخ مرجعية، و قد تسلم لأشخاص آخرين".[1]

تضييق هامش حرية الاستنساخ:

ان تشريعات الدول الموقعة على الاتفاقيات العالمية المتعلقة بحقوق الملكية الفكرية لا ترخص للخزانات و مصالح التوثيق - استجابة لطلب شخص ذاتي- إلا باستنساخ بعض المصنفات المحددة (مقال أو مصنف قصير أو مقاطع قصيرة لكتابات غير برامج الحاسوب، برسوم توضيحية أو بدونها، منشورة ضمن سلسلة مصنفات أو ضمن عدد من جريدة أو دورية) في بعض الحالات الخاصة...و"بشرط ألا يتعارض عمل مثل هذه النسخ مع الاستغلال العادي للمصنف وألا يسبب ضررا بغير مبرر للمصالح المشروعة للمؤلف ".

حيث "يوجد في الوقت الراهن اتجاه نحو التضييق في مفهوم الاستعمال الخاص".[2]

وهو ما تعبر عنه بصياغات مختلفة القوانين الوطنية التي تدرج في نصوصها الشروط التي نصت عليها الاتفاقيات العالمية. و التي نذكر منها:

---

[1] ـ المبادئ الأولية لحقوق المؤلف ـ اليونسكو
[2] ـ نفس المرجع أعلاه

* قانون حق المؤلف المغربي (المادة 16 (أ): "بصرف النظر عن مقتضيات المادة 10 أعلاه، يرخص دون إذن المؤلف أو أي مالك آخر لحقوق المؤلف، للخزانات ومصالح التوثيق التي لا تستهدف أنشطتها الربح التجاري بصفة مباشرة أو غير مباشرة، أن تقوم باستنساخ طبق الأصل لنسخ منفصلة لمصنف ما:

أ) إذا كان المصنف المستنسخ مقالا أو مصنفا قصيرا أو مقاطع قصيرة لكتابات غير برامج الحاسوب، برسوم توضيحية أو بدونها، منشورة ضمن سلسلة مصنفات أو ضمن عدد من جريدة أو دورية أو إذا كان الهدف من الاستنساخ هو الاستجابة لطلب شخص ذاتي؛

ب) إذا كان الاستنساخ موجها لحفظ المصنف إن كان ذلك ضروريا (في حالة فقدان المصنف أو تلفه أو عدم قابليته لاستعمال) أو تعويضه ضمن سلسلة دائمة لخزانة أخرى أو مصلحة أخرى للتوثيق بهدف تعويض نسخ فقدت أو أتلفت أو أصبحت غير قابلة للاستعمال".

* قانون حق المؤلف البحريني (المادة 22): "يجوز دون إذن المؤلف ودون أداء تعويض، عمل نسخة واحدة من المصنف بوسائل النسخ التصويري من قبل دار لحفظ الوثائق أو المكتبات التي لا تستهدف الربح، وذلك في أي من الحالتين التاليتين:

أ- أن يكون الاستنساخ لصالح أي من تلك الجهات بغرض إحلال النسخة الجديدة محل النسخة الأصلية في حالة فقدها أو تلفها أو عدم صلاحيتها للاستخدام، وذلك إذا تعذر الحصول على بديل للنسخة الأصلية بشروط معقولة.

ب- أن يكون الاستنساخ لمقال منشور أو لمقاطع قصيرة من مصنف أو لمصنف قصير، إذا ما قدرت دار حفظ الوثائق أو المكتبة المعنية أن الغرض من الاستنساخ تلبية طلب شخص طبيعي لاستخدامها في دراسة أو بحث، غير تجاري، وأن يتم الاستنساخ لمرة واحدة أو مرات متفرقة لا رابط بينها وألا يكون متاحاً الحصول على ترخيص جماعي تتاح بموجبه مثل هذه النسخ".

* نظام حق المؤلف الإماراتي (المادة 22): "مع عدم الإخلال بحقوق المؤلف الأدبية المنصوص عليها في هذا القانون، ليس للمؤلف بعد نشر مصنفه ان يمنع الغير من القيام بأي عمل من الأعمال التالية :

4 – تصوير نسخة وحيدة من المصنف بمعرفة دار للوثائق أو المحفوظات أو مكتبات الاطلاع أو مراكز التوثيق والتي لا تستهدف أي منها الربح سواء أكان بصورة مباشرة أم غير مباشرة ، وذلك كله في إحدى الحالتين الآتيتين :

أ) أن يكون الاستنساخ لصالح أي من تلك الجهات بغرض إحلال النسخة الجديدة محل النسخة الأصلية في حالة فقدها أو تلفها أو عدم صلاحيتها للاستخدام، وذلك إذا تعذر الحصول على بديل للنسخة الأصلية بشروط معقولة. **(ب)** أن يكون الغرض من النسخ تلبية طلب شخص طبيعي لاستخدامها في

دراسة أو بحث، على أن يتم ذلك لمرة واحدة أو على فترات متفاوته، وذلك كله إذ تعذر الحصول على ترخيص بالنسخ طبقا لأحكام هذا القانون".

* قانون حق المؤلف العماني (المادة 20): "مع عدم الإخلال بحقوق المؤلف الأدبية المنصوص عليها في هذا القانون، تكون استخدامات المصنفات مشروعة دون موافقة المؤلف شريطة ذكر المصدر واسم المؤلف- إذا ما أشير إليهما في المصنف – وألا تتعارض تلك الاستخدامات مع الاستغلال المعتاد للمصنف أو الأداء أو التسجيل الصوتي أو تضر بصورة غير معقولة بالمصالح المشروعة للمؤلف أو المؤدى أو منتج التسجيل الصوتي، وذلك في الحالات التالية:

عمل نسخة واحدة من مصنف محمي بواسطة الجهات المنوط بها حفظ الوثائق أو المكتبات العامة أو مراكز التوثيق غير التجارية أو مؤسسات التعليم أو المؤسسات العلمية أو الثقافية في أي من الحالتين الآتيتين:

(أ) – أن يكون النسخ لمقال منشور أو لمصنف قصير لغرض تلبية حاجة شخص طبيعي للاستخدام في دراسة أو بحث، على أن يكون النسخ لمرة واحدة أو على فترات متفاوتة ويعد النسخ كذلك إذا تكرر في مناسبات منفصلة وغير مرتبطة وألا يكون هناك ترخيص جماعي متاح يمكن أن يتم بموجبه هذا النسخ. (ب) – أن يكون النسخ لغرض المحافظة على النسخة الأصلية أو استبدال نسخة مفقودة أو تالفة لا يمكن الحصول على بديل لها.

ويجب أن يكون النسخ في هاتين الحالتين في حدود الغرض المبرر له و ألا ينطوي على استهداف تحقيق كسب مادي مباشر أو غير مباشر".

* قانون حق المؤلف الجزائري: "يمكن كل مكتبة ومركز لحفظ الوثائق لا يهدف نشاط أي منهما بصورة مباشرة أو غير مباشرة إلى تحقيق أرباح استنساخ مصنف في نسخة واحدة طبق الأصل دون ترخيص من المؤلف أو أي مالك آخر لحقوق المؤلف. (المادة 45)

- يمكن كل مكتبة ومركز لحفظ الوثائق استنساخ مصنف في شكل مقالة أو مصنف آخر مختصر أو مقتطف قصير من أثر مكتوب مصحوباً بزخارف أو بدونها تكون منشورة في مجموعة مصنفات أو عدد من أعداد جريدة أو نشرات دورية...إذا كانت عملية الاستنساخ استجابة لطلب شخص طبيعي وفق الشروط الآتية:

× ألا تستعمل النسخة المنجزة إلا بغرض الدراسة أو البحث الجامعي أو الخاص.
× أن تكون عملية الاستنساخ فعلاً معزولاً لا يتكرر وقوعه إلا في مناسبات متميزة ولا علاقة لها فيما بينها". (المادة 46)

حق المؤلف في الخزانات العامة: ثروة غير محصنة من أضرار القرصنة

- يمكن كل مكتبة ومركز لحفظ الوثائق استنساخ نسخة من مصنف دون ترخيص من المؤلف أو أي مالك آخر للحقوق استجابة لطلب مكتبة أو مركز لحفظ الوثائق بغرض الحفاظ على نسخة المصنف أو تعويضها في حالة التلف أو الضياع أو عدم صلاحيتها للاستعمال وفقاً للشرطين الآتيين:

- إذا تعذر الحصول على نسخة جيدة بشروط مقبولة.
- أن تكون عملية استنساخ صورة طبق الأصل عملاً معزولاً لا يتكرر حدوثه إلا في مناسبات متميزة ولا علاقة لها فيما بينها." (المادة 47)

* قانون حق المؤلف المصري (المادة 171): "مع عدم الإخلال بحقوق المؤلف الأدبية طبقا لأحكام هذه القانون ليس للمؤلف بعد نشر مصنفه أن يمنع الغير من القيام باى عمل من الأعمال الآتية:

- أداء المصنف في اجتماعات داخل إطار عائلي أو بطلاب داخل المنشأة التعليمية ما دام ذلك يتم بدون تحصيل مقابل مالي مباشر أو غير مباشر.

- تصوير نسخة وحيدة من المصنف بواسطة دار للوثائق أو المحفوظات أو بواسطة المكتبات التي لا تستهدف الربح- بصورة مباشرة أو غير مباشرة – وذلك في أي من الحالتين الآتيتين:

- أن يكون النسخ لمقالة منشورة أو مصنف قصير أو مستخرج من مصنف متى كان الغرض من النسخ تلبية طلب شخص طبيعي لاستخدامها في دراسة أو بحث على أن يتم ذلك لمرة واحدة أو على فترات متفاوتة.
- أن يكون النسخ بهدف المحافظة على النسخة الأصلية أو لتحل النسخة محل نسخة فقدت أو تلفت أو أصبحت غير صالحة للاستخدام ويستحيل الحصول على بديل لها بشروط معقولة".

* نظام حق المؤلف القطري (المادة 21): " يجوز تصوير نسخة واحدة من المصنف بواسطة أي مكتبة أو دار محفوظات، ما دام ذلك لا يستهدف الربح على النحو الآتي:

- إذا كان المصنف المنسوخ هو مقال منشور أو أي مصنف موجز أو مقتطف من مصنف، وكان الهدف من النسخ هو تلبية احتياجات شخص طبيعي بشرط:

- إذا كانت النسخة قد تم تصويرها بهدف المحافظة على المصنف، أو لاستخدامها عند الضرورة، لتحل محل نسخة فقدت أو تلفت أو أصبحت غير صالحة للاستخدام ضمن المقتنيات الدائمة لمكتبة أو دار محفوظات أخرى فيمكن استنساخها بشرطين:

- أن يكون مستحيلاً الحصول على هذه النسخة بشروط معقولة.
- أن يتم التصوير لمرة واحدة".

حق المؤلف في الخزانات العامة: ثروة غير محصنة من أضرار القرصنة

* **قانون حق المؤلف السعودي (المادة 15):** "تعد أوجه الاستخدام الآتية للمصنف المحمي بلغته الأصلية أو بعد الترجمة مشروعة. وذلك دون الحصول على موافقة أصحاب حقوق المؤلف وهذه الأوجه هي:

- الاستعانة بالمصنف للإغراض التعليمية على سبيل الإيضاح في حدود الهدف المنشود أو تصوير نسخة أو نسختين للمكتبات العامة أو مراكز التوثيق غير التجارية ويكون بشروط..

أ - ألا يتم بشكل تجاري أو ربحي. (ب) - أن يكون النسخ مقصورا على حاجة الأنشطة.

ج - ألا يضر بالاستفادة المادية من المصنف. (د) - أن يكون المصنف قد نفد أو فقدت إصداراته أو تلفت .

وتبين اللائحة التنفيذية تفصيل الظروف التي ينبغي توافرها لهذه الاستثناءات".

* **نظام حماية حق المؤلف السعودي** يقضي بعدم تسليم أي نسخة من مصنف مشمول بالحماية لأشخاص آخرين (سواء كانوا طبيعيين او اعتباريين). حيث يجب " أن يكون النسخ مقصورا على حاجة الأنشطة الخاصة بالمكتبات العامة أو مراكز التوثيق غير التجارية...

| But de la reproduction | Répondre aux besoins découlant des activités de l'établissement.[1] |

* **و كذلك كان القانون المغربي لعام 1970 (الفصل 18)** "يأذن (فقط) للخزانات العمومية ومراكز الوثائق غير التجارية والمعاهد العلمية ومؤسسات التعليم باستنساخ المؤلفات في بعض الحالات الخاصة "بشرط أن تكون اعادة النشر والنظائر المطبوعة عنها مقتصرة على ما تقتضيه حاجيات أعمال المؤسسات المذكورة".

* **نظام حق المؤلف الكويتي** / مرسوم بقانون رقم 5 لسنة 1999 - لا يتضمن صراحة أي استثناء يرمي الى جواز عمل نسخ من قبل الخزانات، حسب القانون الذي بين أيدينا و الدراسة الخبيرة الصادرة عن جامعة كولومبيا.[2]

حيث إن "حرية الاستنساخ" على نطاق واسع للاستعمال الشخصي أو "استجابة لطلب شخص ذاتي" لا يعتبر مشروعا: إذا تعارض ذلك مع مقتضيات القانون أو مع مصالح المؤلف المعنوية و المادية، أو "إذا تعارض ذلك مع الاستغلال العادي للكتاب" أو "أدى إلى إلحاق الضرر بالمصالح المالية للمؤلف..." مما يؤثر سلبا على حقوق المؤلف و مصالحه المشروعة.

"حقوق المؤلف المحفوظة للمؤلف": تأشير صريح بالمنع

---

[1] - دراسة خاصة من اعداد المنظمة العالمية للملكية الفكرية
[2] المرجع أعلاه

كما أن "حرية الاستنساخ من قبل الخزانات و مصالح التوثيق" لا تشمل استنساخ أي مصنف إذا كان يحمل التأشير "بحفظ حقوق المؤلف" كشرط من الشروط.. أو يحمل تأشير المنع صراحة. و الذي جرت العادة على أن يكون في الصفحة التي تحمل العنوان أو الصفحة التي تليها مباشرة.

ولتفادي هذا التأثير، جاءت أحكام القوانين الوطنية منسجمة مع القاعدة العامة المعمول بها عالميا، و التي تنص على أن النسخ ينبغي ألا يتعارض مع الاستغلال العادي للكتاب وألا يلحق الضرر بمصالح المؤلف المشروعة.

ذلك ما نصت عليه الاتفاقيات المتعددة الأطراف والثنائية والإقليمية وكذلك "التشريع النموذجي لتونس" و"التشريع النموذجي لحماية حقوق المؤلف والحقوق المجاورة في الوطن العربي" و "مشروع القانون العربي الاسترشادي لحماية حق المؤلف و الحقوق المجاورة". وكلها تنص على الالتزام بمقتضيات القانون التي تقيد "حرية الاستنساخ". حيث لا يجب أن تطغى الاستثناءات على القاعدة: "إلا في بعض الحالات الخاصة وبشرط ألا يتعارض عمل مثل هذه النسخ مع الاستغلال العادي للمصنف وألا يسبب ضررا بغير مبرر للمصالح المشروعة للمؤلف ". و هو ما يسمى بنظرية "الاستخدام العادل" « Fair Use ».

الفصل 6

الاستنساخ بغير حق:

خرق للقانون و اعتداء على الحق

" الاستجابة لطلب شخص ذاتي": حالة خاصة غير قابلة للتعميم أو التكرار

ان الاستنساخ طبق الأصل لمصنف مشمول بالحماية قد "يضر بمصالح المؤلفين عندما يصبح بديلا عن شراء المصنف ويؤدي إلى انكماش السوق أمام الناشرين".[1]

ذلك أن الاستنساخ طبق الأصل لأجزاء أو صفحات من كتاب مشمول بالحماية، داخل مؤسسة عمومية أو في مكان عام، أدى مع ظهور عدد لا يستهان به من آلات النسخ وأجهزة تصوير الكتب

---

[1] ـ المبادئ الأولية لحقوق المؤلف، ص 43 /اليونسكو/1981-1986

حق المؤلف في الخزانات العامة: ثروة غير محصنة من أضرار القرصنة

والوثائق المتطورة إلى ازدهار وانتشار النسخ الشخصية والخاصة بصفة مذهلة، أمكن معها المس بذوي الحقوق الفكرية، بحيث أدانوها بصفتها شكلا جديدا يكتسي طابع "القرصنة المقنعة".[1]

لذلك أدرجت التشريعات الوطنية في نصوصها نوع المصنفات، طول الفقرات و عدد النسخ و الهدف من استنساخها.

المصنفات المرخص باستنساخها كليا أو جزئيا:

يتضح مما سبق أن المصنفات المرخص باستنساخها دون إذن المؤلف ودون أداء مكافأة هي:

- المصنفات التي انتهت المدة المحددة لحمايتها والتي آلت إلى الملك العام؛
- المصنفات غير المشمولة أصلا بحماية حقوق المؤلف؛
- المحررات الرسمية والوثائق الحكومية؛
- المقالات الإخبارية في الصحافة أو الإذاعة التي لا تتضمن بيانا صريحا يفيد أن الاستنساخ محظور، الى غير ذلك من المصنفات المرخص أصلا باستعمالها.

اعتبار الخطوات الثلاث

أما بالنسبة للأعمال الأصلية المشمولة بالحماية، فان القانون لا يرخص باستنساخها من قبل الخزانات و مصالح التوثيق، دون إذن المؤلف أو أي مالك آخر، إلا إذا توفرت ثلاثة شروط، أو "ثلاث خطوات مجتمعة"، كما سبقت الإشارة إلى ذلك، وهي أن:

1) الحدود أو الاستثناءات: لا يمكن السماح بها إلا في "بعض الحالات الخاصة"؛
2) الحدود أو الاستثناءات: لا يجب أن تتعارض مع الاستغلال العادي للمصنف؛
3) الحدود أو الاستثناءات: لا يجب أن تتسبب دون مبرر في إلحاق الضرر بالمصالح المشروعة للمؤلف.

وأي خروج عن هذه القاعدة فهو خروج عن أحكام التشريعات الوطنية والدولية.

الاستنساخ من قبل الخزانات ...استجابة لشخص ذاتي

في مثل هذه الحالة، يشترط:

- ✓ أن يكون المصنف المرخص بعمل نسخة منه نادرا أو مفقودا، غير موجود في أي مكتبة عمومية وغير متوفر في الأسواق أو في دور النشر؛

[1] - راجع ص 402/401 من عملنا الأول "حقوق الملكية الفكرية..أس الحضارة و العمران..."

حق المؤلف في الخزانات العامة: ثروة غير محصنة من أضرار القرصنة

- ✓ "أن يكون مستحيلاً الحصول على هذه النسخة بشروط معقولة" (القانون القطري)؛
- ✓ "أن يستحيل الحصول على بديل لها بشروط معقولة" (القانون المصري و قوانين أخرى)؛
- ✓ أن يكون مستحيلا العثور على عنوان المؤلف، أو الناشر أو أي مالك آخر لحقوق المؤلف؛
- ✓ أن يكون هذا المصنف لا يحمل "التأشير بحفظ حقوق المؤلف"... حيث لا يرخص التشريع باستنساخ أي عمل وضع عليه مؤلفه التأشير المقبول دوليا والمنصوص عليه في الاتفاقية العالمية لحقوق المؤلف والذي يفيد أن "جميع حقوق المؤلف محفوظة للمؤلف".

في مثل هذه الحالات الخاصة و الاستثنائية التي لا يجب تعميمها أو تطبيقها بصفة منهجية، فان القوانين الوطنية ترخص لبعض المؤسسات غير التجارية باستنساخ نسخ منفصلة...الا ان عملية الاستنساخ هذه تخضع لشروط صارمة و محدودة تبرز بصورة واضحة الحدود المسموح فيها بعمل "نسخ منفصلة لمصنف ما"، و من هذه الشروط:

* <u>تحديد طول الفقرات أو/و عدد النسخ...</u>

ذلك ما تنص عليه بعبارات مختلفة سائر القوانين العربية التي تشترط:

- ✓ "أن تكون عملية "الاستنساخ طبق الأصل لنسخ منفصلة" (القانون المغربي)
- ✓ "أن يكون النسخ في مناسبات منفصلة وغير مرتبطة" (قانون سلطنة عمان)؛
- ✓ "أن تكون عملية الاستنساخ فعلاً معزولاً لا يتكرر وقوعه إلا في مناسبات متميزة ولا علاقة لها فيما بينها" (القانون الجزائري)
- ✓ «إذا تكرر النسخ فيتعين أن يتم بصورة متفرقة". (قانون قطر)
- ✓ "أن يتم ذلك لمرة واحدة أو على فترات متفاوتة". (القانون المصري)
- ✓ "أن يكون النسخ لمرة واحدة أو على فترات متفاوتة..." (المادة 20 (أ) – القانون العماني)
- ✓ "أن يتم ذلك لمرة واحدة أو على فترات متفاوتة" (قانون الإمارات العربية المتحدة و قوانين بلدان أخرى)...

القانون يحدد نوع المصنف و الهدف من استنساخه

في مثل هذه الحالات الخاصة والاستثنائية، يرخص باستنساخ نسخ منفصلة لمصنف ما:

- "إذا كان المصنف المستنسخ مقالا (إخباريا) أو مصنفا قصيرا (تقريرا صحفيا) أو مقاطع قصيرة لكتابات (فقرات، مقتطفات من مقالات إخبارية..) ..، برسوم توضيحية أو بدونها"، (المادة 16 (أ) من القانون المغربي).

حق المؤلف في الخزانات العامة: ثروة غير محصنة من أضرار القرصنة

و يشترط في ذلك:

- "أن تكون هذه "الكتابات منشورة ضمن سلسلة مصنفات أو ضمن عدد من جريدة أو دورية..." (المادة 16 (أ) من القانون المغربي).

- "أن يكون النسخ لمقال منشور أو لمصنف قصير" (المادة 20 (أ) – القانون العماني)

- "أن يكون النسخ لمقالة منشورة أو مصنف قصير أو مستخرج من مصنف" (القانون المصري المادة 171)

- أن يكون النسخ "مقالا أو مقتطفا قصيرا من أثر مكتوب، يكونان منشورين في مجموعات مصنفات أو في عدد من صحيفة أو دورية" (القانون التونسي - الفصل 12)

- أن يكون المصنف "في شكل مقالة أو مصنف آخر مختصر أو مقتطف قصير من أثر مكتوب مصحوباً بزخارف أو بدونها تكون منشورة في مجموعة مصنفات أو عدد من أعداد جريدة أو نشرات دورية.." (القانون الجزائري - المادة (46)

حيث إن حرية الاستنساخ طبق الأصل من طرف الخزانات ومصالح التوثيق هي – كما سبق القول - حرية مقيدة و محصورة في ما هو "منشور ضمن سلسلة مصنفات أو ضمن عدد من جريدة أو دورية"؛ لا في ما هو غير منشور من مصنفات، ولا في ما هو منشور من كتب مشمولة بالحماية الخاصة بحقوق التأليف أو النسخ، محفوظة قانونا للمؤلف أو الناشر أو لأي مالك آخر للحقوق.

ولا يوجد أي تشريع يجيز منح امتياز صنع نسخ منفصلة إلا بالنسبة للمقالات أو المصنفات القصيرة أو المقاطع القصيرة لكتابات وضعت في متناول جمهور عريض بطريقة مشروعة، "منشورة على نطاق واسع ضمن سلسلة مصنفات أو ضمن عدد من جريدة أو دورية.."

* القانون لا يرخص للخزانات و مصالح التوثيق "باستنساخ طبق الأصل لنسخ منفصلة لمصنف ما"، إلا:

- "لغاية البحث والتعليم.." (القانون التونسي - الفصل 12)
- " للاستخدام في دراسة أو بحث" (المادة 20 / 3 (أ) – القانون العماني)
- "لاستخدامها في دراسة أو بحث..". (القانون المصري المادة 171)
- "لاستعمال النسخة المنجزة بغرض الدراسة أو البحث الجامعي أو الخاص". (القانون الجزائري - المادة (46)

* القانون يحدد لفائدة من أو/و متى يرخص بالاستنساخ :

"متى كان الغرض من النسخ تلبية طلب شخص طبيعي" (القانون المصري؛ المادة 171)

- "إذا كانت عملية الاستنساخ استجابة لطلب شخص طبيعي (وفق شروط معينة)" (القانون الجزائري - المادة (46)
- "عندما يكون الهدف من هذا الاستنساخ الاستجابة لطلب شخص طبيعي.." (القانون التونسي - الفصل 12 (جديد)
- "إذا كان المصنف المنسوخ هو مقال منشور...وكان الهدف من النسخ هو تلبية احتياجات شخص طبيعي بشرط..." (القانون القطري المادة 21 (2) (أ)
- " إذا كان المصنف المستنسخ مقالا أو مصنفا قصيرا أو مقاطع قصيرة...أو اذا كان الهدف من الاستنساخ هو الاستجابة لطلب شخص ذاتي"؛ (المادة 16 (أ) من القانون المغربي)

*** القاعدة العامة لا تقبل الاجتهاد**

هذا و يجب ألا تغيب عن أذهاننا أركان القاعدة العامة (ثلاثية المراحل أو الخطوات) الأساسية والجوهرية التي لا تقبل الاستثناء.

إذ تحرص كل الاتفاقيات العالمية و التشريعات الوطنية، بما فيها التشريع المغربي، على تفادي أي تأثير قد يتعارض مع الاستغلال العادي للمصنف، أو يسبب ضررا للمصالح المشروعة للمؤلف أو لأي مالك آخر لحقوق المؤلف (المبدع، المنتج، الناشر أو/و المستثمر). حيث لا تسري مقتضيات القانون التي ترخص "باستنساخ بعض المصنفات في بعض الحالات الخاصة" على:

- "عملية استنساخ أي مصنف من شأنها أن تضر بالاستغلال العادي لهذا المصنف، أو من شأنها أن تضر دون مبرر بالمصالح المشروعة للمؤلف". (القانون المغربي، "الحد من الحقوق المادية"، الفقرة الثانية، المادة 12/هـ)

حيث "إن استعمال المصنّف من قبل الغير في الحالات المبيّنة في هذا الفصل يجب أن يتمّ بطريقة لا تتعارض مع الإستغلال العادي للمصنّف ولا تسبّب ضرراً غير مبرّر بالمصالح المشروعة لصاحب الحقّ"[1].

كما أن جميع القوانين الخاصة بحقوق المؤلف لا ترخص بالاستنساخ إلا:

- في بعض الحالات الخاصة؛

[1] - المادة 35 من مشروع القانون العربي الاسترشادي لحماية حق المؤلف و الحقوق المجاورة – مجلس وزراء العدل العرب

- "وبشرط ألا يتعارض هذا الترخيص مع الاستغلال العادي للمصنف أو يلحق ضررا غير مبرر بالمصالح المشروعة للمؤلف أو لأصحاب حق المؤلف." (القانون المصري – المادة 170)
- " وبشرط ألا يضر ذلك بالاستثمار المادي للمصنف أو يتسبب في ضرر لا مسوغ له لمصالح المؤلف المشروعة" (القانون السوري - المادة 37/خامسا)
- " ألا يضر بالاستفادة المادية من المصنف". (القانون السعودي - المادة 15/ج)
- " ويشترط في ذلك...أن لا يؤدي إلى إلحاق الضرر بحقوق مؤلف المصنف وان لا يتعارض ذلك مع الاستغلال العادي للمصنف". (القانون السعودي - المادة 15)
- " يشترط في ذلك...أن لا يؤدي إلى إلحاق الضرر بحقوق مؤلف المصنف وان لا يتعارض ذلك مع الاستغلال العادي للمصنف". (القانون الأردني- المادة 20)
- "و ألا تتعارض تلك الاستخدامات مع الاستغلال المعتاد للمصنف...أو تضر بصورة غير معقولة بالمصالح المشروعة للمؤلف". (القانون العماني)
- "و ألا يضر ذلك بالاستغلال العادي للمصنف أو يضر دون مبرر بالمصالح المشروعة للمؤلف". (قانون جيبوتي- المادة 54)

و ان أي خروج عن القاعدة فهو خروج عن المنطق و الشرعية الدولية.

الفصل 7

"الاستنساخ استجابة لطلب شخص ذاتي":

تصريح و التزام و مسؤولية

"القاعدة الأساسية" تقلص حرية المشرع

يتعين على الخزانات و مصالح التوثيق، المرخص لها بالاستفادة، عدم الاستجابة لأي شخص ذاتي إلا إذا تقدم بـ "طلب" (تصريح و التزام) "مكتوب و موقع بخط يد الشخص الطالب": يستطيع من خلاله اثبات أنه في حاجة إلى "نسخة منفصلة من مقال أو مصنف قصير أو مقاطع قصيرة..لكتابات منشورة ضمن سلسلة مصنفات أو ضمن عدد من جريدة أو دورية" لغرض البحث أو الدراسة التي يقوم بها شخصيا.

حيث لا يجوز منح أي ترخيص بالاستنساخ، طبقا لأحكام الاتفاقيات الدولية و القوانين الوطنية المتعلقة بحقوق المؤلف بما فيها القانون المغربي، إلا بعد استيفاء بعض الإجراءات اللازمة. إذ يتعين على الخزانات و مصالح التوثيق أن تتأكد أو/و تتعهد بأن النسخة المطلوبة لن تستعمل إلا بغرض الدراسة أو التعليم أو البحث الجامعي أو الخاص - لا لأغراض أخرى قد تتعارض مع الاستغلال العادي للمصنف أو تضر بالمصالح المشروعة للمؤلف.

شروط الطلب: مسؤولية، تصريح و التزام مكتوب و موقع[1]

[1] - راجع فيما بعد نموذج الطلب باللغة الفرنسية

حق المؤلف في الخزانات العامة: ثروة غير محصنة من أضرار القرصنة

بمقتضى هذا التصريح الموجه إلى أمين الخزانة، يلتزم صاحب الطلب و يتعهد بأنه: يتابع دراساته و بحوثه العلمية؛

- و أنه في حاجة ماسة إلى نسخة منفصلة (مقال أو مصنف قصير أو مقاطع قصيرة لكتابات...) من مصنف ما منشور بصفة مشروعة: بهدف استعمالها لغرض الدراسة أو التعليم أو البحث الجامعي، أو الخاص و الشخصي.

- و أنه لم يتمكن من العثور أو الحصول على المصنف الأصلي في أي مكتبة تجارية؛

- و أنه لم يحصل عليه من أية جهة؛ وقد تأكد له أن هذا المصنف نادر أو مفقود، وغير متوفر في السوق؛

- و أنه قام كذلك بالبحث الضروري وبذل الجهود اللازمة دون أن يتمكن من العثور على عنوان المؤلف أو الناشر أو أي مالك آخر لحقوق المؤلف؛

- و أنه لم يسبق له أن حصل من أي خزانة على أية نسخة من هذا المصنف؛

و في الختام، يصرح الطالب أنه يتحمل مسؤولية وعواقب مخالفته للقانون.

- حيث إذا تبين أنه أدلى بتصريح كاذب أو بمعلومة مغلوطة، فان النسخة (التي قد تسلم له) تعتبر نسخة غير مشروعة؛

- و أنه بذلك يكون مرتكبا لجريمة الاعتداء على حقوق المؤلف، شأنه شأن أي شخص يصنع بنفسه النسخ دون الحصول مسبقا على ترخيص من المؤلف أو غيره من أصحاب الحقوق المعنية.[1]

<u>نموذج الطلب الموجه إلى أمين الخزانة ــ مسؤولية الشخص الذاتي صاحب الطلب</u>:

Demande écrite « Formule de déclaration et d'engagement »

Dans les pays respectueux du droit d'auteur ou du Copyright, aucune copie d'une oeuvre ou d'un fragment d'une oeuvre ne sera faite à l'intention de quelque personne que ce soit ou ne lui sera fournie, si cette personne n'a pas remis au bibliothécaire intéressé ou à toute personne désignée à cette fin par le bibliothécaire, une déclaration et un engagement écrits concernant cette oeuvre ou fragment de l'oeuvre, conformes, en substance, à la formule reproduite ci-dessus et signés de la manière qui y est indiquée.[2]

Cette demande est dite « <u>Formule de déclaration et d'engagement</u> »[3]. Elle est adressée par écrit (selon le modèle imposé dans les pays anglo-saxons) en ces termes :

« <u>Déclaration</u> : copie d'un article ou d'une partie d'une oeuvre publiée au bibliothécaire de la bibliothèque

---

[1] - ترجمة شخصية للمطبوع المستعمل في المملكة المتحدة.
[2] Cf. notre livre « Droits d'auteur et mondialisation en douceur »
[3] - FORMULE A

حق المؤلف في الخزانات العامة: ثروة غير محصنة من أضرار القرصنة

[Adresse de la bibliothèque]

1. Veuillez, s'il vous plaît, me remettre une copie de :

- × l'article [indications relatives à l'article en question] paru dans la publication périodique [indications relatives à publication en question] **

- × la partie [indications relatives à la partie en question] de l'oeuvre publiée [indications relatives à l'oeuvre en question] dont j'ai besoin aux fins de recherche ou d'étude personnelle.

2. Je déclare par la présente que :

a) il ne m'a déjà été remis aucune copie de ce document ni par vous-même ni par aucun autre bibliothécaire;

b) je n'utiliserai cette copie qu'à des fins de recherche ou d'étude personnelle et que je n'en remettrai une copie à aucune autre personne; et

c) pour autant que je sache, aucune autre personne avec laquelle je travaille ou j'étudie n'a fait ou n'a l'intention de faire, au même moment ou pratiquement au même moment que la présente demande, une autre demande portant sur pratiquement le même document et pratiquement dans le même but.

** Rayer la mention inutile

3. Je reconnais que, si cette déclaration est mensongère sur un point particulier, la copie que vous m'aurez remise constituera une copie contrefaite et que je serai coupable d'atteinte au droit d'auteur au même titre que si j'avais fait moi-même cette copie.

Signature *** La signature doit être personnelle

- Date

- Nom

- Adresse

- Un cachet ou la signature d'un fondé de pouvoir ne sauraient en tenir lieu. » (Royaume-Uni)

ENGAGEMENT « *Au bibliothécaire de la bibliothèque :*

(Adresse)……………………………………

1. Je soussigné(e),……………..........................de…………………,

Vous prie par la présente d'établir et de me fournir une copie de* (indications relatives à un article), une copie de (Indications relatives à l'oeuvre dont on demande qu'un fragment soit fourni et indications concernant ce fragment) dont j'ai besoin aux fins de recherches ou d'études personnelles.

2. Il ne m'a pas été antérieurement fourni de copie* (de cet article) (de ce fragment de ladite oeuvre) par un bibliothécaire quelconque.

3. Je m'engage, si une copie m'est fournie en réponse à la demande présentée ci-dessus, à n'utiliser cette copie qu'aux fins de recherche ou d'étude personnelle.

Signature**…...Date…

* Rayer la mention inutile.

** La signature doit être personnelle.

Un cachet ou la signature d'un fondé de pouvoir ne sauraient en tenir lieu. » (Royaume-Uni)

حق المؤلف في الخزانات العامة: ثروة غير محصنة من أضرار القرصنة

«Concernant les copies d'articles figurant dans des publications périodiques, il ne sera établi aucune copie s'étendant à plus d'un seul article d'une publication quelconque.

Concernant les copies de fragments d'autres oeuvres, il ne sera établi aucune copie dépassant une proportion raisonnable quant à l'oeuvre en question.»

شروط الاستجابة لطلب شخص ذاتي – مسؤولية الخزانة:

يتعين على أمين الخزانة أو مدير المؤسسة أن يتأكد من جهته:

- ✓ أن المصنف المطلوب استنساخه غير متوفر في الأسواق أو المكتبات التجارية؛
- ✓ وأن عنوان المؤلف والناشر أو غيرهما من أصحاب الحقوق مجهول وغير معروف؛

كما يتعين على أمين الخزانة أو مدير المؤسسة أن يتأكد من:

- ✓ أن صاحب الطلب لم يسبق له أن تقدم لهذه الخزانة بطلب في الموضوع،
- ✓ وأن مصالح الخزانة لم تتوصل من أي شخص آخر، خلال نفس الفترة الزمنية، بطلب بحث في نفس الموضوع.
- ✓ و "أن تتعهد المكتبة أو دار المحفوظات بأن النسخة لن تستخدم إلا في أغراض الدراسة أو التعليم أو البحوث، وإذا تكرر النسخ فيتعين أن يتم بصورة متفرقة". (نظام حق المؤلف القطري – مقتضيات المادة 21)

مسؤولية أمين الخزانة: اعتبار الخطوات الثلاث

Comment répondre à la demande d'une personne physique ?

Un seul exemplaire ainsi reproduit de chaque article ou fragment peut être remis, au lieu et place des volumes ou des fascicules contenant cet article ou ce fragment, et lorsque ceci est jugé opportun, en réponse à la demande d'une personne physique poursuivant des études ou des recherches scientifiques. Copies, établies par les bibliothécaires, d'articles ou de parties d'œuvres publiées

4. 1) Aux fins des dispositions des articles 38 et 39 de la loi, les conditions énoncées à l'alinéa 2) du présent article sont les conditions prescrites que doit respecter le bibliothécaire d'une bibliothèque désignée qui établit et remet à une personne qui en fait la demande une copie d'un article, paru dans une publication périodique, ou, selon le cas, d'une partie d'une oeuvre littéraire, dramatique ou musicale tirée d'une édition publiée.

2) Les conditions prescrites sont les suivantes :

a) aucune copie d'un article ou d'une partie d'une oeuvre ne doit être remise à la personne qui en fait la demande sauf :

   i) si celle-ci établit de manière jugée concluante par le bibliothécaire que cette copie lui est nécessaire à des fins de recherche ou d'étude personnelle et qu'elle ne l'utilisera à aucune autre fin; et

ii) si celle-ci a remis au bibliothécaire, en ce qui concerne cet article ou cette partie de l'œuvre, une déclaration établie par écrit, conforme pour l'essentiel à la formule A de l'annexe 2 du présent règlement **et signée** de la manière qui y est indiquée;

b) le bibliothécaire doit avoir la conviction que la demande présentée par cette personne et celle d'une autre personne

i) ne sont pas comparables, c'est-à-dire ne tendent pas l'une et l'autre à obtenir, pratiquement au même moment et dans le même but, des copies d'articles ou de parties d'une oeuvre pratiquement identiques; et

ii) ne sont pas apparentées, c'est-à-dire que l'intéressé et la personne en cause ne reçoivent pas au même moment et au même endroit un enseignement auquel se rapporte l'article ou la partie de l'œuvre en question;

c) il ne doit pas être remis à cette personne

i) s'agissant d'un article, plus d'une copie de cet article ou plus d'un article paru dans un même numéro d'une publication périodique; ou

ii) s'agissant d'une partie d'une œuvre publiée, plus d'une copie du même texte ou une copie représentant plus qu'une fraction raisonnable de l'œuvre; et

d) la personne intéressée doit verser en contrepartie de la copie un montant qui ne doit pas être inférieur aux frais d'établissement de celle-ci (y compris une contribution aux frais généraux de fonctionnement de la bibliothèque).

3) A moins que la déclaration signée qui lui est remise en application des dispositions de l'alinéa 2)a)ii) ci-dessus ne soit, à sa connaissance, mensongère sur un point particulier important, le bibliothécaire peut se fonder sur cette déclaration pour toute question à l'égard de laquelle il est tenu, aux termes de l'alinéa 2)a)i) ci-dessus, de réunir des preuves concluantes avant d'établir ou de remettre la copie.

Règle générale

En règle générale, le droit d'auteur sur une œuvre publiée n'est pas enfreint s'il est fait ou fourni une copie de cette oeuvre ou d'un fragment de cette oeuvre par le bibliothécaire (ou au nom du bibliothécaire) d'une bibliothèque appartenant à l'une des catégories citées précédemment si :

* La copie est fournie au bibliothécaire d'une bibliothèque quelconque appartenant à l'une des catégories ainsi prévues; et si à l'époque où la copie est faite, le bibliothécaire par qui ou au nom de qui la copie est fournie ne connaît ni le nom ni l'adresse d'une personne habilitée à en autoriser la confection et s'il ne pouvait pas déterminer le nom et l'adresse de cett personne à la suite de recherches raisonnables; et si:

- Une telle œuvre n'est pas mise en vente; et si:
- Toutes les autres conditions prévues par la loi sont observées.
- Une telle reproduction ne porte pas atteinte à l'exploitation normale de l'oeuvre ou ne cause de préjudice injustifié aux intérêts légitimes de l'auteur».

الفصل 8
الاستنساخ من قبل الخزانات
قابل لأداء الاتاوات

التشريع المغربي و امكانية المطالبة بمكافأة عادلة

وردت نصوص المواد 12، 14 و15 و المواد من 18 إلى 23 من القانون المغربي، بالترخيص بحرية الاستنساخ و حرية الاستعمال: "دون إذن المؤلف ودون أداء مكافأة".

بينما المادة 16، و ان كانت ترخص للخزانات ومصالح التوثيق غير التجارية بالاستنساخ "دون إذن المؤلف أو أي مالك آخر لحقوق المؤلف"، <u>فهي لا ترخص "دون أداء مكافأة"</u>. حيث إن الترخيص ببعض أوجه الاستعمال أو الاستنساخ، لأعمال مشمولة بالحماية، دون إذن المؤلف، لا يعني بالضرورة أنه ترخيص بالمجان: "دون أداء مكافأة عادلة".

اذ يشترط في بعض الحالات دفع مبلغ معين، بينما لا يشترط ذلك في حالات أخرى. والقانون لا يحرم المؤلف من الحصول على مكافأة عادلة من الخزانات و مصالح التوثيق، بما فيها تلك المرخص لها قانونا بالاستنساخ دون إذن المؤلف أو أي مالك آخر لحقوق المؤلف.

هذا بالنسبة لعملية "الاستنساخ طبق الأصل لنسخ منفصلة لمصنف ما: إذا كان المصنف المستنسخ مقالا أو مصنفا قصيرا أو مقاطع قصيرة لكتابات...منشورة.." مما سبق تفصيله.

حق المؤلف في الخزانات العامة: ثروة غير محصنة من أضرار القرصنة

عقود النقل أو التخلي..[1] بمقابل أو بالمجان

أما إذا تعلق الأمر بمصنف مشمول بالحماية و غير مرخص باستنساخه إلا بإذن مؤلفه، فان هذا الأخير حر في أن يتنازل أو يتخلى أو يحيل أو ينقل للغير بعض أو جميع حقوقه المادية : بعوض أو بدون عوض. و يشترط في ذلك أن يكون كتابة. حيث ان المادة 41 من القانون المغربي تقتضي:" "بخلاف مقتضيات مغايرة، (بأن) تبرم عقود التخلي عن الحقوق المادية أو الترخيص من أجل إنجاز أعمال تتضمنها الحقوق المادية كتابة".

و أنه – حسب المادة 42 (1): " يمكن أن يكون التخلي عن الحقوق المادية والرخص من أجل إنجاز أعمال تتضمنها هذه الحقوق مقتصرة على بعض الحقوق الخاصة وكذلك على مستوى الأهداف والمدة والمجال الترابي وعلى المدى أو وسائل الاستغلال."

وتنص المادة 15 من القانون الاسترشادي لحماية حق المؤلف و الحقوق المجاورة على أن: "للمؤلف أو خَلَفِه أن ينقل إلى الغير، سواءً أكان شخصاً طبيعياً أم معنوياً، كل أو بعض حقوقه المادية المبينة في هذا القانون. ويشترط لانعقاد التصرّف أن يكون مكتوباً ومحدّداً فيه الحقّ محل التصرّف، مع بيان الغرض منه، ومدة الإستغلال ومكانه. ويكون المؤلف مالكاً لكل ما لم يتنازل عنه صراحة من حقوق. وفي حالة عدم تضمين العقود مدة محدّدة فإنها تعتبر حكماً معقودة بحدّ أقصى لفترة 10 سنوات من تاريخ توقيعها".

و فيما يتعلق بتفويت الأصول أو نسخ المصنفات، فان المادة 43 من القانون المغربي تعتبر:

-" أن المؤلف الذي يفوت أصلا أو نسخة من مصنفه يعتبر أنه لم يتخل عن أي حق من حقوقه المادية ولم يمنح أي ترخيص للقيام بأعمال واردة ضمن هذه الحقوق ماعدا إذا نص العقد على خلاف ذلك.

(و) خلافا لمقتضيات الفقرة السابقة، وباستثناء إذا نص العقد على خلاف ذلك، فللمقتني الشرعي لمصنف أصلي أو لنسخة منه أن يتمتع بحق تقديم هذا الأصل أو هذه النسخة مباشرة إلى الجمهور.

لا تشمل الحقوق المنصوص عليها في الفقرة الثانية من هذه المادة الأشخاص الذين امتلكوا الأصول أو النسخ لمصنف معين عن طريق الإيجار أو أية وسيلة أخرى دون أن يحصلوا على الملكية."

الحصول على مكافأة دون ترخيص: قيد جزئي

[1] - تختلف أشكال الرخص و النقل أو التخلي عن الحقوق من تشريع إلى آخر، حسب التقاليد القانونية المتبعة في كل دولة. و هو موضوع شائك و متشعب، خصصنا له عملا مستقلا جاهزا كذلك للنشر منذ أمد غير قريب.

حق المؤلف في الخزانات العامة: ثروة غير محصنة من أضرار القرصنة

وتنص كذلك بعض القوانين العربية الأخرى على إمكانية استخدام بعض الأنواع من المصنفات دون الحصول على ترخيص ما دام المؤلف يحصل على مكافأة. ويمكن أن يوصف ذلك بأنه قيد جزئي على حقوق المؤلف الاستئثارية تقرره القوانين التي تنص على اشتراط الحصول على تراخيص إجبارية أو قانونية.

كما أن عدة قوانين لا تعتبر استنساخ أو استخدام مصنف مشمول بالحماية مشروعا إلا إذا تم الحصول على رخص استئثارية أو غير استئثارية، تتضمن شروطا معينة، تمكن الجهات المعنية من انجاز أعمال واردة ضمن حقوق المؤلف.[1] حيث:

"يمكن لمؤلف مصنف ما أن يمنح أشخاصا آخرين رخصا من أجل أعمال واردة ضمن حقوقه المادية، ويجوز أن تكون هذه الرخص استئثارية أو غير استئثارية.

ومن شأن الرخصة غير الاستئثارية أن تسمح لصاحبها وبالطريقة المباحة، وكذا للمؤلف وللحاصلين على الرخصة القيام بالأعمال التي تشملها الرخصة.

وتمكن الرخصة الاستئثارية صاحبها، بالطريقة المتاحة له دون غيره بما في ذلك المؤلف، من القيام بالأعمال التي تشملها الرخصة". (الفصل السابع "التخلي عن الحقوق والرخص" /المادة 40)

حيث إن "أهم حق تمنحه القوانين الخاصة بحقوق المؤلف هو حق المؤلف في الترخيص بصنع نسخ من كتابه...حيث حينما يرخص المؤلف باستنساخ أحد مصنفاته (كتبه) فانه يحدد الشروط التي سيجري في ظلها استنساخ النسخ التي ستنشر"...[2]

القيود الواردة على حق المؤلف

يمكن القول بوجه عام إن القانون لا يعفي دائما الخزانات ومصالح التوثيق من طلب ترخيص فردي أو جماعي، يسمح بانجاز بعض النسخ من جمعيات المؤلفين المعهود إليها بالتسيير الجماعي لحقوق النسخ. كما لا يسمح بالاستفادة من الاستثناء إلا "في حال عدم الحصول على تراخيص من هيآت الإدارة الجماعية المعينة لهذا الغرض": بالنسبة للبلدان النامية التي عبرت عن رغبتها في الاستفادة من تراخيص الترجمة و الاستنساخ.

نظام التراخيص الجماعية من أجل المصلحة العامة

الإمكانيات الممنوحة للبلدان النامية: تراخيص الترجمة والاستنساخ

---

[1] - راجع ص 256 من عملنا الأول
[2] - المبادئ الأولية لحقوق المؤلف/اليونسكو.

حق المؤلف في الخزانات العامة: ثروة غير محصنة من أضرار القرصنة

تمنح اتفاقية برن و الاتفاقية العالمية لحقوق المؤلف عدة إمكانيات للبلدان النامية من أجل تسهيل انتفاعها بالمصنفات المشمولة بحماية حقوق المؤلف. من هذه الإمكانيات المبينة في ملحق "الأحكام الخاصة بشأن البلدان النامية":[1]

- إمكانية المطالبة بالإفادة من بعض الحقوق، حيث: "(1) لكل دولة، تعتبر دولة نامية وفقا لما يجري به العمل في الجمعية العامة للأمم المتحدة، تصدق على هذه الوثيقة...؛ والتي نظرا لوضعها الاقتصادي واحتياجاتها الاجتماعية أو الثقافية لا تعتبر نفسها في الوقت الحاضر في مركز يمكنها من اتخاذ الإجراءات المناسبة لضمان حماية كل الحقوق بالوضع الوارد في هذه الوثيقة، أن تعلن بأنها ستستعمل الحقوق المنصوص عليها في المادة الثانية أو ذلك المنصوص عليه في المادة الثالثة أو كليهما معا"؛[2]

- إمكانية منح تراخيص من قبل السلطة المختصة، بالنسبة لتقييد حق الترجمة؛ (المادة الثانية)

- إمكانية منح تراخيص من قبل السلطة المختصة، بالنسبة لتقييد حق الاستنساخ؛ (المادة الثالثة)

وذلك، كما سبقت الإشارة إليه، تلبية لطلب البلاد النامية التي أعلنت، عند إيداع وثيقة تصديقها أو انضمامها إلى إحدى الاتفاقيتين العالميتين أعلاه أو إليهما معا، بأنها ستستعمل الحقوق المنصوص عليها في المادة الثانية أو ذلك المنصوص عليه في المادة الثالثة أو كليهما معا.

وجدير بالتذكير أن المغرب لم يعلن عن رغبته في الانتفاع بالمصنفات المشمولة بحماية حقوق المؤلف.

حق الدولة في الترخيص و حق المؤلف في التعويض

إمكانية تقييد حق الترجمة و الاستنساخ[3] حق المواطن في الاستنساخ...مقابل أجر عادل

هذا ما تنص عليه كذلك المادة 36 من "التشريع النموذجي لحماية حقوق المؤلف والحقوق المجاورة في الوطن العربي"؛ حيث:

"يجوز لأي شخص أن يطلب من الوزارة المختصة منحه رخصة إجبارية بالنسخ أو بالترجمة أو بهما معا لأي مصنف محمي طبقا لنصوص هذا التشريع، ما دام إصدار هذه الرخصة لا يخل بالاستغلال العادي للمصنف أو يضر بدون مبرر بالمصالح المالية المشروعة للمؤلف، ونظير سداد تعويض عادل

---

[1] - راجع الاتفاقيتين العالميتين - راجع كذلك عملنا الأول ص 93-107:
[2] - (ملحق أحكام خاصة بشأن البلدان النامية)
[3] - للمزيد راجع عملنا الأول أو إحدى الاتفاقيتين العالميتين الكبيرتين.

إليه، ويتعين أن يكون القرار الصادر بالرخصة مسببا و أن يحدد فيه النطاق الزماني والمكاني والمقابل المالي. ويجب دائما أن يكون الغرض من منح الترخيص الوفاء باحتياجات التعليم أو المكتبات العامة أو دور الحفظ القومية".

نماذج من تشريعات البلدان العربية المستفيدة:

ندرج فيما يلي، على سبيل المثال لا الحصر، قوانين بعض البلدان العربية "النامية" المستفيدة، والتي تتضمن نصوصها الشروط التي نصت عليها "الأحكام الخاصة بشأن البلدان النامية" من الاتفاقيتين العالميتين:

* قانون حق المؤلف القطري (المادة 27) ينص على أن:

" يحق للمواطن القطري، أن يحصل على رخصة غير حصرية وغير قابلة للتنازل إلى الغير من الوزير أو من يفوضه لترجمة أي مصنف أجنبي منشور إلى اللغة العربية، ونشر هذه الترجمة، إذا مرت ثلاث سنوات على تاريخ أول نشر لهذا المصنف، ولم يتم نشر أي ترجمة له في قطر باللغة العربية من قبل مالك الحق في الترجمة، أو بموافقته أو في حال نفاذ الطبعات المترجمة.

2. يحق للمواطن القطري، أن يحصل على رخصة غير حصرية وغير قابلة للتنازل إلى الغير من الوزير أو من يفوضه لنسخ ونشر أي من المصنفات المنشورة وفق الشروط التالية:

أ- مرور ثلاث سنوات على تاريخ أول نشر لأي مصنف مطبوع يتعلق بالتكنولوجيا أو العلوم الطبيعية أو الفيزيائية أو الرياضيات، أو مرور سبع سنوات على أول نشر للمؤلفات الشعرية والمسرحية والموسيقية وكتب الفن والروايات، أو مرور خمس سنوات على أول نشر لأي مصنفات مطبوعة أخرى.

ب- ألا يكون قد تم توزيع نسخة منها في دولة قطر لتلبية احتياجات عامة للجمهور، أو للتعليم المدرسي، أو الجامعي، بواسطة صاحب حق النسخ بموافقته وبسعر يتناسب مع أسعار المصنفات المشابهة له في دولة قطر.

ج- أن تباع النسخة المنشورة وفق أحكام هذا البند بسعر مساو، أو أقل من السعر المنصوص عليه في الفقرة (ب) من البند (2) من هذه المادة.

3. تمنح رخص الترجمة المنصوص عليها في البند (1) من هذه المادة فقط لغايات التعليم المدرسي أو الجامعي أو البحوث، أما رخص النسخ المنصوص عليها في البند (2) من هذه المادة فتمنح فقط لاستعمالها في إطار التعليم المدرسي أو الجامعي.

4. عند منح رخص للترجمة أو النسخ فإن مؤلف المصنف الأصلي الذي تمت ترجمته أو نسخه يستحق تعويضاً عادلاً يتناسب مع معايير حقوق المؤلف المتعارف عليها في عقود الرخص الاختيارية بين أشخاص في دولة قطر وبين أشخاص في دولة المؤلف.

5. تحدد شروط وإجراءات منح الرخص المنصوص عليها في هذه المادة بمقتضي قرار يصدر من الوزير".

* قانون حق المؤلف الإماراتي (المادة 21):

"يجوز لكل شخص أن يطلب من الوزارة منحه ترخيصـا إجباريـا بالنسخ أو الترجمة أو بهما معـا لأي مصنف محمي طبقا لأحكام هذا القانون وذلك بعد مضي ثلاث سنوات من تاريخ نشر المصنف في حالة الترخيص بالترجمة ويكون إصدار الترخيص بقرار مسبب يحدد فيه النطاق الزماني والمكاني لاستغلاله، والمقابل العادل المستحق للمؤلف، على أن يقتصر الهدف دائما من إصدار هذا الترخيص على الوفاء باحتياجات التعليم بكل أنواعه ومستوياته أو باحتياجات المكتبات العامة أو دور الحفظ، وذلك كله طبقا لما تحدده اللائحة التنفيذية لهذا القانون من أحوال وضوابط وشروط لإصدار الترخيص، وعلى النحو الذي يضمن عدم إلحاق الضرر غير المبرر بالمصالح المشروعة للمؤلف أو خلفه أو المساس بالاستغلال العادي للمصنف. ويصدر بتحديد الرسوم المطبقة في هذا الشأن قرار من مجلس الوزراء".

* قانون حق المؤلف السعودي (المادة 17):

1 – "يجوز للوزير منح ترخيص نشر للمصنف بعد مضي مدة تحددها اللائحة التنفيذية لكل حالة، إذا رأى أن المصلحة العامة تقتضي نشر هذا المصنف، وذلك في الحالات الآتية:

أ) إذا لم تتوافر نسخ من المصنف المنشور بلغته الأصلية في المملكة من قبل صاحب الحق لتلبية الاحتياجات العامة للجمهور أو التعليم المدرسي والجامعي بثمن مقارب لثمن المصنفات المشابهة في المملكة وذلك بعد امتناعه من توفير نسخ منه.

ب) إذا نفدت جميع الطبعات للمصنف الأصلي أو ترجمته إلى اللغة العربية دون أن يقوم صاحب الحق بتوفير المصنف بعد الطلب منه.

ج) إذا لم تنشر ترجمة لهذا المصنف بواسطة صاحب حق الترجمة أو بتصريح منه، على أن يكون الغرض الاستفادة من هذه الترجمة في المناهج التعليمية.

د) إذا امتنع ورثة المؤلف السعودي أو من يخلفه عن ممارسة الحقوق التي انتقلت بموجب المادة الحادية عشر من هذا النظام، وذلك خلال سنة من تاريخ الطلب إذا لم يكن لديهم عذر مقبول.

2- تنتهي صلاحية الترخيص إذا نشر المصنف أو الترجمة من قبل صاحب الحق، أو بتصريح منه.

3- للوزير تحديد مكافأة مالية يدفعها المرخص له لأصحاب الحقوق عن كل ترخيص يتم إصداره، ويحق لهم التظلم من قراره أمام ديوان المظالم.

- وتحديد اللائحة التنفيذية الإجراءات والشروط التي يجب توفرها في طلب الترخيص الإلزامي".

* المصادر التشريعية الأخرى - قانون حق المؤلف الأردني (المادة 11) - قانون حق المؤلف المصري (المادة 170) - اللائحة التنفيذية لنظام حماية حقوق المؤلف السعودي (المادة 30) - حق المؤلف التونسي (المادتين الجديدتين (13) و (14) من قانون رقم 33 لعام 2009).

ملاحظة - كل الدول العربية – باستثناء المغرب - عبرت عن رغبتها في الانتفاع من الإمكانيات الممنوحة للبلدان النامية.

و من البلدان غير العربية التي عبرت كذلك عن رغبتها في الاستفادة من مزايا الاتفاقيتين العالميتين أو احديهما، نذكر على سبيل المثال لا الحصر: الصين؛ المكسيك؛ الهند؛ ماليزيا؛ جمهورية كوريا...

"اتسونامي".. والمغرب النامي

المغرب يضرب صفحا عن الاستفادة...

تهدف قوانين البلدان العربية المستفيدة من المزايا الممنوحة للبلدان النامية إلى السماح للخزانات و مصالح التوثيق من عمل نسخ استجابة لطلب شخص طبيعي بشرط:

- "أن لا يكون الديوان الوطني لحقوق المؤلف والحقوق المجاورة قد منح ترخيصاً جماعياً يسمح بإنجاز مثل تلك النسخ". (القانون الجزائري – المادة 46)
- "عدم إمكانية الحصول على رخصة جماعية بالنسخ من قبل إحدى الجهات المتخصصة في الإدارة الجماعية للحقوق يعلمها الناسخ أو يجب أن يكون عالماً بها". (قانون قطر)
- " ألا يكون هناك ترخيص جماعي متاح يمكن أن يتم بموجبه هذا النسخ." (قانون سلطنة عمان المادة 20 (3) (ب)
- " إذا تعذر الحصول على ترخيص بالنسخ طبقا لأحكام هذا القانون ". (قانون الإمارات العربية المادة 22 (4) ب)

مهمة هيآت التسيير الجماعي لحقوق المؤلفين: منح التراخيص اللازمة و استخلاص حقوق النسخ:

تتولى هذه الهيآت - المحدد اختصاصها و تنظيمها و تسييرها بقانون أو مرسوم، كـ "هيأة التسيير الجماعي لحقوق المؤلف والحقوق المجاورة" (في تونس) و "الديوان الوطني لحقوق المؤلف والحقوق المجاورة" (في الجزائر) - الاختصاصات المخولة لها بمنح التراخيص اللازمة و استخلاص الحقوق

المشروعة. حيث ان القانون (ظهير كان أو مرسوم تأسيسي) هو الذي ينظم نشاط الإدارة الجماعية لحقوق المؤلف والحقوق المجاورة على النحو الذي تبينه اللائحة التنفيذية. وهو الذي يحدد طريقة التسيير الجماعي و كيفية تطبيق أحكام القانون المتعلق بحقوق المؤلف أو النسخ، و ما يرتبط بها من حقوق مجاورة.

✵ مهمة المكتب المغربي لحقوق المؤلفين: السياحة و الركون...و الخروج عن القانون

أما المغرب فقد تخلى عن حقه في الاستفادة من المزايا الممنوحة للبلدان النامية، حيث عبر عن رغبته بأن يكون بلدا "متقدما و غنيا" في مجال حقوق المؤلف. وهو بذلك عضو في عدة اتفاقيات بصفة "بلد متقدم/غني"...لا فرق بينه وبين الولايات المتحدة الأمريكية أو المملكة المتحدة أو ألمانيا أو اليابان أو فرنسا...

ورغم تردي أوضاعه الثقافية والاقتصادية والاجتماعية، وما يصاحب جل المؤلفين و الفنانين من فقر ومرض وبطالة (وجهل بحقوقهم)، و رغم الجهود المبذولة من طرف المنظمات العالمية المختصة لحث الدول النامية على الاستفادة من خيرات ومزايا الاتفاقية العالمية لحقوق المؤلف واتفاقية برن، فان المغرب – الذي يمثله في اللقاءات الدولية، ويتفاوض و يوقع باسمه أشخاص لا إلمام لهم بحقوق الملكية الفكرية ولا علم لهم باللغة الخاصة بحقوق المؤلف. بل لا علم لهم بلغة اتفاقيات الملكية الفكرية الرسمية المحررة بالحبر السري..حيث لا يهمهم من هذه اللقاءات أو المفاوضات إلا السياحة والركون إلى بحيرة "لاك ليمان" بسويسرا، ولا يهمهم الاعتراض على الطوفان، شريطة أن يجيء بعد رحيلهم تسونامي و الطوفان – نقول إن المغرب لا يستفيد من خير أية اتفاقية، بل يضرب عنها صفحا، الشيء الذي تتضمر معه مظاهر الثقافة و الآداب والعلوم و الفنون، وينعكس سلبا على الاقتصاد الوطني...الشيء الذي ينتج عنه هضم الحق و تقزيم الإبداع و الخلق... و يذهب ضحية هذه الظاهرة المبدع والقارئ معا[1].

التشريع شيء، و التطبيق العملي شيء آخر

"لا يؤدي إصدار تشريع وطني خاص بحقوق المؤلف إلى تحقيق النتائج المرجوة بطريقة آلية. بل يلزم تثقيف الجمهور وشرح الحقوق المعنية لمن يتأثرون بذلك التشريع حتى يمكن أن يسير دولاب العمل في ذلك النظام. وتستطيع جمعيات المؤلفين أن تلعب دورا هاما في تنفيذ القوانين الخاصة بحقوق المؤلف. ويجب على السلطات الوطنية أن تعبئ الجهود من أجل إنشاء هيآت إدارية فعالة مختصة بحقوق المؤلف."[2]

---

[1] - راجع اصدارنا الجديد "المكتب المغربي لحقوق المؤلفين: كائن غريب...خارج اطار الدستور و القوانين.
[2] - المبادئ الأولية لحقوق المؤلف ص 74

حق المؤلف في الخزانات العامة: ثروة غير محصنة من أضرار القرصنة

« Le fait de signer un accord ou « d'obtenir d'un pays qu'il promulgue une loi en la matière est relativement simple. Faire appliquer la loi, en revanche, est une affaire nettement plus complexe. Dans beaucoup de pays en développement, le système d'application des lois… est beaucoup moins développé que dans les pays industriels. » [1]

حيث ان المشكلة ليست في اصدر القانون، بل في تطبيق و تنفيذ أحكام القانون.

عدم شرعية "المكتب المغربي لحقوق المؤلفين"[2]

المشكلة في المغرب، أنه لا توجد به أية آلية قانونية لحماية حقوق المؤلفين الأدباء و العلماء و الصحفيين و المصورين و غيرهم ممن حقوقهم مبينة في القانون. و لا توجد به أية هيأة للتسيير الجماعي لحقوق النسخ، عكس ما هو عليه الحال في العديد من الدول التي تتوفر على جمعيات أو شركات أو مكاتب لاستخلاص حقوق النسخ من الخزانات و توزيعها على المؤلفين و/أو الناشرين.

بل لا توجد بالمغرب أية هيأة أو آلية قانونية لتطبيق الأحكام الواردة في القانون، تمارس نشاطها بصفة قانونية، تخضع للمراقبة والمحاسبة، وتعمل تحت إشراف سلطة حكومية معينة و/أو مجلس استشاري أو إداري منتخب ديمقراطيا، كما كان عليه الوضع إبان المكتب الإفريقي لحقوق المؤلفين، المحدد اختصاصه و تنظيمه وتسييره بمقتضى "الظهير الشريف الصادر في 26 ذي الحجة 1362 (24 دجنبر 1943) بشأن المكتب الإفريقي لحقوق المؤلفين والمكتب الإفريقي لرجال الآداب و مؤلفي المحاضرات"، و المخول له شرعا بإدارة و تدبير مصالح مختلف الجمعيات الفرنسية للمؤلفين فوق تراب المغرب.

وهو الظهير الذي تم إلغاؤه و تعويضه بـ"الظهير الشريف رقم 1.69.135 بتاريخ 25 جمادى الأولى 1390 (29 يوليوز 1970) بشأن حماية المؤلفات الأدبية والفنية" الذي "عهد بحماية واستغلال حقوق المؤلفين المبينة في هذا الظهير الشريف إلى هيأة المؤلفين المحدد اختصاصها وتنظيمها و تسييرها بموجب مرسوم". (الفصل 53)

وهو المرسوم الذي لم يتم الإفراج عنه، و لم يكتب له أن يرى النور. مما يجعل "المكتب المغربي لحقوق المؤلفين" في وضعية غير قانونية. لا تسمح له بإدارة حقوق المؤلفين أو ممارسة أي نشاط. حيث لا وجود لأي قانون تنظيمي أو تأسيسي للمكتب الغربي، و لا وجود (في القانون) لأي سلطة حكومية معهود اليها

---

[1] -Joseph Papovich - Représentant adjoint des Etats-Unis pour le commerce extérieur chargé des services, des investissements et de la propriété intellectuelle : «Nous poussons à la roue pour que les pays en développement prennent les mesures nécessaires afin de s'acquitter de leurs obligations à partir du 1er janvier 2000» (USIA - Perspectives économiques - Mai 1998) -

[2] - راجع جريدة "ما وراء الحدث" – 2013/02/15 و جريدة "جيابريس" الالكترونية

بالوصاية، و لا وجود كذلك لأي سلطة تشريعية، تنفيذية، قضائية أو مالية...تراقب أو تحاسب نشاط وتصرفات المكتب المذكور؛ كما لا وجود لأي لجنة استشارية منتخبة ديمقراطيا أو مجلس إداري يمثل مختلف أصحاب الملكية الفكرية، المبينة حقوقهم في "القانون رقم 2.00 المتعلق بحقوق المؤلف والحقوق المجاورة كما تم تغييره وتتميمه بمقتضى القانون رقم 34.05".[1]

الجزء الثالث

حق المؤلف في الخزانات العربية:

ثروة غير محصنة من أضرار القرصنة

نتناول في هذا الجزء، من خلال الفصول التالية، مفهوم الولوج إلى المعرفة وحركة التأليف والنشر و التوزيع في البلاد العربية:

- **الفصل 9** – "قانون الايداع"...لتكميم الأفواه و تكبيل حرية الابداع   ص 78

- **الفصل 10** - التأليف والنشر: حركة مشلولة، حقوق مجهولة و يد مغلولة   ص 89

- **الفصل 11** – الولوج الى المعرفة و الخلق: ولوج بالحق و التزام بأداء..   ص 96

- **الفصل 12** – "الثقافة بالمجان": جهل وتخلف وإخلال بالميزان   ص 102

---

[1] للمزيد راجع اصدارنا الجديد (2013) بعنوان: "المكتب المغربي لحقوق المؤلفين..كائن غريب...خارج اطار الدستور و القوانين"-

الفصل 9

"قانون الإيداع "

لتكميم الأفواه و تكبيل حرية الإبداع

قانون الإيداع: حاجز أمام حرية الإبداع

لا يحتاج اكتساب حقوق المؤلف في بعض البلدان إلى استيفاء أية إجراءات. بينما تشترط بلدان أخرى القيام بالتسجيل أو الإيداع...إلا أن النظرية العامة تقضي بأن حماية حقوق المؤلف ينبغي أن تنبع تلقائيا من عملية الإبداع ذاتها وألا تكون مرهونة باستيفاء أية إجراءات.[1]

وهو ما تنص عليه المادة 5 (2) من اتفاقية برن، حيث: "لا يخضع التمتع أو ممارسة هذه الحقوق لأي إجراء شكلي، فهذا التمتع وهذه الممارسة مستقلان عن وجود الحماية في دولة منشأ المصنف..."

وهو ما جاء به "التشريع النموذجي لحماية حقوق المؤلف والحقوق المجاورة في الوطن العربي" حيث: "جعل التشريع الحماية تنسحب على كل المصنفات المبتكرة الأدبية والفنية والعلمية أيا كانت قيمتها أو الغرض من تأليفها أو طريقة التعبير عنها أو شكل ذلك التعبير، مؤكدا عدم الحاجة إلى إجراء شكلي مثل الإيداع أو التسجيل أو القيد أو التثبيت، أي التسجيل لمادة المصنف على دعامة مادية، ومفاد ذلك استفادة كل المصنفات الشفوية مثل الزجل والشعر من الحماية". (أولا – المصنفات المحمية)

حيث نصت المادة الأولى من التشريع على أن: "تنطبق الحماية المقررة في هذا التشريع على جميع المصنفات المبتكرة الأدبية والفنية والعلمية، أيا كانت قيمة هذه المصنفات أو الغرض من تأليفها أو طريقة

[1] - المبادئ الأولية لحقوق المؤلف ص 58

حق المؤلف في الخزانات العامة: ثروة غير محصنة من أضرار القرصنة

التعبير عنها وشكل ذلك التعبير، بمجرد إبداع المصنف، دون الحاجة إلى أي إجراء شكلي، سواء أكان مثبتا على دعامة مادية أم لا."

وقد جاء التشريع النموذجي العربي هذه المرة منسجما تمام الانسجام مع قوانين حقوق المؤلف في البلاد التي تتبع تقاليد القانون الروماني، وعلى رأسها فرنسا، حيث لا يحتاج اكتساب حقوق المؤلف إلى استيفاء أية إجراءات، بل هو يترتب مباشرة على مجرد تأليف المصنف.[1]

وقد يكون القيام بالإيداع أو التسجيل الاختياري مفيدا لإثبات صفة "مؤلف" أو لتسهيل الإدارة الجماعية للحقوق المالية للمؤلف...كما قد يكون حجة لإثبات ملكية حقوق المؤلف عند الحاجة.

En France, aucune formalité d'enregistrement ou fixation matérielle de l'œuvre n'est indispensable pour bénéficier des droits d'auteur. Aucune formalité administrative de dépôt ne subordonne la protection légale. Le dépôt légal n'est pas directement lié au droit d'auteur dans la mesure où le dépôt n'est pas une démarche indispensable pour jouir des droits :

«L'auteur d'une œuvre de l'esprit jouit sur cette œuvre, du seul fait de sa création, d'un droit de propriété incorporelle exclusif et opposable à tous.» [2]

Cependant l'auteur a la possibilité de déposer son œuvre afin de faciliter la preuve de la paternité et la date de création de l'œuvre en cas de contestation et d'accusation de plagiat. Aussi, un enregistrement volontaire peut s'avérer utile pour pour faciliter la gestion collective des droits économiques de l'auteur. [3]

"حقوق المؤلف غير مرهونة باستيفاء أية إجراءات":

وهو ما جاءت به القوانين المتعلقة بحقوق المؤلف والحقوق المجاورة، والتي لا تشترط استيفاء أية إجراءات من أي نوع كان (لا الإيداع لأغراض التسجيل ولا الإيداع الإجباري أو القانوني..)؛ حيث يتمتع المصنف بالحماية مباشرة بمجرد إبداعه. و نذكر من هذه القوانين:

* قانون حقوق المؤلف الجزائري (المادة 3) - قانون حق المؤلف التونسي (المادة 18) - قانون حق المؤلف جيبوتي (الفصل الأول ½) - قانون حق المؤلف المغربي (المادة 2) الذي ينص على أن: "يستفيد كل مؤلف من الحقوق المتنصوص عليها في هذا القانون على مصنفه الأدبي أو الفني.

و تبدأ الحماية المترتبة عن الحقوق المشار إليها في الفقرة السالفة والمسماة فيما بعد "حماية" بمجرد إبداع المصنف حتى لو كان غير مثبت على دعامة مادية".

"الإيداع القانوني" وإيداع النسخ في القوانين العربية:

---

[1] - المرجع أعلاه

[2] - Code de la propriété intellectuelle, art. L. 111-1

[3] - Cf. notre livre "Droits d'auteur et mondialisation en douceur".

باستثناء جيبوتي التي لا تتوفر على قانون خاص بالإيداع القانوني[1]، فان باقي البلدان الأخرى التي تناولتها هذه الدراسة تطبق نوعا آخر من الإيداع يمكن تسميته أيضا بـ "الإيداع القانوني"، حيث، بمقتضى قوانين مستقلة تماما عن الاعتبارات الخاصة بحقوق المؤلف، تشترط إيداع عدد معين من نسخ الكتب. و نذكر من هذه البلدان:

- **الجزائر** – حيث تحدد المواد من 1 الى 14 من الأمر رقم 96-16 مؤرخ في 16 صفر عام 1417 الموافق 2 يوليو سنة 1996 (المتعلق بالإيداع القانوني) قواعد تنظيم الإيداع القانوني ومجال تطبيقه و الهدف منه.

وتحدد المادة 3 من المرسوم التنفيذي عدد نسخ الوثائق موضوع الإيداع القانوني كما يأتي:

"عملا بالمادتين 2 و9 من الأمر رقم 96-16 المؤرخ في 16 صفر عام 1417 الموافق 2 يوليو سنة 1996 والمذكور أعلاه، يلتزم المنتج أو المؤلف الناشر لحسابه بإيداع أربع (4) نسخ من كل الوثائق الخاضعة للإيداع القانوني".

* **المغرب - قانون الإيداع القانوني** (ظهير شريف رقم 1.03.201 صادر في 16 من رمضان 1424 (11 نوفمبر 2003) بتنفيذ القانون رقم 68.99 بشأن الإيداع القانوني) ينص على ما يلي:

المادة 1: الإيداع القانوني إجراء ملزم لكل شخص طبيعي أو معنوي سواء كان عاما أو خاصا له إنتاج وثائقي موجه للعموم.

المادة 2: يهدف الإيداع القانوني إلى:

- جمع المصنفات المشار إليها في المادة (3) بعده، وصيانتها وحفظها؛

- وضع المصنفات موضوع الإيداع القانوني رهن إشارة العموم وتوزيعها مع مراعاة الأحكام التشريعية والتنظيمية الجاري بها العمل المتعلقة بحقوق المؤلف والحقوق المجاورة.

- ويقصد من وضع مصنف رهن إشارة العموم كل تبليغ له أو توزيع أو تقديم، كيفما كانت الطريقة و الجمهور المستفيد.

المادة 6: يلزم بالإيداع كل من:

---

[1] - Bibliographies nationales africaines - Amadou Békaye Sidibé, Bibliothécaire – bibliographe - *WORLD LIBRARY AND INFORMATION CONGRESS*

- الناشر (المقيم بالمغرب)، وعند عدم وجوده الطابع (المقيم بالمغرب) للمصنفات المطبوعة والمنقوشة والمصورة بكل أنواعها.

ويعتبر في حكم الناشر، المؤلف المغربي الذي ينشر مؤلفه في المغرب أو في الخارج لحسابه مباشرة؛

أحكام عـامة: (المادة 9): "يعاقب الأشخاص المشار إليهم في المادة (6) أعلاه، إذا ثبت تملصهم من الالتزام بالإيداع القانوني، بعقوبة تتراوح ما بين 000 .10 درهم و100.000 درهم وذلك تبعا لطبيعة وقيمة المصنفات التي يلزم بإيداعها.

وفي حالة العود، فإن مبلغ الغرامة المشار إليه في الفقرة السابقة يرفع إلى الضعف."[1]

هذا، و قد كان المغرب في عهد الحماية الفرنسية يمارس الرقابة على المطبوعات من خلال "مصلحة الإيداع القانوني" و "المكتب الإفريقي (المغربي حاليا) لحقوق المؤلفين" الذي كان يخوله ظهير 1943 هذه السلطة (المادة 2):

Article 2 : « le Bureau africain précité est habilité à recevoir du service du dépôt légal un exemplaire des publications de toute nature ayant fait l'objet dudit dépôt. De ce fait, ledit service devra exiger le dépôt d'un exemplaire supplémentaire »[2]

"تنفيذ قوانين الإيداع: رقابة على المطبوعات"

وقد كان الهدف الأصلي من إعداد وتنفيذ قوانين الإيداع هو الرقابة على المطبوعات، وهي مسألة ترجع إلى التاريخ المبكر للطباعة. ولكن هذه القوانين تطورت على مر الزمن إلى أن أصبحت وسيلة لتكوين مجموعات للمكتبات الوطنية ولحفظ سجلات للثقافة الوطنية والثقافة العالمية معا.[3]

و في البلدان العربية التي تناولتها هذه الدراسة، بقي اكتساب حقوق المؤلف يخضع لاستيفاء إجراءات معينة، حيث نجد من سمات قوانينها المتعلقة بحقوق المؤلف أن المؤلفين مطالبين بتقديم طلب للتمتع بحقوق المؤلف و اتخاذ واحد أو أكثر من الإجراءات مثل:

- الإيداع لأغراض التسجيل، حيث يعد إيداع نسخة من المصنف شرطا من شروط التسجيل؛

---

[1] - مرسوم رقم 2.99.1030 صادر في 14 من ذي القعدة 1425 (27 ديسمبر 2004) بتطبيق القانون رقم68.99 بشأن الإيداع القانوني - الجريدة الرسمية عدد 5280 بتاريخ 2005/01/06 الصفحة 40

[2] - Ordonnance du 14 avril 1943 portant création du Bureau africain des gens de lettres et auteurs de conférences

[3] المبادئ الأولية لحقوق المؤلف ص 59

حق المؤلف في الخزانات العامة: ثروة غير محصنة من أضرار القرصنة

- الإيداع الإجباري أو القانوني، الذي بمقتضاه يجب إيداع نسخة أو أكثر من المصنف المنشور لدى إحدى السلطات الحكومية أو إحدى المكتبات الوطنية أو الخاصة التي تعين لهذا الغرض... ونستشهد فيما يلي، على سبيل المثال، بالنماذج التالية :

* قانون حق المؤلف اللبناني – الفصل العاشر – الإيداع:

المادة 76: "يتم إيداع العمل أو التسجيل السمعي أو الأداء أو البرامج الإذاعية أو التلفزيونية لدى مصلحة حماية الملكة الفكرية في وزارة الاقتصاد والتجارة.

إن الإيداع قرينة على ملكية المودع للعمل...ويمكن إثبات عكس هذه القرينة بجميع طرق الإثبات.

المادة 77: كل من يرغب من أصحاب حق المؤلف و أصحاب الحقوق المجاورة أو خلفائهم الخصوصيين أو العموميين، إجراء معاملة الإيداع، يجب عليه أن يقدم إلى مصلحة حماية الملكية الفكرية طلباً موقعاً منه أو من وكيله يذكر فيه المعلومات اللازمة.

المادة 78: 1) لا يقبل طلب الإيداع إلا إذا كان مرفقاً بقيمة الرسم المحدد في هذه المادة؛

2) تحدد الرسوم التي تتقاضاها مصلحة حماية الملكية الفكرية (إيداع عمل مطبوع 50.000 ل.ل.)

* قانون حق المؤلف العماني – الفصل الثامن (المادة 34): "يجوز لصاحب الحق أن يودع على نفقته الخاصة نسخة من المصنف...لدى الوزارة، ويعتبر هذا الإيداع قرينة على الملكية، وتبين اللائحة التنفيذية نظام الإيداع وطريقة النشر عنه، كما تحدد الرسوم المستحقة عنه بمراعاة أحكام القانون المالي".

* قانون حق المؤلف الإماراتي (المادة رقم 4): "تضع الوزارة نظاما لإيداع أو تسجيل حقوق المصنفات أو ما يطرأ عليها من تصرفات لدى الجهة المختصة بها وفقا لما تقرره اللائحة التنفيذية لهذا القانون .

وتعتبر سجلات الإيداع أو تسجيل الحقوق بالوزارة مرجعا لبيانات المصنف. ولا يترتب على عدم إيداع المصنف أو تسجيل حقوقه أو ما يطرأ عليه من تصرفات إخلال بأي وجه من أوجه الحماية او الحقوق التي يقررها هذا القانون".

* قانون حق المؤلف الكويتي (المادة 48):"يصدر وزير الإعلام القرارات اللازمة لتنفيذ هذا المرسوم بقانون كما يصدر وزير الإعلام قراراً بتنظيم نظام إيداع المصنفات وإجراءاته والرسوم المستحقة وإنشاء السجل الخاص لقيد التصرفات الواردة على المصنفات الخاضعة لأحكام هذا المرسوم بقانون".

* قانون حق المؤلف القطري (المادة 45): "يجوز لمالكي حق المؤلف والحقوق المجاورة أن يتقدموا إلى المكتب بطلب إيداع الأعمال والمواد المنصوص عليها في البند (4) من المادة السابقة، على أن يرفق بالطلب البيانات اللازمة (المطلوبة).

حق المؤلف في الخزانات العامة: ثروة غير محصنة من أضرار القرصنة

ولا يكون لعدم الإيداع أي أثر بالنسبة لتمتع المصنف أو الحق المجاور بالحماية المقررة بموجب أحكام هذا القانون.

المادة 46: يمنح المكتب مالكي الحقوق أو مالكي الحقوق المجاورة شهادة تتضمن تاريخ إيداع المصنف أو موضوع الحق المجاور ونوعه، واسم صاحبه أو مالكه بعد سداد الرسم المقرر للشهادة. وتكون هذه الشهادة قرينة على صحة ما تضمنته من بيانات، ويجوز للغير إثبات عكسها، وتحدد رسوم استخراج شهادات الإيداع بقرار من مجلس الوزراء بناء على اقتراح الوزير".

* قانون الإيداع في مصر: "تعتبر مصر أول دولة عربية تصدر قانوناً للإيداع تطبيقاً لقانون رقم 354 لسنة 1954م بإصدار قانون حماية حق المؤلف، وبذلك تعتبر إدارة الإيداع القانوني بدار الكتب والوثائق القومية هي الجهة الوحيدة في مصر المنوط لها تنفيذ هذه القوانين والقرارات الخاصة بحفظ حقوق الملكية الفكرية والخاصة...

ويعتبر الإيداع القانوني من أهم مصادر تزويد المكتبة القومية بالكتب منذ تطبيق قانون حق المؤلف في مصر تتمثل طبيعة العمل بإدارة الإيداع القانوني في الأعمال التالية:

1) منح أرقام الإيداع والترقيم الدولي للناشرين والمطابع والمؤلفين لقانون حماية حقوق الملكية الفكرية رقم 38 لسنة 1992.

2) استلام جميع الكتب التي ترد إلى دار الكتب عن طريق الإيداع القانوني وعددها (10) نسخ من العنوان الواحد والتي يتم توزيعها وتسجيلها في سجلات وتسليمها كالآتي:

- عدد 2 نسخة لرصيد دار الكتب القومية
- عدد 6 نسخ للمكتبات الفرعية
- عدد 1 نسخة لمكتبة مجلس الشعب
- عدد 1 نسخة لمكتبة مجلس الدفاع الوطني".[1]

* قانون حق المؤلف السوري (المادة 39): "تحدث الوزارة مديرية خاصة مهمتها تسجيل حقوق المؤلف و متابعة حماية هذه الحقوق وتحدد بقرارات من الوزير مهام هذه المديرية وأسلوب عملها وإجراءات التسجيل ووثائقه بما لا يخل بأحكام الإيداع القانوني".

* البحرين - مرسوم بقانون رقم (20) لسنة 1975 بشأن الإيداع القانوني للمصنفات:

---

[1] - عن دار الكتب والوثائق القومية

- المـادة 1: "يلتزم بالتضامن مؤلفو وطابعو المصنفات، التي تعد للنشر عن طريق عمل نسخ منها في دولة البحرين، أن يودعوا على نفقتهم خمس نسخ من المصنفات المذكورة بالمكتبة العامة أو أي مكتبة أخرى يعينها وزير التربية والتعليم بقرار منه، وذلك قبل توزيع المصنفات مباشرة.

كما يلتزم المؤلفون المتمتعون بجنسية دولة البحرين الذين ينشرون مصنفاتهم خارج دولة البحرين بإيداع خمس نسخ من كل مصنف بالمكتبة العامة أو أي مكتبة أخرى يعينها وزير التربية والتعليم بقرار منه. وينظم وزير التربية والتعليم بقرار منه قواعد وإجراءات الإيداع".

* المملكة العربية السعودية ـ نظام الإيداع 1412 هـ ـ المادة الثانية:

1 — "يخضع للإيداع في مكتبة الملك فهد الوطنية كل عمل فكري أو فني يتم داخل المملكة العربية السعودية طبعه أو نشره أو إنتاجه أو تصويره أو تسجيله أو استخدام غير من الطرف التي تتيح نشره و تداوله بين الناس، سواء أكان العمل محل الإيداع قد صدر للمرة الأولى أم أعيدت طباعته أو نشره أو إنتاجه أو تصويره أو تسجيله..

2 — يسري حكم الفقرة السابقة على المؤلفين والطابعين والناشرين والمنتجين السعوديين..

المادة الخامسة — إجراءات الإيداع:

يجب على المسؤول عن إيداع الأعمال المذكورة في المادة الثانية قبل طباعتها أو تسجيلها أو إنتاجها استيفاء الإجراءات التالية:

3— يلزم كافة المسؤولين عن الإيداع أداء واجب الإيداع قبل طرح العمل للبيع أو التوزيع...

المادة السادسة 1 — يعاقب من يخالف أحكام هذا النظام بغرامة لا تتجاوز ثلاثة آلاف ريال مع إلزامه بإيداع النسخ المطلوبة من العمل وفقا لهذا النظام".

نظام المطبوعات والنشر 1421 هـ:

المـادة 3: يكـون مـن أهداف المطبوعـات والنشـر الـدعوة إلى الـدين الحنيف ومكارم الأخـلاق، والإرشاد إلى كل ما فيه الخير والصلاح، ونشر الثقافة والمعرفة.

المادة 8: حرية التعبير عن الـرأي مكفولـة بمختلف وسـائل النشر في نطـاق الأحكام الشرعيـة والنظامية.

المطبوعات الداخلية: (المادة 13): "على كل مؤلف أو ناشر أو طابع أو موزع، يرغب في طباعة أي مطبوعة أو توزيعها أن يقدم نسختين منها إلى الوزارة لإجازتها قبل طبعها أو عرضها للتداول، وعلى

الوزارة إجازة المطبوعة أو رفضها مع بيان الأسباب خلال ثلاثين يوما. ولصاحب الشأن التظلم من قرار الرفض لدى الوزير.

المادة 15: المؤلف والناشر والطابع مسؤولون عما يرد في المطبوعات من مخالفات إذا طبعت أو وضعت للتداول دون إجازتها، فإذا تعذرت معرفة أي منهم أصبح الموزع هو المسؤول، و إلا فتقع المسؤولية على البائع.

المادة 16: تكلف الوزارة المؤلف أو الناشر أن يقدم وفق نظام الإيداع، النسخ المطلوبة منه للإيداع، مما يطبع داخل المملكة.

المادة 39: للوزارة سحب المطبوعات المعروضة للتداول داخلية كانت أم خارجية، في الحالتين الآتيتين: (1) – عندما تكون محظورة التداول. (2) – عندما تكون غير مجازة، وتكون مشتملة على بعض المحظورات المنصوص عليها في المادة التاسعة أو المادة الثامنة عشرة...

المادة 42: على الوزارة أن تكلف لإجازة الأعمال العلمية والفكرية، من تتوفر فيهم الأهلية لذلك من ذوي الكفاية والتخصص، والإلمام بالأنظمة، وتعليمات النشر، ولها أن تستعين في ذلك بمن تراه من غير المتفرغين من خارجها".

* تونس – قانون الإيداع القانوني لعام 1993 - الفصل 2: تخضع لإجراءات الإيداع القانوني:

1) المصنفات المطبوعة بجميع أنواعها من كتب ونشريات دورية ومجلّدات ورسوم ومنقوشات مصورة وبطاقات بريدية مزينة بالرسوم ومعلّقات وخرائط جغرافية ونشريات وتقاويم ومجلات وغيرها.

الفصل 8: ويتم الإيداع من قبل متولي الطبع بالنسبة لكلّ المصنّفات المطبوعة غير الدورية في نظير واحد لدى وكالة الجمهورية المختصة ترابيا وفي سبعة نظائر لدى وزارة الثقافة (يخصص أحد هذه النظائر إلى مجلس النواب ونظير إلى وزارة الداخلية وأربعة نظائر إلى المكتبة الوطنية).

الفصل 12: يعاقب بخطية تتراوح من 200 إلى 400 دينار وفي صورة العود من 400 إلى 800 دينار كل من يخل بالواجبات المفروضة عليه بمقتضى أحكام هذا الباب والنصوص المتخذة لتطبيقه".

المؤلفون الأحرار (في تونس) **ضد سياسة التكميم و التكبيل**

حيث ان العمل ببعض نظم الإيداع القانوني في بعض البلدان العربية "يتم بشكل مفضوح للتغطية على عملية الرقابة على أعمال المؤلفين العرب"...أما الناشرون الذين يطبعون أعمالا لا تروق للسلطات:"لا يواجهون فقط منع الكتب التي تبقى في المطابع بل يواجهون أنوعا أخرى من الملاحقات"... ذلك ما جاءت به عدة تقارير في الموضوع، وكانت بمثابة الريح التي تسبق العاصفة أو الثورة.

حق المؤلف في الخزانات العامة: ثروة غير محصنة من أضرار القرصنة

حقوق المؤلف: ثورة فكرية هادئة [1]

تونس – "قامت البعثة الأولى بمهمّتها في الفترة بين 14 و19 جانفي 2005 تم على إثرها إعداد التقرير الأوّل بعنوان تونس: حرية التعبير تحت الحصار. وقد نشر ذلك التقرير في فيفري 2005. وقد عرض النتائج الأساسية التي توصلنا إليها والتوصيات التي توجّهنا بها إلى الحكومة التونسية.

وتلت ذلك بعثات أخرى في ماي وسبتمبر 2005 وفي أفريل 2006. ويمكن الاطلاع على تقاريرها[2] وخلال زيارتنا الأخيرة لتونس التقينا ممثلا عن وزارة العدل. وبصورة مفاجئة رفض مدير الوكالة التونسية للاتصال الخارجي لقاءنا هذه المرة.

وفي الجملة فإنّ كلّ هذه التطوّرات تقودنا إلى نتيجة مفادها أنّ الحكومة التونسية تسعى لتشديد قبضتها على المعارضة منذ ماي 2006.

الإيداع القانوني: رقابة على الكتب

لاحظنا في تقاريرنا السابقة أنّه يقع تعطيل طبع الكتب ونشرها. ودعونا الحكومة التونسية إلى السماح بنشر الكتب الممنوعة ووضع حد للرقابة وتبنّي المعايير الدولية في مجال حرية التعبير.

وعند نشر هذا التقرير لم نلاحظ أي تقدم ملحوظ على إثر التوصيات التي تقدمنا بها. ولذلك فإننا نشدد على تلك التوصيات ونحث الحكومة التونسية بالذات على تعديل المادة 8 من قانون الصحافة بإلغاء الإجراء المفروض على المطابع بإيداع نسخ من الكتب التي يقومون بطبعها لدى المحكمة التي يرجعون إليها بالنظر ولدى وزارة الداخلية ومجلس النوّاب .

ويتم العمل بنظام الإيداع القانوني في تونس بشكل مفضوح للتغطية على عملية الرقابة. ويجري في تونس التفاخر بنشر 1400 عنوان سنويا في بلد يعد 10 ملايين نسمة. وفي الحقيقة فإنّ 200 أو 300 عنوان جديد يقع طبعه كل سنة أمّا البقية فهي أساسا إعادة طبع وكتب للأطفال. والناشرون الذين يطبعون مؤلفات لا تروق للسلطات لا يواجهون فقط منع الكتب التي تبقى في المطابع بل يواجهون نوعا آخر من الملاحقات وتتعلق بالضرائب أساسا. (أنظر التقرير الأوّل لمجموعة مراقبة حرية التعبير في تونس) ولا تزال 3 كتب للأستاذ عبد الجليل التميمي صاحب مؤسسة التميمي للبحث العلمي والمعلومات معطلة بعد طبعها بواسطة إجراء الإيداع القانوني.

---

[1] - "حرية التعبير في تونس - مواصلة الحصار - أبريل 2007"

[2] – على الرابط التالي: .http://campaigns.ifex.org/tmg/fr_rapports.html

حق المؤلف في الخزانات العامة: ثروة غير محصنة من أضرار القرصنة

وهي كتاب عن الرقابة (2000) وكتاب عن الحبيب بورقيبة (2003) وكتاب عن مجتمع المعلومات. ولم تفده دار الكتب الوطنية إلى حدّ الآن بردّ بشأن هذا التعطيل.

وتقول رابطة الكتاب الأحرار إنّ وضع نشر الكتب في تونس قد زاد سوءا منذ 2005.[1] الشبكة الدولية لتبادل المعلومات حول حرية التعبير .

إن الدول العربية و الإسلامية الأعضاء في المنظمة العالمية للتجارة[2] لم تصادق على "حرية الاستنساخ" ولا حتى على "حرية التعبير الثقافي-الأدبي"، بل صادقت وتعهدت بكسر القيود و ضمان حرية مرور الكتب عبر الحدود.. وحرية تجارة حقوق المؤلف الاقتصادية: التجارة العالمية بامتياز التي من شأنها اختراق الحدود..

انها بالواضح: صادقت على تدابير و اجراءات "العولمة"، انما في جوانبها السلبية.

حيث إن الدول العربية والإسلامية التزمت في إطار اتفاقية أدبيك أو تريبس للمنظمة العالمية للتجارة بضمان "عدم تحول تلك التدابير والإجراءات إلى قيود تعوق التجارة المشروعة لحقوق الملكية الفكرية".

حيث، كما سبق القول، لا يجب أن تخضع حماية حقوق المؤلف الأديب والعالم لأي إجراء شكلي، إجباري أو قانوني؛ ولا يجوز تطبيق الأحكام التشريعية المتعلقة بحقوق المؤلف "على نحو يشكل قيداً مقنعاً على التجارة"، الشاملة لتجارة حقوق المؤلف الاقتصادية.

وندرج فيما يلي بعض النماذج، نستقيها من الدول المتقدمة التي منذ مدة طويلة ألغت الرقابة على المؤلفات وخفضت عدد النسخ المطلوب إيداعه لحفظ سجلات للثقافة الوطنية والثقافة العالمية معا:

France - « Le dépôt légal a été instauré en France par l'ordonnance de Montpellier du 28 décembre 1537.[3] Avec la Révolution et la Déclaration des droits de l'homme et du citoyen, le bureau de la librairie n'a plus lieu d'être et disparaît le 31 décembre 1790. Mais en fait le dépôt légal n'était plus respecté depuis le début de l'année 1790 et a donc été supprimé *de facto*.[4]

Au moment de la Révolution, le dépôt légal est supprimé au nom de la liberté d'expression le 21 juillet 1790. Il est toutefois rétabli par la loi des 19 et24 juillet 1793, qui prévoit un dépôt facultatif, mais nécessaire pour faire valoir la propriété littéraire. Il est réorganisé par le décret du 5 février 1810 et rendu à nouveau obligatoire, pour surveiller l'imprimerie. Une ordonnance de 1828 réduit le nombre d'exemplaires requis à deux, dont un est attribué à une autre bibliothèque, en général parisienne.

---

[1] - www.anhri.net/ifex/wsis/07/pr0411.shtml

[2]- راجع لائحة الدول العربية الأعضاء في المنظمة العالمية للتجارة

[3] -Texte de l'ordonnance – Archive .

[4] - R. Estivals, p. 99-100.

La dernière loi réformant profondément le dépôt légal est celle du 20 juin 1992 (loi n° 92-546). Cette loi est désormais codifiée aux articles L.131-1 et suivants du code du patrimoine.. Son décret d'application n° 93-1429 du 31 décembre 1993 a été modifié par le décret n° 2006-696 du 13 juin 2006, qui a notamment réduit le dépôt éditeur des imprimés de 4 à 2 exemplaires et le dépôt imprimeur de 2 à 1. » [1]

---

[1] - Dépôt légal en France - Wikipédia, l'encyclopédie libre.

الفصل 10

النشر و التوزيع في العالم العربي: حركة مشلولة، حقوق مجهولة و يد مغلولة

محنة المبدعين العرب مع الموزعين العرب

أفكار موءودة...وحقوق مفقودة

للناشرين دور لا تخفى أهميته على أحد. وهو دور طلائعي ونبيل يعد بمثابة منار للإشعاع الفكري والثقافي.[1] إلا أنه لا يوجد في العالم العربي إلا قلة قليلة من الناشرين الذين تتوفر فيهم الشروط اللازمة والمواصفات القانونية الدولية التي يجب توفرها في ناشر. حيث أن الناشر هو الذي يخرج أو يعمل على إخراج عدد من النسخ، طبقا لعقد النشر...بشرط أن يتولى نشرها وتوزيعها. [2]

و"عقد النشر هو العقد الذي يتخلى بموجبه المؤلف أو خلفه لفائدة شخص يدعى "الناشر" وطبق شروط معينة عن الحق في أن يخرج أو يعمل على إخراج عدد من النسخ بشرط أن يتولى نشرها و توزيعها". (المادة 44 من القانون المغربي الجديد)

و"يمكن أن ينص العقد إما على مكافأة متناسبة مع محصول الاستغلال أو على تعويض جزافي. وفيما يتعلق بنشر المؤلفات، فمن الممكن أن تكون هذه المكافأة جزافية بالنسبة للطبعة الأولى بعد موافقة صريحة من المؤلف في الحالات التالية:

المصنفات العلمية والتقنية – المختارات والموسوعات – الديباجات والشروح والمقدمات والتقديمات - الرسوم التوضيحية للمصنف – الطبعات الراقية المحدودة السحب.

[1] - للمزيد راجع "حق النشر" ص 186-192 من عملنا الأول
[2] - للمزيد راجع "حق النشر" ص 186-192 من عملنا الأول

أما بخصوص المصنفات المنشورة في الصحف أو المصنفات الدورية كيفما كان نوعها ومصنفات وكالات الأنباء، فمن الجائز أيضا أن تكون المكافأة جزافية للمؤلف الذي يربطه بالمقاولة الإعلامية عقد تأجير مؤلفات أو خدمات." (المادة 48 من القانون المغربي الجديد)

وفي حالة "العقدة المبرمة لحساب المؤلف"، فان المؤلف أو خلفه هو الذي يتعهد بتحمل صوائر الإخراج بشرط أن يتكفل الناشر بإخراج المؤلف ونشره وتوزيعه.[1]

أما "عقدة مقاسمة الأرباح" فهي لا تعتبر بمثابة عقدة نشر و لكن بمثابة مشاركة أو شراكة..يعهد بمقتضاها المؤلف أو ذوو حقوقه إلى أحد الناشرين بأن يخرج على نفقته عددا من النسخ..وبأن يتولى كذلك نشرها وتوزيعها...[2]

التوزيع في البلاد العربية: عقود و بنود...و قيود و حدود...

في المغرب شركتان للتوزيع، و هما: "الشركة العربية الإفريقية للتوزيع والنشر والصحافة" (سابريس) و "الشركة الشريفة للتوزيع و الصحف" (سوشبريس).

<u>الشركة الأولى</u>: تقبل بتوزيع بعض المصنفات...وترفض أخرى بسبب وبدون سبب...

<u>الشركة الثانية</u>: عندما توافق على توزيع كتاب ما، فإنها تحدد عدد النسخ الواجب توزيعها في 500، وقد تصل في بعض الأحيان إلى 1000 نسخة من الكتاب، حسب اسم كاتبه...

<u>عمر الكتاب في المغرب: ثلاثة أشهر</u>

كما أنها تحدد " مدة صلاحية بنود العقد ومدة توزيع الكتاب في ثلاثة أشهر..."

و"بعد ستين يوما، ابتداء من تاريخ سحب الكتاب من نقط البيع، تتم عملية تسديد المبيعات المحصل عليه بعد خصم العمولة (45 في المائة) والمصاريف الثانوية..."

و"يتم التوزيع على أساس أن يقبل المؤلف جميع المرتجعات بدون أي قيد أو شرط خلال الشهر الذي يلي سحب الكتاب من الأسواق، وفي حالة عدم سحبه لها في مدة أقصاها 30 يوما من تاريخ إشعاره برسالة مضمونة في هذا الشأن، سوف تكون الشركة مضطرة لإحالتها على الإتلاف بدون أي تبرير لاحق.."[3]

<u>الكتاب المغربي مرتبط بالثالوث المحبط</u>

---

[1] ـ للمزيد راجع "حق النشر" ص 186-192 من عملنا الأول
[2] ـ نفس المرجع أعلاه.
[3] ـ عقد سوشبريس.

حق المؤلف في الخزانات العامة: ثروة غير محصنة من أضرار القرصنة

"لعل من التحديات التي يواجهها الكتاب المغربي ثالوث الطبع والنشر والتوزيع، فمصير الكتاب مرتبط أساسا بهذه العمليات الثلاث، رغم أن المغرب عرف تطورا في عدد دور النشر والتوزيع؛ إلا أن الكتاب مازالوا يشتكون من هذا الثالوث المحبط، وهذا ما أكده عدد كبير من الكتاب وحتى أصحاب المكتبات...و يبقى المشكل الكبير هو التوزيع؛ فحصة الموزعين مرتفعة حيث تصل إلى 50 بالمائة. في حين أن المقربين لهم تكلفة خاصة"[1].

فهل من دور ايجابي لشركات التوزيع والنشر في إشعاع الفكر العربي ونشر الثقافة الوطنية ؟

و هل من احترام للكتاب و حق المؤلف ؟

"يجب إدانة عدم احترام حقوق المؤلف: إن عملا من هذا القبيل يجب إدانته مثلما تدان سرقة الأشياء المادية."

هذا ما أوضحه ناشرون أمريكيون زاروا المغرب عام 1996 وأبرزوا "أهمية السهر على احترام حقوق المؤلف وتشجيع وظيفة الوكيل الأدبي من أجل حماية الكتاب والشعراء من الاستغلال والسرقات التي تلحق بانتاجاتهم".[2]

عدم احترام الملكية الفكرية يهدد الحضارة [3]

“Ce qui est fortement condamné, c'est le non respect de la propriété d'autrui. Dieu est le garant de la justice et de l'honnêteté…"Aucun de vous n'exploitera son compatriote: tu craindras ton Dieu; je suis le SEIGNEUR (YHWH), votre Dieu" (Lv 25. 17). Ce n'est pas seulement une règle éthique concernant les rapports, en quelque sorte horizontaux, des hommes entre eux, cette règle découle d'un principe spirituel, d'un lien vertical avec le Seigneur. La crainte de Dieu, à savoir la relation respectueuse avec le propriétaire de toutes choses, doit se concrétiser par le respect de l'autre sous toutes ses formes. Respect de sa personne évidemment, mais aussi respect de ses biens. C'est bien ce qu'exprime la seconde table de la loi sur les rapports humains après la première table posant le fondement de la relation entre Dieu et l'homme : *"Tu ne commettras pas de vol", "tu ne convoiteras pas..."*(Ex 20.15, 17). L'Évangile prend fermement en compte cette attitude.

Conséquence logique de l'expérience du salut, la foi invite, certes, à une conduite d'amour et de pardon (Mt 18.27,28) mais aussi de droiture, de probité, de dignité en toutes choses (1Tm 2.2).”[4]

"حركة التأليف والنشر في العالم العربي": جعجعة بلا طحن

العروبة: لغط، تطفل...و مفاهيم مقلوبة رأسا على عقب

---

[1] - "الكتاب المغربي: أزمة القراءة ومشاكل النشر والتوزيع - جريدة التجديد – 2008/08/05

[2] - من عملنا الثلث إيلاف الملكية الفكرية ص 388-393

[3] - راجع عملنا الأول - وكالة رويتر/علي بوزردة – الصحراء المغربية 1995/09/11

[4] - Respect du droit à la propriété intellectuelle, Commission d’Éthique de l’UFB et de la FSR)

حق المؤلف في الخزانات العامة: ثروة غير محصنة من أضرار القرصنة

لعل من دواعي الاستفزاز أن يطفو على سطح الأحداث بين الحين والآخر، منذ صدور عملنا الأول عام 1995، اللغط الشديد حول حقوق التأليف أو المؤلف..والتي لا وجود لها أصلا في العالم العربي... وهو لغط يفتقر إلى المصداقية؛

أولا: إذ لا سند له إلا في التنظيرات والعنديات الثقافية لكل من هب ودب، وآنس من نفسه الرغبة في تناول موضوع بعيد جدا عن مجال اختصاصه، إن كان له فعلا أي اختصاص..؛

ثانيا: يدور حول حقوق لا وجود لها أصلا. وأي حديث عنها، من أي كان، في الظروف الراهنة، يمكن اعتباره من قبيل الحديث عن الأشباح أو الأطباق الطائرة. وهذا لا يقتصر على بلادنا المغرب، بل يتعداه إلى باقي البلدان العربية والإسلامية؛

ثالثا: لأن موضوع حقوق المؤلف يتنافى مع اللغط بما هو خبرة، وعلم له أصوله وقواعده، وقاموسه اللغوي الخاص والموحد الذي يعرفه المنظرون والخبراء والفقهاء المعتمدون في حقوق الملكية الفكرية الأدبية والفنية.[1]

التأليف و النشر في العالم العربي: لغو و ثرثرة

وإمعانا في توضيح ما نحن بصدد بسطه و تفسيره، ننقل فيما يلي، باقتضاب لا يخل بالمعنى المقصود، مقتطفات من الخبر الذي نشرته جريدة القدس العربي تحت عنوان: "حركة التأليف والنشر في العالم العربي: 6 دقائق قراءة لكل عربي .. سنويا"؛ جاء فيه أن:

"27809 كتب صدرت سنة 2007 في العالم العربي. هذا يعني أن كل 11950 مواطناً يحظون بكتاب واحد. بعض المؤسسات الأجنبية يقول إن العناوين العربية المنشورة تبلغ نحو 17000 سنوياً فقط. هذا يعني أن العرب مجتمعين ينشرون أكثر بقليل من إيران (15000 عنوان كتاب سنوياً). في المقابل هناك كتاب واحد لكل 500 بريطاني، وكتاب واحد لكل 900 شخص في ألمانيا. هكذا يغدو معدل القراءة في العالم العربي نحو 4 في المائة من معدل القراءة في بريطانيا.

العربي يعطي 6 دقائق من وقته سنوياً للقراءة...و نسبة الأمية الحرفية (الفعلية) تبلغ ما يقارب 30 في المائة بين المواطنين العرب. في بعض المناطق العربية تبلغ نسبة الأمية لدى النساء ما يقارب 60 في المائة (بعض الأرياف في المغرب مثلاً)، لكن لتفصيلات هذه الأرقام دلالات أخرى.

هذه بعض الأرقام التي تتعلق بواقع الكتابة والنشر والقراءة في الدول العربية. الأرقام نفسها التي دفعت'مؤسسة الفكر العربي إلى تنظيم مؤتمر في بيروت (1 و2 تشرين الأول/ أكتوبر) حمل عنوان

[1] - راجع المقال الصادر تحت عنوان "مفاهيم مقلوبة رأسا على عقب" بجريدة الصحراء ليوم 12 أكتوبر 1996.

"حركة التأليف والنشر في العالم العربي: كتاب يصدر... أمة تتقدّم". وقد عقد المؤتمر برعاية رئيس الجمهورية اللبنانية ميشال سليمان، وبالتعاون مع وزارة الثقافة اللبنانية، ضمن فعاليات 'بيروت عاصمة عالمية للكتاب'. ثماني جلسات على مدار يومين حملت عناوين عديدة أبرزها: حركة التأليف وصياغة المشروع النهضوي العربي، حركة التأليف: قضايا وإشكاليات، أدب الطفل، ماذا يكتب العرب؟ كتب ذوي الاحتياجات الخاصة، تجارب عربية ناجحة ('كتاب في جريدة'، 'القراءة للجميع' المشروع الذي تقوم به 'مكتبة الأسرة' في مصر، منشورات 'مركز دراسات الوحدة العربية')، حقوق المؤلف، النشر بين تحديات الماضي وآفاق الحاضر، التراث والمخطوطات، النشر الإلكتروني في العالم العربي: آفاق وتحديات، نحو سوق عربية مشتركة للكتاب، القراءة أزمة قارئ أم أزمة كتاب؟، دور المكتبات العامة في نشر المعرفة، وماذا يقرأ العرب؟ هكذا توزّعت العناوين على محاور أربعة أساسية: التأليف، النشر، التوزيع والقراءة.

وقد انتدب لهذه المهمة كتّاب وباحثون وأكاديميون من بينهم المفكر المغربي عبد الإله بلقزيز والأكاديمي اللبناني مسعود ضاهر اللذان بحثا في موضوع التأليف وارتباطه بمشروع النهوض العربي، في حين حاضر المفكر المغربي وسفير بلاده في لبنان علي أومليل عن المضامين التي يقرأها العرب اليوم، بينما تحدثت الروائية اللبنانية علوية صبح وأمين عام اتحاد الكتّاب العرب محمد سلماوي عن حقوق المؤلف المهدورة، أما موضوع النشر بين تحديات الماضي وآفاق الحاضر، والذي تفرّع إلى موضوعين: المخطوطات: تراث أمة وتحقيق يحتاج إلى ضوابط، والنشر الإلكتروني، فقد حاضر فيه أمين عام جائزة الملك فيصل العالمية عبد الله العثيمين، ورئيس الهيئة العامة لدار الكتب والوثائق القومية في مصر محمد صابر عرب، ومدير مركز المخطوطات في مكتبة الإسكندرية الروائي يوسف زيدان، ورئيس اتحاد كتّاب الإنترنت العرب سابقاً محمد سناجلة وخبير المعلوماتية في مصر نبيل علي والباحث المصري وحيد عبد المجيد ('الهيئة المصرية العامة للكتاب'). وضمّت الجلسة السادسة التي حملت عنوان 'نحو سوق عربية مشتركة للكتاب' شوقي عبد الأمير، ومعتصم سليمان من جامعة الدول العربية، ومدير 'دار نلسن' الناقد سليمان بختي، وأمين عام اتحاد الناشرين العرب بشار شبارو. وتحت عنوان 'أزمة قارئ أم أزمة كتاب؟' حاضر مدير مركز الدراسات الفلسطيني في لبنان صقر أبو فخر، والناقد السعودي عبد الله الغذامي، وعلي بن سليمان الصوينع ومود أسطفان وأمين عام اتحاد الكتّاب العرب سابقاً السوري علي عقلة عرسان والكاتب الصحافي رئيس تحرير جريدة 'أوان' الكويتي محمد الرميحي. وقد أثار المؤتمرون في هذه الجلسات عدداً من القضايا البارزة التي تعوق قضية الكتابة والقراءة والنشر في العالم العربي، بدءاً بالرقابة والمنع، مروراً بالاستقلالية المادية للكاتب، والبيروقراطية في عملية انتقال الكتاب من بلد إلى آخر، وعدم المهنية في التسويق، وإهمال حقوق المؤلف، والوضع الاقتصادي الذي قد يكون عائقاً أمام شراء الكتاب من قبل فئات اجتماعية عديدة، ودور الدولة في دعم الثقافة من غير أن ترهن النتاج الثقافي

حق المؤلف في الخزانات العامة: ثروة غير محصنة من أضرار القرصنة

بشروط أمنية أو أيديولوجية أو سياسية أو دينية، وأثر الأمية، وتأثير الإنترنت (البعض رأى- كمسعود ضاهر- أن اليابان أكثر الدول استخداماً للإنترنت لكن روايات هاروكي موراكامي تصل طبعاتها إلى مليون نسخة) وغير ذلك من القضايا التي تتعلق بالنشر مباشرة أو بطريقة غير مباشرة.

"التأليف والنشر في العالم العربي : كتاب يصدر... أمة تتقدّم." بدوره أشار الوزير تمّام سلام في كلمته التي حيّا فيها الفيصل و'مؤسسة الفكر العربي'، إلى أن المؤتمر 'يأتي في سياق منطقي وتوقيت مميز. لقد أفسح التقرير (تقرير التنمية الثقافية في العالم العربي) في المجال للانتقال من مرحلة الوصف والتشخيص إلى مرحلة النقد والاستشراف والتخطيط'، رابطاً بين 'التربية' التي تحتاج إلى تطوير وبين 'الإنماء الثقافي والتفاعل الإنساني المتكافئ اللذين يحققان العملية التغييرية'، ليختم كلامه بالأرقام المخيفة عن واقع القراءة في العالم العربي'. واختتم المؤتمر أعماله بطاولة مستديرة تحت عنوان 'شركاء من أجل الكتاب ضمّت 'مؤسسة الفكر العربي'، 'وزارة الثقافة اللبنانية'، 'مؤسسة محمد بن عيسى الجابر'، 'اتحاد الكتّاب العرب'، و'اتحاد الناشرين العرب'. وقد خلصت هذه الجلسة إلى عدد من التوجهات والتوصيات والمبادرات" أبرزها (بالنسبة لاختصاصنا) التوصيات التالية التي سطرنا عليها بقصد التعقيب عليها:

1 - "أهمية تنسيق الجهود والمبادرات لتشجيع انتشار الكتاب العربي وإزالة المعوقات الجمركية والبيروقراطية التي تحد من تدفقه وتداوله عبر الحدود العربية".[1]

2 - "تعزيز التكامل الاقتصادي العربي على صعيد اقتصاديات الكتاب والدعوة إلى إنشاء سوق عربية مشتركة للكتاب".

3 - "دعم وتنسيق الجهود العربية الرسمية والخاصة والأهلية في مجال حماية المخطوطات وأهمية إصدار فهرس شامل للمخطوطات العربية وضرورة إصدار تشريعات تحمي المخطوطات العربية."

4 - تعزيز موقع الكتاب الرقمي، وتنسيق شتى المؤسسات العربية العاملة في هذا المجال، وأهمية كفالة حقوق المؤلف المادية والمعنوية في ما ينشر على شبكة الإنترنت، وإصدار معجم عربي شامل للمصطلحات والمفاهيم في مجال المعلوماتية.

5 - دعم الجهود والمبادرات الكفيلة بحماية حقوق الملكية الفكرية للكتاب والدعوة إلى ميثاق أخلاقي يضمن الحقوق المتبادلة للمؤلفين والناشرين معاً.

---

[1] - تعقيب و توضيح - إن اتفاقية المنظمة العالمية للتجارة (الجات) ما جاءت إلا لإزاحة القيود والعقبات التي تحول دون انسياب تجارة الكتاب بين بلدان المعمور.

1

6 - الإشادة بالتجارب والمبادرات العربية الناجحة في مجال التأليف والنشر التي أسهمت في تقديم الكتاب مجاناً أو بأسعار زهيدة، والدعوة إلى تطوير هذه التجارب وتعميمها".[1]

الفصل 11

الولوج إلى المعرفة و الخلق:

ولوج بالحق، والتزام بأداء المستحق...

---

[1] - عن القدس العربي – أكتوبر 2009 (ناظم السيد).

حق المؤلف في الخزانات العامة: ثروة غير محصنة من أضرار القرصنة

الجهل بحقوق المؤلف الاقتصادية: جهل بمبادئ التنمية الاقتصادية

إن البلاد العربية تحاول ، وهي تتعثر و تخبط خبط عشواء، أن تساير ركب المدنية الغربية الحديثة، حيث تنحسر الثقافة ويزدهر الإبداع الفكري وما يرتبط به من حقوق مالية جعلتها البلدان الغربية "أداة للنمو الاقتصادي"[1]

وذلك أن هذه البلدان حاولت أن تردم الهوة الفاصلة بين "الثقافة" و"الملكية الفكرية" والتوفيق بينهما؛ ليس على صعيد الكلام...وليس بمنح الدعم أو الجوائز أو الوظائف أو الهبات...وإنما باحقاق الحق و حماية التجارة القانونية لحقوق المؤلف الاقتصادية...

وذلك أن النمو الاقتصادي ينتج من الإبداع الفكري الأصيل..وان النمو المتصل والمتراكم للمعرفة الأدبية والعلمية والفنية، لم يكن من الممكن أن يتحول إلى نمو اقتصادي مستمر، لو لم يتمتع المجتمع الغربي بإجماع اجتماعي يحبذ الاستخدام اليومي للمنتجات الفكرية. كذلك سمح الغرب للمؤلفين المبدعين بدرجة من الحرية، وبعيدا عن التدخل السياسي والديني...وتم هذا خلال الأسواق التي يعتبرها الاقتصاديون أهم مؤسسة اقتصادية رئيسية، أمكن للغرب خلالها أن يكافئ المبدع الناجح ويعاقب الفاشل.[2]

دعوة لاستدراك الأخطاء و تصحيح المفاهيم

ان ما يدعو الى الحسرة حقا، أن الجهل بالمبادئ الأولية لحقوق المؤلف قد طال "النخبة النابهة" – نخبة المثقفين و المفكرين المقتدرين في مجال اختصاصهم - الذين جمعتهم مؤسسة الفكر العربي ووزارة الثقافة اللبنانية ومؤسسة محمد بن عيسى الجابر واتحاد الكتاب العرب واتحاد الناشرين العرب. والذين أدلوا بدلوهم في ميدان "حق المؤلف" الشائك والمتشعب، والبعيد كل البعد عن اهتماماتهم وممارساتهم، والذين "اختتموا أعمال مؤتمرهم بطاولة مستديرة تحت عنوان 'شركاء من أجل الكتاب، خلصت إلى عدد من التوجهات والتوصيات والمبادرات"؛ سطرنا عليها أعلاه بقصد تحليلها و توضيحها فيما يلي:

1 - *بالنسبة للتوصية التي تدعو لـ" لتنسيق الجهود لإزالة المعوقات الجمركية التي تحد من انتشار الكتاب وتدفقه وتداوله عبر الحدود العربية"؛*

---

[1] - اقرأ عملنا الأول "حقوق الملكية الفكرية: أس الحضارة والعمران وتكريم الحق والخلق" الصادر عام 1995 (ص 455-465)
[2] - اقرأ عملنا الأول / المرجع السابق ص 458.

حق المؤلف في الخزانات العامة: ثروة غير محصنة من أضرار القرصنة

نذكر بأن اتفاقية المنظمة العالمية للتجارة (الجات) ما جاءت إلا لإزاحة القيود و الغاء العقبات و الحدود التي تحول دون انسياب تجارة الكتاب بين بلدان المعمور.[1]

2 - *بالنسبة للتوصية التي تدعو"إلى إنشاء سوق عربية مشتركة للكتاب":*

نذكر كذلك بما سبق أن كتبناه في كتابنا الرابع[2]. حيث قلنا: ان "النخبة النابهة" تتميز عن الدهماء بكونها أقرب إلى الفكر من أي شيء آخر سواه... والحالة هذه، فإن الراصد لمجريات الأحداث اقتصاديا، وإعلاميا و سياسيا وثقافيا أو فكريا، يجد نفسه أمام حالة لا يمكن وصفها إلا بالتشظي الحضاري، أو الفصام في الشخصية. حيث صادقت الحكومات العربية على الالتزام النظري بشيء، لكنها على مستوى التطبيق العملي تنهج نهجا مخالفا ومغايرا لا علاقة له بذلك الشيء ...

أما الإعلام فيتحدث عن أشياء أخرى كثيرة ومتنوعة، لا علاقة لها البتة بما صودق عليه، أو ما يمكن اعتباره تطبيقا معكوسا له، إن عربيا أو عالميا ...

وفي خضم هذا التناقض العجيب يبقى الباب مفتوحا أمام التوصيات و التنظيرات و المبادرات و التجارب و الدعوات و العنديات، وعقد اللقاءات والمؤتمرات و الندوات و الموائد للتساؤل، والاستفسار، وطرح البدائل، والخيارات، ليتبين في النهاية أن الحكومات في واد، وإعلامها في واد، وتنظيرات اقتصادييها و مثقفيها في واد ثالث.

أفما كان أحراهم وأجدرهم أن يكونوا أول منتبه للتجارة العالمية لحقوق التأليف و النشر الاقتصادية، و التي شكلت حجر الزاوية في اتفاقية (الجات) المنظمة العالمية للتجارة ؟...والتي تم بمقتضاها إنشاء أكبر سوق عالمية مشتركة للكتاب.

3 - بالنسبة للتوصية التي تدعو الى "ضرورة إصدار تشريعات تحمي المخطوطات العربية":

نقول: ان المخطوطات القديمة العربية (و غير العربية) مشمولة بالحماية القانونية منذ أمد بعيد.

4 - *بالنسبة لـ" تعزيز موقع الكتاب الرقمي... وأهمية كفالة حقوق المؤلف المادية والمعنوية في ما ينشر على شبكة الإنترنت":*

نقول: إن حقوق المؤلف المادية والمعنوية، فيما ينشر على شبكة الإنترنت، مكفولة بمقتضى نصوص تشريعية دولية و وطنية؛

---

[1] - اقرأ عملنا الأول / المرجع السابق- ص 421-431.
[2] - اقرأ عملنا الرابع " دستور الملكية الفكرية...سلطان العولمة" الصادر سنة 2008

5 - عن *"دعم الجهود والمبادرات الكفيلة بحماية حقوق الملكية الفكرية للكتاب والدعوة إلى ميثاق أخلاقي يضمن الحقوق المتبادلة للمؤلفين والناشرين معاً."*

نؤكد على ان الاتفاقيات والمعاهدات العالمية المتعلقة بحقوق المؤلف هي الميثاق العالمي الضامن لـ"الحقوق المتبادلة للمؤلفين والناشرين معا".

6 - *أما بالنسبة لـ"الإشادة بالتجارب والمبادرات العربية الناجحة... والدعوة إلى تطوير هذه التجارب وتعميمها":*

فإن الخبراء المعتمدين في حقوق المؤلف و المنظرين لعولمة الأداء - أداء حقوق الأدباء و العلماء و الكتاب و الاعلاميين، و غيرهم من العاملين في مجال التأليف و النشر الورقي و الالكتروني - يقولون بعكس ما جاءت به هذه التوصية التي أشادت "بالتجارب والمبادرات العربية الناجحة في مجال التأليف والنشر التي أسهمت في تقديم الكتاب مجاناً أو بأسعار زهيدة، والدعوة إلى تطوير هذه التجارب وتعميمها.. تجسيداً لمبدأ القراءة للجميع".

لماذا تكون "القراءة للجميع" و لا يكون الخبز للجميع ؟

لماذا يطلب من العامل في مجال التأليف والنشر "تقديم كتابه مجاناً أو بأسعار زهيدة"، ولا يطلب من العامل في مجالا الفلاحة و التجارة والصناعة (مثلا) "تقديم الخبز أو الدواء أو الجرار مجانا أو بأسعار زهيدة"؟ رغم حاجة الشعوب العربية إلى مثل هذه المواد و الأدوات...؟؟؟

« Les pays en développement ont un besoin manifestement justifiable d'accéder aux connaissances et aux informations accumulées à travers le monde. S'il est vrai que la majeure partie de ces connaissances et informations se présente sous forme de livres, cela ne veut pas dire pour autant que les auteurs et les producteurs de ces livres ou enregistrements devraient les offrir gratuitement. Les agriculteurs qui produisent du blé et les industriels qui fabriquent des tracteurs, ou les laboratoires pharmaceutiques qui fabriquent des antibiotiques et des sérums ne sont pas censés fournir – et ne fournissent pas – leurs produits gratuitement. »[1]

"تقديم الكتاب ببلاش" من "التجارب و المبادرات العربية الناجحة" ؟

هذا التوجه خاطئ، متعارض مع التوصيات الدولية و متناقض مع أحكام الاتفاقيات الثنائية و المتعددة الأطراف التي تخول المؤلفين وحدهم دون سواهم: الحق الحصري في الترخيص أو المنع لأي استغلال لمصنفاتهم، وحق التمتع بالحماية ضد استخدام مصنفاتهم بغير ترخيص، وحق تقاضي حصة من أية أرباح تنتج عن انتفاع الجمهور بها، سواء بالنسخ أو الإتاحة للجمهور أو التأجير أو الإعارة...و هو ما يتم تطبيقه في البلدان الغربية. حيث في ابريطانيا وحدها، تمت إعارة 600 مليون كتاب خلال سنة 1979،

---

[1] - Denis de Freitas – Bulletin du droit d'auteur n°3, 1992.

حق المؤلف في الخزانات العامة: ثروة غير محصنة من أضرار القرصنة

دون ذكر الأرباح والحقوق المستخلصة الناتجة عن مبيعات الكتب و"عن انتفاع الجمهور بها، سواء بالنسخ أو الإتاحة للجمهور أو التأجير أو الإعارة"..

<u>حقوق المؤلف في ابريطانيا: 600 مليون كتاب تمت إعارتها خلال سنة 1979</u>

قانون 1979 المتعلق بحق الإعارة (المنفصل عن حق النسخ) يمنح المؤلفين (والناشرين) حق تقاضي مكافأة أو تعويض أو حصة من أية أرباح تنتج عن عمليات الإعارة التي تقوم بها المكتبات العامة..

« <u>En Grande-Bretagne</u>, le public lending right, ou droit de prêt public, ne relève pas du droit d'auteur. Le prêt d'ouvrages protégés par les bibliothèques n'est pas soumis à une autorisation préalable de l'auteur ou de son ayant-droit ; en revanche, la loi de 1979 a ouvert un droit à rémunération des auteurs, destiné à compenser le manque à gagner occasionné par l'activité de prêt des bibliothèques. Rappelons, en effet, l'importance de cette activité en Grande-Bretagne, où 600 millions d'ouvrages ont été prêtés, en 1979, par des bibliothèques publiques, contre 450 seulement, aux États-Unis. Les incidences économiques sur l'édition sont donc réelles. L'expérience acquise par l'administration du public lending right a d'ailleurs servi à l'élaboration des dispositifs de collecte et de répartition du copyright. »

وفي المقابل، نجد في محيطنا العربي: " 6 دقائق قراءة لكل عربي..سنويا... هكذا يغدو معدل القراءة في العالم العربي نحو 4 في المائة من معدل القراءة في ابريطانيا".

هل العرب "صم بكم عمي فهم لا يعقلون" أو لا يقرؤون ؟

وحتى لو فرضنا كذلك أن الناس، في البلدان العربية، أميون، لا يقرؤون ولا يكتبون، أتراهم لا يسمعون ولا يبصرون ؟ وأنهم لم يسمعوا عن اتفاقية "الجات" وتحرير التجارة (تجارة حقوق الملكية الفكرية الاقتصادية) و"الاستثناء الثقافي" و"الأنسنة" و "العولمة"... !

وهذا فرض محال، كما يقول الفقهاء، لأن الإنسان العربي إنسان قروء، ونابه ذكي، ومضرب الأمثال في حبه للمطالعة، إضافة إلى كونه مفكرا و مثقفا، ولوعا بتتبع مسار الأحداث الوطنية والدولية. ويتأثر بمختلف التيارات الثقافية البعيدة، كما يتضح ذلك في كتاباته الغزيرة التي يبذلها (طوعا أو كرها) بالمجان .. وما ارتياده الكثير لدور الثقافة، والخزانات أو المكتبات العامة ومراكز الوثائق والمعاهد العلمية، ومؤسسات التعليم، والمكتبات الثقافية المحلية و الوطنية، إلا لأنها توفر "مادة المطالعة" بالمجان كذلك.. وهذا رد فعل طبيعي يحقق التكامل والانسجام التام بين القارئ وهذه الجهات الباذلة لأعمال الفكر بالمجان، كما يدخل في إطار المعاوضة، والفهم المعكوس للمثل العربي الشهير "الدنيا أخذ وعطاء" أي أخذ بالمجان وعطاء بالمجان. !

ولا حجة في ذلك أسطع من هذا العدد الكبير من بنايات وتشييدات مجهزة، ومركبات ثقافية، وخزانات محلية وإقليمية، ومكتبات عامة وطنية وجهوية، بلدية و قروية...دون أن يدور بخلد مؤلفي أو

حق المؤلف في الخزانات العامة: ثروة غير محصنة من أضرار القرصنة

مبدعي هذه المنجزات أن يتساءلوا عن المستفيد من هذا كله ؟ من الرابح ؟ ومن الخاسر؟ وكأن الأمر لا يخرج عن دائرة الشيء الطبيعي والمألوف..[1]

ودليلنا في ذلك: هذا العدد الهائل، المتزايد والمتنامي من القراء والمثقفين والدارسين والأساتذة والباحثين الذين يرتادون قاعات المطالعة بالمكتبات العامة والمؤسسات التعليمية و الثقافية التي ترسخ في ذهنها أنها "راعية الثقافة".

وهذه بعض المعلومات عن "تجربة نموذجية لرعاية الثقافة" والقراء الأشباح "المنتشرين في الخزانات"، ننقلها باقتضاب فيما يلي.

مؤسسات "الرعاية الثقافة"... " تجربة نموذجية لرعاية الثقافة" ؟

"مؤسسة الملك عبد العزيز للدراسات في الدار البيضاء.. تستقبل سنويا أكثر من 130 ألف شخص"[2]. و قد اشتملت توسعتها الجديدة "على قاعتين للمطالعة بإمكانهما استقبال 300 قارئ، ومجهزتين برفوف مفتوحة قادرة على تخزين 300 ألف مجلد..إضافة إلى 20 حجرة مطالعة مخصصة للأساتذة والباحثين، لترتفع بذلك القدرة الاستيعابية لقاعات المطالعة بمكتبة المؤسسة إلى 650 قارئ.

وبين الدكتور عبد الرحمن بن حمد السعيد، المتصرف المنتدب لمؤسسة الملك عبد العزيز، إن عملية التوسعة ضاعفت الطاقة الاستيعابية لهذه المؤسسة وأضافت لها فضاءً سيمكنها من تحقيق الرؤية الملكية الكريمة لمسارها وغاياتها النبيلة...وبالرغم من شروط التسجيل الصارمة فإن المكتبة تستقبل سنوياً ما يزيد على 130 ألف شخص، وهو رقم مرشح للزيادة...وأشار الدكتور عبد الوهاب المعلمي، أستاذ العلوم السياسية في جامعة الحسن الثاني بالدار البيضاء، إلى أنه اتضح مع مرور السنين أن الاختيار الذي أقدم عليه خادم الحرمين الشريفين في مطلع الثمانينات من القرن الماضي بإنشاء هذه المؤسسة هو اختيار المستقبل لأنه يمثل أنجع السبل لنشر العلم والمعرفة، ويضمن نهضة أمتنا العربية والإسلامية حتى تستعيد مجدها وتعزز حضورها في عالم تطبعه التحولات المتسارعة في مختلف المجالات..."

حق المؤلف: ضامن نهضة الأمة الواعية بثروتها

---

[1] - مقتطف من كتابنا "حق المؤلف الحبيس"

[2] - حاتم البطيوي - الشرق الأوسط / السبت 16 جمادى الأولى 1428 هـ 2 يونيو 2007 العدد 10413 - الدار البيضاء

حق المؤلف في الخزانات العامة: ثروة غير محصنة من أضرار القرصنة

حيث في الدول الغربية يتمتع المؤلف بكامل الحقوق و بالرعاية السامية التي تخصه بها أمته، حكومته، جمعيته أو اتحاده أو نقابته المهنية...والتي يتجلى دورها بوضوح من خلال عشرات الملايير الموزعة توزيعا عادلا على ذوي الحقوق المشروعة (الأدباء والعلماء والصحفيين...)

دور المؤسسات: رعاية حقوق المؤلفين والمؤلفات...وتوفير أنجع سبل الحياة.

ونسوق فيما يلي، من فرنسا، مثل النقابة الوطنية للنشر التي قامت بتوزيع مليون ونصنف مليون أورو على ذوي الحقوق، بعد سنة واحدة من انشائها:

Reversement aux auteurs : 1,5 Millions d'Euros versés aux auteurs

« Près d'un an après son lancement, l'opération de vérification du reversement des droits aux auteurs par les éditeurs est sur le point de s'achever sur un bilan positif. »

وفي بلجيكا: مؤسسة لرعاية التأليف والنشر...و"134 مليون أورو للمؤلفين و الناشرين:

« De l'argent pour les auteurs et les éditeurs

La Loi sur le Droit d'Auteur du 30 juin 1994 stipule que 50% des montants mis à disposition reviendront aux auteurs et 50% aux éditeurs. Les répartitions sont effectuées par année de consommation. Dès lors, la répartition est basée sur l'année au cours de laquelle la copie est réalisée, indépendamment du fait que Reprobel perçoive les droits de l'année de consommation en question plus tôt ou plus tard. En 2009, Reprobel a mis à la disposition des auteurs et éditeurs belges ainsi qu'étrangers (RRO) au total 24.462.933,72 EUR.

Depuis 1998, Reprobel a déjà versé un total de près de 134 millions d'euros aux sociétés de gestion représentant les auteurs et les éditeurs en Belgique et à l'étranger.[1]

الفصل 12

"الثقافة بالمجان" ؟

[1] - Reprobel bulletin http://www.reprobel.be/fr/pret/download/Reprobel_bulletin_ete_2010.pdf

حق المؤلف في الخزانات العامة: ثروة غير محصنة من أضرار القرصنة

جهل وتخلف... وإخلال بالميزان

كتاب يصدر و أمة تتأخر...خزانة تغتني و مؤلف يفقر

لقد ذهب "الافتتـان الثقافـي" بالمنظمـات والـوزارات والخزانات والمؤسسـات العربيـة الثقافيـة، التربوية، التعليمية والعلمية، لدرجة تجعلها تقتني (كأي شخص ذاتي) نسخة أو نسختين من كتاب ما (عمل فكري/ملكية فكرية خالصة لصاحبها) يخرج إلى السوق فتحتفي به...وتقوم بعرضه للقراءة (باسم «القراءة للجميع") في قاعات المطالعـة المخصصـة لهذا الغرض (على حساب المؤلف). و تتصرف فيه بحريـة مطلقة، كما لـو كانت مالكـة لشيء مـادي عـادي (أريكـة، منضـدة، مكنسة..) تستطيع أن تقوم بعمليـات استنساخه و تـأجيره وإعارتـه و إتاحـة مطالعتـه للعموم، أو حتى بيـع نسخ منـه إلى شخص آخر ذاتي أو اعتباري..كمـا كـان الحـال عليـه في سالف الأزمـان (في الغرب) و قبل العهد الذي بدأ بظهور اختراع الحروف المطبعية المتحركة لجوتنبر في القرن الخامس عشر.

ومن ثم، تفتح هذه المكتبات الأبواب على مصراعيها لمن يريد أن يستنسخ جزئيا أو كليا أي كتاب مشمول بالحمايـة القانونيـة، وذلك تحـت ذريعـة "محاربـة الأميـة" أو "نشـر الثقافـة" أو "شيـوع العلـم والمعرفة".

ومن ثم، تصبح هذه المؤسسات مضرب الأمثال في الجود والكرم.. إنما على حساب المؤلف المسكين الذي يتعب ويشقى ويزداد تهميشا وفقرا وقهرا...بينما الخزانـات تغتني وتزداد ازدهارا ونموا ونصرا.. والناس يستفيدون ويجحدون...ولحق المؤلف يتنكرون...لا اعتراف بالجميل و لا مكافأة يؤدون...

وهذا التوجه خاطئ، ومعاكس تماما لأحكام الاتفاقيات العالمية المتعلقة بحقوق المؤلف، وللقرارات والتوجيهات والتوصيات الصادرة عن المنظمات العالمية المختصة، والتي تحث الدول النامية على فرض احترام قوانين حقوق المؤلف، وتؤكد بإلحاح شديد على تشجيع المؤلفين المحليين، وحماية حقوق ملكيتهم الفكرية لتحصيل المعرفة، والتخلص من التبعية الفكرية والتكنولوجية والثقافية والاقتصادية والسياسية.[1]

المجان الثقافي: قرصنة مقنعة

ما أكثر هيآت الخزانات والمؤسسات التي تدعي (ربمـا عن جهل أو عن حسن نية) أن أنشطتها لا تستهدف الربح التجاري..وهي في الحقيقة لا تقدم "خدماتها الثقافية" بالمجان، بل غالبا ما يكون ذلك مقابل أداء مبلغ مـالي معين يدفعـه "الزبـون" / المستهلك (المثقف، الباحث، الطلب) للخزانـة أو المؤسسـة، عند

حق المؤلف في الخزانات العامة: ثروة غير محصنة من أضرار القرصنة

طلبه الاستنساخ أو عند طلبه الانضمام أو الانخراط في هذه المؤسسة أو تلك الخزانة...أي أنها تستهدف الربح بطريقة غير مباشرة. وفي ذات الوقت، فهي لا تولي أي اهتمام بالمؤلف - مبدع العمل والمالك الأصلي للحقوق الأدبية والمالية التي تمكن المؤلف من كسب عيشه من عمله والحصول على أجر عادل، شأنه شأن أي عامل أو أجير آخر.

ولا يخفى على أحد ما تقوم به بعض المكتبات[1] التي تصنع على نطاق واسع النسخ لكتب بالكامل وبالتجزئة (أكثر من 100 صفحة من الكتاب الواحد). وهي طبعا كتب مشمولة بالحماية، متوفرة في الأسواق[2]، وموجودة عند المؤلف والناشر والموزع.. وكلهم أحياء.

ولا يخفى كذلك أن عمليات الاستنساخ هاته لا تتم بالمجان، بل مقابل أداء واجب العضوية أو الانخراط أو الاشتراك في المكتبة، مع أداء مبلغ معين (يتراوح ما بين درهم مغربي واحد و 0.40 درهما) عن كل صفحة يتم استنساخها.

<u>الاستنساخ غير المشروع: استغلال للنفوذ</u>

- Dispositions spécifiques du droit d'auteur relatives à l'usage d'une œuvre en bibliothèque

« Les bibliothèques viennent cependant entraver le droit d'auteur de trois façons : d'un côté, elles se voient accuser de favoriser le photocopillage massif par l'abus d'un droit de reprographie. De l'autre, elles bénéficient d'un droit de prêt des œuvres présentes dans leur catalogue. Enfin, de plus en plus de documents sonores et audiovisuels sont utilisés au sein des bibliothèques, et font l'objet d'application particulière du droit d'auteur. »

<u>الاستنساخ بدون حق: فاحشة مبينة و إجهاز على الخلق</u>

- *Le droit de reprographie en bibliothèque.* « La reprographie relève du droit de copie. Elle est prévue à l'article L 122-3 CPI, et est considérée comme une forme de reproduction permettant une représentation supplémentaire de l'œuvre de l'auteur.

Les bibliothèques se voient reprocher de faire trôner le photocopieur en libre service, mais payant dans leurs espaces. « *Gratuites, les photocopies sont considérées comme un piratage. Payantes, il leur est reproché de ne pas rémunérer les auteurs et les éditeurs* »[3]. Dans les années 90, le « *photoco-pillage* » devient un dossier à part entière de la filière du livre. Pour les éditeurs, ce problème se cumule à celui du droit de prêt qui sera étudié plus tard. »[4]

---

[1] - مؤسسة الملك عبد العزيز آل سعود للدراسات الإسلامية والعلوم الإنسانية - نموذجا

[3] - Le droit d'auteur et les bibliothèques numériques, par Cécile Blanchet
[4] - idem

حق المؤلف في الخزانات العامة: ثروة غير محصنة من أضرار القرصنة

وهذا الإجهاز على شخص المؤلف، أو التنكر له، و الإعراض أو الإغضاء عن أداء حقوقه، من الممكن اعتباره لدى الطبقة المستنيرة، في بعض البلدان العربية، إحدى السمات الجانبية والهامشية لظاهرة التخلف في سياقها الحضاري العام، داخل هذه البلدان، حديثة العهد بالاستقلال، اعتبارا لكون مادة حقوق المؤلف، في شكلها "شبه الرسمي" (مكاتب حقوق التأليف التي أنشأها الاحتلال و الاستعمار)، إنما هي مادة دخيلة. ولم يتم بعد تأصيلها وتدجينها، وتحسيس سائر الفعاليات الاجتماعية والاقتصادية والثقافية والسياسية بوجودها، ناهيك عن جدواها.. وهذه وجهة نظر، قابلة للأخذ والرد والاحترام كذلك، وإن كنا نتفق معها جزئيا. بيد إننا نذهب أبعد منها، فنؤكد أن الإغضاء عن حقوق المؤلف المادية، من قبل الأماكن العمومية، وسائر الجهات القيمة على نشر الثقافة، ليست فقط إحدى سمات التخلف، بل هي : "التخلف بعينه"، بالنظر إلى ما يستثمر في هذا الجانب من أموال طائلة، في اقتناء مختلف الوسائط والدعامات المادية لنشر أعمال المؤلفين، ثم تذهب تلك الأموال هذرا، دون تحقيق الكفاية للمؤلف، والمردودية الاقتصادية للوطن.

ذلك أن الخزانة لا تملك من الكتاب إلا الوعاء أو الدعامة المادية. أما المحتوى أو المضمون المشمول بالحماية فهو ملكية خاصة بالمؤلف، جعلتها الدول المتقدمة: "أقدس أنواع الملكية". حيث " لا توجد ثمة ملكية أخص وألصق بالإنسان من الملكية الناتجة عن جهده الذهني".[1]

"لكل عامل أجر"...فأين أجر العامل بجهده الذهني ؟

إن المؤلف "المبدع" يطمح دائما إلى توصيل عمله إلى الناس، والوصول به إلى أكبر عدد منهم على اختلاف أجناسهم ولغاتهم وأوطانهم، كما سبق القول؛ إلا انه في ذات الوقت ينتظر المقابل المادي لهذا العمل، شأنه شأن أي عامل (موظف، كاتب، حارس، كناس...في أي مكتبة أو مؤسسة أو جامعة..) يحصل على أجر عادل مقابل عمله.[2]

وهذا الأجر هو حق المؤلف في استغلال عمله الفكري بكل الوسائل و بأية طريقة و في أي شكل، وترخيصه للآخرين بهذا الاستغلال طبقا للشروط والضوابط التي يحددها.

وهو ما يجهله المؤلف (العربي) المسكين نفسه، نظرا لكون "مادة حقوق الملكية الفكرية" خارجة عن دائرة اختصاصه، وليس المفروض فيه أن يكون على إلمام بها، واعتقادا منه أن استغلال أعماله الفكرية، دون استشارته وموافقته شيء طبيعي، وهذه حال الدنيا، وما عليه إلا التسليم والرضوخ إلى الواقع ؛ سيما وأن الكثير من الناس في البلدان العربية، وباسم المفهومية، عمدوا إلى إنشاء نقابات

---

1 - قانون ماساشوستس (الولايات المتحدة الأمريكية) الصادر في 17 مارس 1879.

2 - من عملنا الأول ص 177.

حق المؤلف في الخزانات العامة: ثروة غير محصنة من أضرار القرصنة

وجمعيات واتحادات ومكاتب للمؤلفين الأدباء أو الكتاب، أو الفنانين والموسيقيين والصحفيين، معتبرين أنفسهم قيمين وأوصياء على شؤون المؤلفين المثقفين والفنانين، لم يأخذوا بأيديهم، ولم يستشيروا أو يسألوا أهل الخبرة (و لو في الصين)، فينبهوهم إلى ما ينبغي أن يكون عليه أمر استخلاص الحقوق، لأنهم بكل بساطة، يجهلون تلك الحقوق، يجهلون قانون حقوق المؤلف، وليست لهم بأبجدياته أو مبادئه الأولية أية دراية تذكر، اللهم إلا ما كان من أمر التنطع، والادعاء بغير الحق، تكريسا غير مقصود للجهل والضلال في مجال شائك، و وعر المسالك.

البلاد العربية: عشوائية و مفهومية...مع الجهل بأبجدية حقوق الملكية الفكرية

<u>على هامش الاحتفال "بالأعياد العالمية للكتاب"</u> [1]

رغم اللغط الشديد حول حقوق المؤلف، وما يصاحب ذلك من جأر بالشكوى من ضيق اليد، وسوء الحال، وهول المصير التي يعاني منها الكتاب العرب، فان العالم العربي الثقافي، ومنذ 1996، لا يضيع أية فرصة للاحتفال سنويا، خلال أسبوع واحد، بـ"اليوم العالمي للكتاب وحقوق المؤلف يوم 23 أبريل" ثم بـ"اليوم العالمي للملكية الفكرية يوم 26 أبريل".

فبالنسبة للمؤلفين الذاتيين والاعتباريين في الدول المتقدمة، وجلهم يحمل اسم مايكروسفت، ديزني، هوليوود، م ج م، الخ. يمكن الحديث عن يوم أو عيد عالمي للكتاب وحقوق المؤلف أو حقوق الملكية الفكرية...سيما ونحن نعلم أن مكاتب وجمعيات حقوق التأليف فيها مستقلة سياسيا واقتصاديا وفكريا. كما نعلم كذلك أن عددا من مؤلفيها ينعمون في بحبوحة الثراء.

أما بالنسبة للبلدان العربية، فانه يصير من العبث، إن لم نقل الغبن، الحديث عن هذا اليوم. طالما أننا نسمع ونقرأ وبصورة دائمة ومألوفة، حالات التذمر والشكوى من هضم الحقوق التي يعاني منها المؤلفون..المحرومون حتى من الكفاف، مما يجعلهم يحسون بالإحباط النفسي الذي يوقر في أذهانهم أنهم وما يكتبون شيء غير مرغوب فيه تماما... ومما يجعلهم على حافة الضياع والموت أو الانتحار.

ومما يزيد الطن بلة، أن المؤلفين العرب، رغم تكتلهم في جمعيات ونقابات واتحادات، فإنهم لا يتوفرون على أدنى وعي بمادة حقوق المؤلف...ولم نسمع لحد الآن عن أي مؤلف "كاتب" عربي أو مسلم واحد قد توصل عن كتاباته بحقوق التأليف كاملة من بلده أو من بلد أجنبي، اللهم إلا ما كان من أمر مؤلف واحد: هو أمير طاهري الذي استوفى من الولايات المتحدة الأمريكية ما سماه "صكوكا"، وبشكل منتظم. مما جعله يشيد بهذا البلد الذي يقدر قيمة التأليف والكتاب والإبداع الفكري بصفة عامة.

---

[1] - على هامش الاحتفال باليوم العالمي للكتاب- مراجعة جريدة الصحراء المغربية 29 ابريل 1997 أو عملنا الثاني أو موقعنا اللاكتروني : www.cherkaoui.net

حق المؤلف في الخزانات العامة: ثروة غير محصنة من أضرار القرصنة

ولم نسمع في العالم العربي إلا عن تنظيم الحفلات والاحتفالات التي تقام في بهجة وسرور بمناسبة:

- الاحتفال ب"اليوم العالمي للكتاب و حقوق المؤلف" مع منظمة الأمم المتحدة للتربية والثقافة والعلم "اليونسكو"
- والاحتفال ب"اليوم العالمي للملكية الفكرية مع المنظمة العالمية للملكية الفكرية" أومبي" أو "ويبو"

حيث: "يذكر أنّ الاحتفال باليوم العالمي للكتاب يعود لعام 1995، حيث خصصت منظمة الأمم المتحدة للتربية والعلوم والثقافة «يونسكو» يوم 23 نيسان، الذي يصادف ذكرى وفاة الشاعر الإنكليزي وليام شكسبير والشاعر الإسباني ميغل سرفانتس، يوماً عالمياً للكتاب وحقوق النشر والملكية الفكرية." [1]

وإذا كان يوم 23 أبريل قد جعلته اليونسكو يوما عالميا احتفاليا بالنسبة للكتاب و حقوق المؤلف، فلأن الولايات المتحدة قد همشت دورها الثقافي واستثنت كل ما يحيل على "الثقافة" و"المجانية". حيث اعتمدت اتفاقية برن (مع بعض الاستثناءات) مرجعا أساسيا في اتفاقية الجات التي تم التوقيع عليها بمراكش في **أبريل** 1994..فاختارت أن يكون يوم **23 ابريل** 1996 هو تاريخ ميلاد "جبهة الرفض الثقافية" التي تضم البلدان العربية و الغربية التي تعكس قوانينها الوطنية تراث القانون الروماني (الثقافي / الأخلاقي / الانساني)

*** 23 أبريل: ذكرى هزيمة "العولمة الثقافية"**

"وهذا الاحتفال الذي له بعد أخلاقي بقدر ما هو سياسي"، يتابع المدير العام لليونسكو في رسالته بمناسبة هذا اليوم، "جزء من نهج طويل الأجل، يقتضي إطلاق مبادرات ملموسة ومستدامة تصب في صالح الكتاب والمطالعة، تدوم آثارها طويلا أبعد من اليوم الرمزي 23 نيسان /إبريل." "ويكتسب الاحتفال بيوم الكتاب هذه السنة أهمية خاصة لسببين: الأول اختيار بيروت عاصمة للكتاب العالمي، فبعد نجاح اليوم العالمي للكتاب أطلقت منظمة الأونيسكو "عاصمة عالمية للكتاب"، حيث تم اختيار العاصمة الإسبانية مدريد كأول عاصمة للكتاب عام 2001 وبعدها الإسكندرية – مصر 2002، نيودلهي- الهند 2003، أنفير- بلجيكا 2004، مونتريال-كندا 2005، تورينو- إيطاليا 2006، بوغوتا-كولومبيا 2007، أمستردام-هولندا 2008، ويتم اختيار عاصمة الكتاب الدولية من قبل لجنة تتشكل من الإتحاد الدولي للناشرين IPA ، والإتحاد الدولي للمكتبات IBF، والإتحاد الدولي لرابطات مؤسسات المكتبات IFLA، ومنظمة الأونيسكو." [2]

---

[1] - "اكتشف سورية" – موقع الكتروني
[2] - مازن يوسف صباغ نائب رئيس اتحاد الناشرين السوريين

حق المؤلف في الخزانات العامة: ثروة غير محصنة من أضرار القرصنة

26 أبريل: ذكرى انتصار "العولمة الاقتصادية"

أما المنظمة العالمية للملكية الفكرية فقد اختارت يوم 26 ابريل للاحتفال باليوم العالمي للملكية الفكرية. وهو اليوم الذي يتوافق مع تاريخ دخول اتفاقية إنشاء المنظمة العالمية للملكية الفكرية (أومبي أو ويبو) حيز التنفيذ عام 1970، بهدف دعم النشاط الإبداعي التجاري / الاقتصادي.

ومعلوم أن أمبي تحتفل والدول الأعضاء فيها باليوم العالمي للملكية الفكرية كل سنة بتنظيم الأنشطة والتظاهرات والحملات التي "تسعى لزيادة فهم الجمهور حقيقة الملكية الفكرية وإبراز كيف أن نظام الملكية الفكرية لا ينهض بالموسيقى والفنون وقطاع الترفيه فحسب ولكنه ينهض أيضا بكل المنتجات والابتكارات التكنولوجية التي تساعد على تشكيل عالمنا".[1]
وكذلك تحتفل اللجنة العربية لحماية الملكية الفكرية التابعة لاتحاد الناشرين العرب يوم 23 ابريل (نيسان) باليوم العالمي للكتاب وحقوق المؤلف، وذلك "تجاوباً مع إعلان هيئة الأمم المتحدة للتربية والعلوم والثقافة، والذي يعتبر المبدعين أداة الأمم لنشر المعرفة وتطوير وتنمية وتقدم المجتمعات البشرية، واغناء مخزونها الثقافي والإنساني".[2]

أما اتحادات الكتاب و الناشرين في البلدان المتقدمة التي تعتبر الكتابة بالنسبة إليهم طالع خير وبركة وحسن حظ...فهم في غنى عن الاحتفال بيوم واحد أو اثنين فقط في السنة، قد لا يكون لمعظمهم علم به.[3]

مركز حقوق النسخ يوزع 36 مليون أورو على الكتاب و الناشرين..

أما بالنسبة للكتاب و الناشرين العرب، فان الأمر يختلف تماما. اللهم إلا إذا كان الاحتفال بالفقر والمرض والجوع، و غير ذلك من الكوارث غير الطبيعية، داعيا معقولا و مسوغا معروفا للاحتفالات و التذكار باليوم العالمي للإجحاف بحقوق المؤلفات و المؤلفين، و بتركة الاستعمار الذي كان له حقا الفضل في إنشاء "المكتب الإفريقي لرجال الآداب و مؤلفي المحاضرات"، و الذين تم تهميشهم من طرف "المكتب المغربي لحقوق المؤلفين"...عكس ما هو عليه الحال في الدول الغربية التي نذكر منها فرنسا، حيث يقوم المركز الفرنسي لحق النسخ باستخلاص و جمع "ثروة هائلة" (تقدر بعشرات الملايير من الدراهم): محصول الاستنساخ الورقي و الالكتروني...ليتم توزيعها على المؤلفين والناشرين:

« Le Centre Français de Copie (CFC) a reversé 28,5 millions d'euros aux auteurs et aux éditeurs dont les publications ont été photocopiées dans les organisations en 2011. En avril 2012, le CFC reverse près de 6

---

[1] - النادي العربي للمعلومات
[2] - حمدي عابدين الشرق الأوسط 2001/04/04
[3] - على هامش الاحتفال باليوم العالمي للكتاب- مراجعة جريدة الصحراء المغربية 29 ابريل 1997 أو عملنا الثاني أو موقعنا الالكتروني : www.cherkaoui.net

حق المؤلف في الخزانات العامة: ثروة غير محصنة من أضرار القرصنة

millions d'euros aux ayants droit au titre des sommes facturées au cours du 2e semestre 2011 pour les copies et les rediffusions numériques d'articles de presse réalisées dans les organisations, soit un total de près de 10 millions d'euros pour l'ensemble de l'année 2011. En septembre 2012, le CFC a mis en distribution 28,5 millions d'euros destinés aux auteurs et aux éditeurs au titre de la reprographie. En décembre 2012, le CFC redistribue 4,5 M€ aux ayants droit au titre des sommes facturées au cours du 1er semestre 2012 pour les copies et les rediffusions numériques d'articles de presse réalisées dans les organisations. » [1]

حق النسخ: التجسيد العملي لثروة الأمم

وحيث ان حقوق النسخ على هذه الشاكلة، فان البلدان المتقدمة تعتبرها الوجه الحقيقي و التجسيد العملي "لثروة الأمم" التي نظر لها أدم سميث في كتابه الشهير بهذا العنوان، أي المحرك الفاعل، الحافز على الإبداع، والدافع لعجلة النمو الفكري الشامل، الاقتصادي والاجتماعي والسياسي وحتى الثقافي والبشري، وكل ما من شأنه أن يحقق الرفاه لسائر أفراد المجتمع، وفي مقدمتهم المؤلفون – الكتاب الأدباء والعلماء والشعراء..بطبيعة الحال. هذه الفئة الاجتماعية المحرومة من أبسط الحقوق. والتي لا نصيب لها سوى شظف العيش، وما يلابس ذلك من مرض وتذمر ومآسي...مما نلمسه في القضايا التي تعرض علينا لتأطيرها حتى تأخذ مجراها الصحيح، باتجاه التقاضي أمام مختلف المحاكم الوطنية والهيئات المختصة العالمية.

التأليف العربي: فقر و افقار...و مبدعون على حافة الموت أو الانتحار

ولو كان للعلماء ورجال الآداب ومؤلفي المحاضرات و الصحفيين و المصورين، و غيرهم ممن حقوقهم مبينة في القانون، "هيأة وطنية لحقوق النسخ" أو إدارة جديرة بالتسيير الجماعي، مكونة من مجلس إداري للمؤلفين، منتخبة بطريقة نزيهة وديمقراطية؛ خاضعة للمراقبة والمحاسبة من طرف الجهات المختصة والمعنية، تستخلص الحقوق المالية من الجهات المستفيدة من عرض واستنساخ وإعارة وتأجير المصنفات الأدبية والعلمية، وفق الحد الذي يسمح به القانون، لتشكلت من ذلك ثروة هائلة توزع على المؤلفين أو/و الناشرين، كل حسب تراتبيته في التداول، ولصار المغرب والمؤلفون بألف خير...

فلا مبرر إذا لتشكي المؤلفين (الكتاب والشعراء والعلماء والباحثين والصحفيين و المصورين و الرسامين والناشرين) وتذمرهم من سوء الحال والمال، طالما أنهم يحتفلون – "مذبذبين بين ذلك لا إلى هؤلاء ولا إلى هؤلاء" - وثروتهم المتوفرة لدى الجهات الثقافية غير محصنة من أضرار القرصنة.

حيث إن أشكال القرصنة الأكثر شيوعا في العالم العربي هي: نسخ الكتب كليا أو جزئيا داخل الخزانات ومصالح التوثيق دون إذن المؤلف ودون أداء مكافأة...و لا من اتحاد أو نقابة أو جمعية أو

---

[1] - Statistiques/Kiosque CFC

رابطة مهنية وطنية، أو وزارة أو حكومة أو منظمة عربية أو اسلامية للدفاع عن المصالح الاقتصادية لأعضائها و تعزيز حقوقهم في مواجهة القرصنة التي تطال أعمالهم، على مسمع و مرأى من الجميع.

كما "لا يعبر المؤلفون عن آرائهم باستمرار، على الأقل مع مجموعات المصالح الأخرى، و الذي يشير على الأرجح الى غياب الاهتمام بشكل يدعو الى القلق بالقضايا التي من حيث المبدأ تؤثر عليهم بشكل مباشر".[1]

---

[1] كريستوفر غيجر - نشرة حق المؤلف – اليونسكو - يناير/مارس 2007

الجزء الرابع

دعوة للخروج من عصر الجاهلية

و ولوج نظام الملكية الفكرية

نتناول في هذه الجزء، من خلال المحاور الرئيسية التالية، كيفية تطبيق القانون في حالة جريمة الاعتداء على حقوق المؤلف، و كيفية تأطيرها وطرق علاجها طبقا لأحكام القانون الوطني و النظام الجنائي العالمي الجديد المتعلق بحق المؤلف. حيث إن الغالبية العظمى من الدول المتقدمة التي تقدر "ما لتراث الإنسانية الفكري من قيمة كبيرة نظرا للمصلحة الجماعية التي تعود من وراء حماية المبدعين، تعتبر الاعتداء على الحقوق الاستئثارية للمؤلف جريمة جنائية."[1]

- **الفصل 13** - النظام العالمي الجديد: أمر بتفعيل تطبيق حق المؤلف الوليد ص 111
- **الفصل 14** - حق المؤلف و ضرورة الإصلاح القضائي ص 128
- **الفصل 15** – حق المؤلف: ألماس و ألماس...لـ"خير أمة أخرجت للناس" ص 145
- **الفصل 16** - مفهوم "النفع العام" ؟ اللاالتزام التام بأحكام النظام ص 160

[1] - المبادئ الأولية لحقوق المؤلف.

الفصل 13

النظام العالمي الجديد:

أمر بتفعيل تطبيق حق المؤلف الوليد

"جريمة الاعتداء بالنسخ على حق المؤلف": تأطيرها و طرق علاجها

على ضوء ما سبق، نعرض فيما يلي لقضية الاعتداء بالنسخ على ملكية حقوق المؤلف من قبل "مؤسسة الملك عبد العزيز آل سعود للدراسات الإسلامية والعلوم الإنسانية"...الكائن مقرها بالدار البيضاء، الملف المدني رقم 05/2/9775 حكم رقم 2784 بتاريخ 2006/04/24.

التعليل – و بعد التأمل طبقا للقانون – حكمت المحكمة:

"في الموضوع: حيث أسس المدعي دعواه على كون المدعى عليها أقدمت على نشر مصنفاته الثلاث وصناعة نسخ لأصولها بواسطة آلات النسخ "فوطوكوبي" ووضعتها رهن اشارة الجمهور دون اذن منه خلافا لما تقتضيه المادة العاشرة من القانون رقم 2.00 المتعلق بحقوق المؤلف والحقوق المجاورة.

"وحيث استند المدعي في التأطير القانوني لدعواه، فضلا على المادة العاشرة التي قررت المبدأ العام للحق الاستئثاري للمؤلف، على عدم أحقية المدعى عليها في التمسك بالاستثناء الوارد في المادة 16 من نفس القانون ما دامت الأخيرة حصرت حرية الاستنساخ من قبل الخزانات ومصالح التوثيق بدون اذن المؤلف أو مالك حقوق التأليف على الحالة التي يكون فيها المصنف المستنسخ مقالا أو مصنفا قصيرا أو مقاطع قصيرة لكتابات منشورة ضمن سلسلة مصنفات أو ضمن عدد من جريدة أو دورية، وهو ما يخالف طبيعة مصنفات العارض الثلاث التي هي من الحجم الكبير و يتراوح عدد صفحات اثنين منها-200- مائتي صفحة والثالث- 520 - خمسمائة وعشرون صفحة.

"وحيث استدل المدعي على واقعة استنساخ المدعى عليها لمؤلفاته ووضعها رهن اشارة الجمهور بطلبات سبق أن تقدم بها بواسطة المسمى بناني والتي تشير الى التاريخ واسم طالب النسخ واسم المؤلف وكذا بمحضر المعاينة المنجز من قبل العون القضائي السيد عبد الواحد رباح الذي عاين فيه تواجد مؤلفات العارض برفوف خزانة المدعى عليها.

حق المؤلف في الخزانات العامة: ثروة غير محصنة من أضرار القرصنة

"وحيث دفعت المدعى عليها في جوهر النزاع بكونها مؤسسة ذات نفع عام وان عملية الاستنساخ تجد سندها في الاستثناءات الواردة على القاعدة العامة، المسطرة في الفصل 10 من القانون رقم 2.00، والمحددة في كل من الفصل 12 الذي يرخص بدون اذن المؤلف ودون أداء مكافأة، باستنساخ مصنف منشور بكيفية مشروعة قصد الاستعمال الشخصي حصرا، وهو ما ينطبق على طلبات الاستنساخ المقدمة للعارضة والذي تنبه فيه على أن هذه الطلبات يجب أن تكون لتلبية حاجة علمية شخصية وفق قانون الملكية الفكرية، والبند الثاني عشر من الفصل الرابع الذي يؤكد نفس الرخصة من أجل النسخ للاستعمال الشخصي لطالب الاستنساخ وكذا البند 15 من نفس الفصل الذي اشترط فقط الاشارة الى المرجع واسم المؤلف وتمسكت المدعى عليها بنفس الترخيص المخول في الفقرة "ب" من البند المذكور لمؤسسات التعليم التي لا تسعى لتحقيق الربح التجاري من أجل استنساخ مقالات منعزلة منشورة بصفة مشروعة في جريدة أو دورية أو مستخرجات قصيرة من مؤلف أو مصنف قصير و كذا في البند 16 من المادة الرابعة التي رخصت بالامكانية ذاتها للخزانات ومصالح الحفظ التي لا تسعى تحقيق الربح التجاري وذلك في حال نسخ نظائر معزولة لمؤلف اذا كان هدف النسخ هو تلبية طلب مقدم من قبل شخص ذاتي، والتمست العارضة من تم القول بكون الطلب غير مبني على أساس وتعين رفضه.

"وحيث باستقراء وثائق الملف تجلى أن الصور الشمسية لنظائر المصنفات مناط الدعوى، والمستدل بها من قبل المدعي، ليست بنظائر كاملة وانما أجزاء من المصنفات ذاتها لا تتعدى حسب طلبات الاستنساخ ثلاثين صفحة* التفتت لها المدعى عليها ايجابا من أجل الاستعمال الشخصي و العلمي بعد تنبيههم بمراعاة قانون الملكية الفكرية.

"و حيث لئن كان الفصل العاشر من الظهير رقم 1.00.20 الصادر بتاريخ 9 ذي القعدة 1420 الموافق ل15 فبراير 2000 بتنفيذ القانون رقم 2.00 المتعلق بحقوق المؤلف والحقوق المجاورة قد أكد على الحق الاستئثاري للمؤلف من أجل القيام بالترخيص باعادة نشر ونسخ مؤلفاته وترجمتها واعداد اقتباسات أو تعديلات أو تغييرات عليها...فانه أورد استثناءات على هذا الحق في الفصول 11 الى 22 من نفس الظهير.

"و حيث ان النسخ المنجزة بواسطة المدعى عليها لطالبي الاستنساخ، كما سبق القول، ليست نسخا كاملة من مؤلفات المدعي وانما أجزاء ومقتطفات قصيرة منحت لطالبيها من أجل الاستعمال الشخصي، ومن تم تدخل ضمن الرخصة المقررة في الفصل 12 من القانون رقم 2.00 الذي أجاز دون الحصول على اذن المؤلف استنساخ مؤلف منشور بكيفية مشروعة من أجل الاستعمال الذاتي.

حق المؤلف في الخزانات العامة: ثروة غير محصنة من أضرار القرصنة

"وحيث لم يثبت من خلال مستندات الملف أن الاستنساخ هم النص الكامل لمؤلفات المدعي حتى يطالها المنع الوارد في الفقرة "ب" من الفصل ذاته[1].

"وحيث بالموازاة مع ذلك، فان المدعى عليها تكتسي صبغة جمعية ذات نفع عام لا تهدف تحقيق الربح وأحدثت أصلا من أجل تكوين وتسيير وصيانة خزانة ومركز للتوثيق في ميادين العلوم الاسلامية والعلوم الانسانية وهي بهذه الصفة تستفيد من مقتضيات الفصل 16 من القانون المذكور الذي منح للخزانات ومصالح التوثيق التي لا تسعى لتحقيق الربح رخصة استنساخ نظائر معزولة من مؤلف اذا كان هدف الاستنساخ هو الاستجابة لطلب شخصي كما هو الحال بالنسبة للطلبات المقدمة للمستفيدين من خدمات المدعى عليها الذين التزموا أن النسخ هو بهدف الاستعمال الشخصي والعلمي وفق قانون الملكية الفكرية.

"و حيث، على خلاف ما استند اليه المدعي، فان الفقرة "أ" من الفصل 16 من ذات القانون حينما خولت الخزانات ومصالح التوثيق امكانية نسخ نظائر معزولة من مؤلف لغاية الاستجابة لطلب شخص ذاتي لم تربط هذه الامكانية بضرورة أن يكون المؤلف المستنسخ مقالا أو مؤلفا قصيرا أو مستخرجات قصيرة من كتابات، بل ان الفصل المعني تطرق لامكانيتين منفصلتين عن بعضهما البعض وهو ما يستشف من منطوقه حين نص على أنه "بصرف النظر عن مقتضيات الفصل العاشر قبله ودون ترخيص من المؤلف أو مالك آخر لحق المؤلف، فان خزانة ومصالح التوثيق التي لا تسعى أنشطتها بصفة مباشرة أو غير مباشرة لتحقيق ربح تجاري، يمكن لها استنساخ نظائر منعزلة من مؤلف:

أ- عندما يكون المؤلف المستنسخ مقالا أو مؤلفا قصيرا أو مستخرجات قصيرة من كتابات، غير برامج الحاسوب، مصحوبة أو غير مصحوبة برسوم، منشورة بمجموعة مؤلفات و بعدد من جريدة او دورية او عندما يكون الهدف من الاستنساخ هو تلبية طلب شخص ذاتي."

"و حيث ان عبارة "عندما" المكررة مرتين بالفقرة المذكورة تفيد قيام ترخيصين مستقلين عن بعضهما البعض وليس في سياق النص أن الامكانية الواردة في آخر الفقرة مضافة لنظيرتها السابقة.[2]

"و حيث في ظل ثبوت كون المدعى عليها مؤسسة ذات نفع عام لا تروم تحقيق الربح بل تكتسي صفة خزانة و مركز للتوثيق، وعلى ضوء ثبوت كون عمليات الاستنساخ طالت فقط مقتطفات قصيرة من مؤلفات المدعي وبهدف الاستجابة لطلبات شخصية وعلمية للمستفيدين، يضحى تمسك المدعى عليها بالاستثناءات الواردة على حقوق المؤلف، حسب الفصلين 12 و 16 من القانون رقم 2.00 مبررا وبالتالي

---

[1] تابع أدناه "كيفية معالجة مشاكل و قضايا حق المؤلف في النسخ التصويري"
[2] تابع أدناه "كيفية معالجة مشاكل و قضايا حق المؤلف في النسخ التصويري"

حق المؤلف في الخزانات العامة: ثروة غير محصنة من أضرار القرصنة

يضحى استدلال المدعي بالقاعدة العامة الواردة في الفصل 10 غير مبرر وغير قمين بالاستجابة للطلب".[1]

* عود على بدء – حق الاستنساخ حق استئثاري لا يمكن تقييده

"كيفية معالجة مشاكل حق المؤلف في النسخ التصويري"

إننا للحقيقة والتاريخ، والتزاما منا بما يمليه الضمير المهني، وتقتضيه أمانة البحث العلمي النزيه، وخبرتنا النظرية والميدانية على امتداد أربعة عقود من الزمن، نبادر إلى القول بان هذا الحكم بعيد عن الصواب و مخالف تماما لأحكام الاتفاقيات العالمية والقوانين الوطنية، بما فيها "القانون المغربي رقم 2.00 المتعلق بحقوق المؤلف والحقوق المجاورة كما تم تغييره وتتميمه بمقتضى القانون رقم 34.05" الذي يخول للمؤلفين كافة الحقوق، كما هو متعارف عليها عالميا. وإن أي خروج عن روح القانون ليعتبر شططا في حق المؤلفين ونسفا مدمرا لحقوق النسخ من أساسها، وفي عمقها وجوهرها وأبعادها الثقافية والاجتماعية والاقتصادية. مما سبق شرحه وتفصيله بإسهاب في أعمالنا السابقة، وعلى امتداد هذا العمل.

معالجة الاستثناءات الواردة في الفصل الرابع من القانون المغربي:

الحكم بعيد عن الصواب، اذ لا يخفى على العارفين والخبراء ما قد يشكله مثل هذا الحكم الذي يجانب الصواب من إرباك وحيرة وحيف لذوي الحقوق المشروعة داخل الوطن وخارجه:

<u>أولا - فيما يتعلق بالمادة 10، فان حق المؤلف (كما سبق القول) هو حق استئثاري لا يمكن تقييده.</u>

حيث فيما يتعلق بالوضع القانوني الخاص بالاستنساخ طبق الأصل، يؤكد خبراء المنظمة العالمية للملكية الفكرية على أن الجانب الأول والأهم هو التأكيد على أن حق الاستنساخ - بموجب اتفاقية "أدبيك" للمنظمة العالمية للتجارة و اتفاقية برن للمنظمة العالمية للملكية الفكرية، وطبقا كذلك للمادة 10 من القانون المغربي – هو "حق استئثاري لا يمكن تقييده الا عبر السماح بالانتفاع المجاني أو على شكل تراخيص اجبارية و باستثناء الحالات التي تحددها المادة 9(1) و بخاصة المادة 9(2) من اتفاقية برن (و الفقرة الثانية من المادة 12(ه) من القانون المغربي)، و التي تقضي بامكانية تقييد هذا الحق: "في بعض الحالات الخاصة بشرط ألا يتعارض عمل مثل هذه النسخ مع الاستغلال العادي للمصنف وألا يسبب ضررا بغير مبرر للمصالح المشروعة للمؤلف."[2]

<u>ثانيا - المادة 12 تخول للمؤلف الحق المطلق في منع الاستنساخ...</u>

---

[1] - وتعين بالتالي رفضه..." (حكم رقم 2784 بتاريخ 2006/04/24).
[2] - انظر تقرير المكتب الدولي للمنظمة العالمية للملكية الفكرية/مقدمة حول الادارة الجماعية لحق المؤلف و الحقوق المجاورة

حق المؤلف في الخزانات العامة: ثروة غير محصنة من أضرار القرصنة

حيث وفقا لمقتضيات التشريع المغربي، يجوز استنساخ مصنف منشور بكيفية مشروعة: شرط أن يكون للاستعمال الشخصي حصرا (المادة 12)؛ ويجوز الاستنساخ المؤقت لمصنف ما شريطة التقيد بمقتضيات الماة 13؛ ويجوز الاستشهاد بمصنف منشور بصفة مشروعة ضمن مصنف آخر (مثلا: مساهمات شخصية منشورة في الصحف) شريطة ذكر المصدر واسم المؤلف... (المادة 14)؛ كما يجوز استعمال مصنف منشور بصفة مشروعة بمثابة توضيح في منشورات برامج اذاعية أو تسجيلات صوتية أو مرئية موجهة للتعليم (15/أ)؛ ويجوز أيضا استنساخ مصنفات - مقالات منفصلة منشورة بصفة مشروعة في جريدة أو دورية، أو مقاطع قصيرة مختصرة من مصنف منشور بصفة مشروعة أو مصنف قصير منشور بصفة مشروعة - لغرض التعليم داخل مؤسسات تربوية غير تجارية، من أجل الدراسة أو الامتحانات الرسمية في المدارس والجامعات ومؤسسات التعليم غير التجارية: شريطة التقيد بالحدود التي تبررها الأغراض المتوخاة... (15/ب).

و يمنع النسخ التصويري أو الاستنساخ طبق الأصل دون تصريح من المؤلف منعا باتا في أربع حالات هي، تحديدا، النسخ التصويري:

أ) لمصنفات الهندسة المعمارية المجسدة على شكل عمارات أو بنايات أخرى مماثلة؛

ب) لكتاب بالكامل أو مصنف موسيقي في شكل توليفة؛

ج) لقواعد البيانات كليا أو جزئيا بشكل رقمي؛

د) لبرامج الحاسوب ما عدا الحالات المنصوص عليها في المادة 21 أدناه؛ (المادة 12).

حيث تسمح الفقرة الأولى من المادة 12، بشكل حصري، "دون اذن المؤلف ودون أداء مكافأة، باستنساخ مصنف منشور بكيفية مشروعة قصد الاستعمال الشخصي حصرا".

فيما تمنع الفقرة الثانية (2/12) "الاستنساخ طبق الأصل لكتاب بالكامل" (ب). كما أنها تمنع "عملية استنساخ أي مصنف (كتاب أو غيره) من شأنها أن تضر بالاستغلال العادي لهذا المصنف، أو من شأنها أن تضر دون مبرر بالمصالح المشروعة للمؤلف (ه)."

وهو ما ينسجم تمام الانسجام مع الاتفاقيات العالمية الناظمة لحماية حقوق المؤلف، سواء تعلق الأمر بالاتفاقية العالمية لحقوق المؤلف أو اتفاقية المنظمة العالمية للتجارة أو اتفاقية برن لحماية المصنفات الأدبية و الفنية التي تشترط:

1) أن يرد الاستثناء على حالة خاصة؛

2) ألا يتعارض الاستثناء مع الاستغلال العادي للمصنف/الكتاب؛

حق المؤلف في الخزانات العامة: ثروة غير محصنة من أضرار القرصنة

3) "ألا يسبّب الاستثناء ضررا أو إجحافاً بغير مبرر للمصالح المشروعة للمؤلف". (المادة 2/9 من اتفاقية برن)

ثالثا – الابداع الفكري الأصلي...لا يقاس بالحجم و الكم أو الطول والعرض (كما تقاس المساحات العقارية). حيث ان الاستنساخ من قبل خزانة وطنية أو مؤسسة عمومية لجزء أو مقتطف طويل أو قصير من كتاب أصلي متوفر في الأسواق، مشمول بالحماية القانونية، و حقوق مؤلفه محفوظة صراحة، و في غياب وجود "حالة خاصة"، فهذا اجحاف بحق المؤلف...استنساخ "يتعارض مع الاستغلال العادي للكتاب" و "يضر دون مبرر بالمصالح المشروعة للمؤلف". في حين ان الشروط التي حددها المشرع تتضمن بأن الاستثناءات أو القيود في القانون الوطني تخضع لشرط عدم إلحاق الضرر بالحقوق الاقتصادية للمؤلف من خلال استغلال أعماله - لا لشرط "النسخ المنجزة لأنها أجزاء ومقتطفات قصيرة لا تتعدى ثلاثين صفحة" (حسب حيثيات الحكم المشار اليه أعلاه).

و هو ما يشكل انتهاكا للشروط التي حددها "اختبار الخطوات الثلاث".[1]

و قد أكد تقرير مؤتمر ستوكهولم الديبلوماسي (عام 1967) الذي أقر المادة 9 "أنه يتوجب النظر في الشطرين المشار اليهما في المادة 9(2) منفصلين وخطوة تلوى أخرى، فاذا تبين أن من الممكن ان يتعارض الاستنساخ مع الاستغلال العادي للمصنفات المعنية، يجب ألا يسمح أبدا بالاستنساخ (وهذا ما يحدث مثلا بالنسبة لتصوير نسخ لبعض مصنف موسيقي في شكل توليفة أو لمجرد مقطع أو مصنف قصير، ابداعي فكري أصلي في مجال الأدب أو العلم، قد لا يتجاوز حجمه أو طوله بضعة سطور أو أبيات شعرية). وفي المقابل، يمكن اعداد عدد كبير نسبيا من النسخ المصورة في المشاريع الصناعية – لأغراض داخلية – وألا يتعارض ذلك مع الاستغلال العادي للمصنف لكن من الممكن أن يسبب ضررا بغير مبرر للمصالح المشروعة للمؤلفين. و يمكن، كما يوضح ذلك التقرير، اذا وقع مثل هذا الضرر أن يزال – وأن يتحقق ذلك اذا كان ممكنا – أو على الأقل أن يخفف من خلال الحصول على مكافأة عادلة".[2]

"استنساخ أو اقتباس مجرد بضغة سطور...قد يؤدي إلى انتهاك حق المؤلف":

---

[1] - راجع كذل "توجيهات الاتحاد الأوروبي"

- Sénat/ Directive de l'Union européenne - « L'ensemble de ces exceptions ne sont applicables que dans certains cas spéciaux qui ne portent pas atteinte à l'exploitation normale de l'œuvre ou autre objet protégé, ni ne causent un préjudice injustifié aux intérêts légitimes du titulaire du droit. Ces trois conditions auxquelles est subordonnée la validité d'une exception sont connues sous le nom de « triple test ou test en trois étapes »

[2] - المرجع السابق

حق المؤلف في الخزانات العامة: ثروة غير محصنة من أضرار القرصنة

في قانون حق النسخ للولايات المتحدة التي تربطها بالمغرب اتفاقية التبادل التجاري الحر الشامل لتجارة حقوق المؤلف الاقتصادية، نجد: "أنه وفي بعض الحالات، قد ينطوي اقتباس (أو استنساخ) مجرد بضعة سطور على انتهاكٍ لحق المؤلف، وفي حالات أخرى حتى اقتباس (أو استنساخ) جزء ضخم قد يعتبر استعمالاً مشروعاً. وبما أن فكرة "النوعية" محكومة بعدد من العوامل، فإن أساس فكرة "الجزء الكبير" مشابهة بشكل ما لمبدأ "الاستعمال المشروع" في الولايات المتحدة، عندما يكون استعمال أي مصنف في أية حالة معينة محدداً بعدد من الشروط أو المعايير المنصوص عليها في القانون".[1]

ويوضح الخبير الدولي ليون إي. سلتزر هذه "المعايير أو الشروط الأربعة التي يجب أخذها بعين الاعتبار عند تحديد الاستعمال المشروع لحق المؤلف وفقاً للمادة 107 من قانون الولايات المتحدة لحق المؤلف؛ وهي:

- هدف وطبيعة الاستعمال، بما في ذلك إذا كانت طبيعة الاستعمال تجارية أو تعليمية وغير ربحية؛
- طبيعة المصنف المحمي بحق المؤلف؛
- كمية وأهمية الجزء المستعمل بالنسبة للمصنف المحمي بحق المؤلف ككل؛ و
- أثر هذا الاستعمال على السوق المحتمل أو قيمة المصنف المحمي بحق المؤلف".

---

[1] - أنظر، ليون إي. سلتزر، *الاستثناءات والاستعمال المشروع في حق المؤلف*، كامبردج، ماساشوستس: مطبعة جامعة هارفرد، 1978، الصفحات 18 – 23.
(Leon E. Seltzer, *Exemptions and Fair Use in Copyright*, Cambridge, Massachusetts: Harvard University Press, 1978, pp. 18-23.)

و حسب المؤلف و الخبير الدولي فيكسور[1]: "يشار الى المادة 9(2) من اتفاقية برن عادة بمصطلح "اختبار الثلاث خطوات"، حيث تتطلب أول خطوة أن يرد المحدِّد أو الاستثناء على حالة خاصة تتعلق باستعمال خاص. فيجب أن يحدَّد ذلك بدقة وأن يكون قابلاً للتبرير باعتبارات منهجية عامة وواضحة. وتتطلب الخطوة الثانية ألا يتعارض المحدِّد أو الاستثناء مع الاستغلال الطبيعي للمصنفات. أي أنه يجب ألا تدخل الاستعمالات المجانية أو الاستثناءات أو المحدِّدات في تنافس اقتصادي مع ممارسة مالكي الحق لحقوقهم في الاستنساخ. ويتطلب ثالث اختبار ألا يسبِّب المحدِّد أو الاستثناء إجحافاً غير مبرر بالمصالح المشروعة لمالكي حق المؤلف، أي أن لا يتعارض مثل هذا الإجحاف مع الاستغلال الطبيعي للمصنَّف وأن يكون معقولاً بحيث يمكن تبريره من خلال منهجية عامة صحيحة".[2]

المادة 16: <u>الاستنساخ طبق الأصل لمقاطع قصيرة لكتابات..يعتبر مسببا للضرر...</u>

من الجدير ملاحظة اللغة المستعملة في المادة 16 من القانون المغربي، والتي قد تبدو لغير الخبير المتمرس نظريا و ميدانيا أنها غامضة، أو أنها تصب في صالح الخزانات ومصالح التوثيق، وهي، في الحقيقة مضللة الى حد بعيد: تفرض تقييدات كثيرة على الاستنساخ طبق الأصل، منها: استنساخ نسخ منفصلة لمصنف ما، ونوع المصنف المستنسخ (مقال أو مصنف قصير) وكم أو مقدار أو طول أو حجم المقاطع (مقاطع قصيرة لكتابات منشورة... ضمن سلسلة مصنفات أو ضمن عدد من جريدة أو دورية..)؛ حيث يمنع استنساخ الكتب و المنشورات التي تعتبر مسببة للضرر جراء النسخ التصويري بصورة خاصة (لأنها تتعارض مع الاستغلال العادي لمثل هذه المصنفات).[3]

كذلك تسمح القوانين الوطنية المتعلقة بحقوق المؤلف للخزانات ومصالح التوثيق باعداد نسخ، ان كان ذلك ضروريا، لأغراضها الخاصة (مثل حفظ مجموعاتها أو من أجل حفظ وثائق معرضة للتلف أو نادرة الخ.) ويسمح أيضا لمثل هذه المؤسسات باعداد نسخة واحدة من مقالة تظهر في مصنف من تأليف مشترك أو في دورية أو صحيفة أو عن مقتطفات من مصنفات أخرى منشورة استجابة لطلب من أشخاص يقومون بدراسات أو أبحاث علمية.[4]

وللمزيد من التوضيح، "يسمح القانون باعداد نسخة واحدة عن مصنف ما لأغراض شخصية... كما يسمح باستنساخ أو الاستجابة لطلب استنساخ نسخة واحدة من المصنف، لغرض علمي خاص من أجل ادراجها في ملفات داخلية، ولأغراض أخرى تتعلق بالاستخدام الداخلي، لأجزاء قصيرة من مصنفات

---

[1] - Oxford, 2002, pp.284-287, 516 Ficsor, *The Law of Copyright and the Internet*

[2] - راجع قانون نيبال الجديد لحق المؤلف/ انظر بوستن برادهان محاضر في مركز التطوير الاقتصادي والإداري، في جامعة تريبهوفان وزميل باحث في معهد ماكس بلانك للملكية الفكرية والمنافسة وقانون الضريبة، في ميونيخ

[3] - تقرير المكتب الدولي للمنظمة العالمية للملكية الفكرية/مقدمة حول الادارة الجماعية لحق المؤلف و الحقوق المجاورة

[4] - نفس المرجع أعلاه

منشورة أو لمقالات منشورة في صحف أو دوريات ولمصنفات نفذت طبعتها ولم يكن التوصل الى مالك حق المؤلف ممكنا (أما اذا أمكن التوصل الى معرفة مالك حق المؤلف وكانت طبعات المصنف نفذت منذ أكثر من ثلاث سنوات، فلا يسمح له برفض اعطاء موافقته على هذا الاستنساخ الا لسبب مشروع). و ينص قانون حقوق المؤلف أيضا بأن مكافأة عادلة تبقى مستحقة للمؤلف..."[1]

و يسمح كذلك القانون المغربي (المادة 16) للخزانات ومصالح التوثيق غير الربحية بالاستنساخ الموجه لحفظ مصنف في حوزتها، أو في حوزة مصلحة أخرى للتوثيق، إذا تعرض هذا المصنف للضياع أو الضرر أو في حالة تعذر الحصول على مثل هذا المصنف.

و حتى لا يؤدي استنساخ كتاب مَحميّ إلى الحاق الضرر بالتجارة المشروعة لحقوق للمؤلف الاقتصادية، أو يسبب ضررا غير مبرر بالمصالح المشروعة للمؤلف أو للمالك الأصلي للحقوق، ورد الشرط المحدّد في القوانين الوطنية (بما فيها القانون المغربي) و التي يتبع بعضها النظام الأنجلو-ساكسوني و بعضها الآخر تقاليد القوانين القارية.

فقانون نيبال، مثلا، "يعالج بشكل حصري، المحدّدات والاستثناءات الواردة على حماية حق المؤلف. وبعكس النظام الأنجلو-أميركي، حيث تُكمِّل المحدّدات والاستثناءات القانونية بما يسمى بسياسة "الاستعمال المشروع" أو "التعامل المشروع"، فقد قام القانون - متبعاً بذلك عادة قانونية قارية - بإيجاد عدد من الاستثناءات القانونية التي تسمح للمستعملين بأخذ مقتطفات أو نسخ قصيرة من مواد منشورة ومحمية بحق المؤلف لأهداف معينة دون الحصول على ترخيص من مالكي هذه الحقوق. وتتعلق هذه الاستثناءات خاصة باستعمالات مثل البحث والتعليم والاقتباسات والاستعمال الخاص واستنساخ نسخ فردية للمكتبة أو للاستعمال في الأرشفة. وهذا يتم، خلافاً لخضوع الاستعمالات المجانية، لشرط عدم إلحاقها الضرر بالحقوق الاقتصادية لمالك حق المؤلف من خلال استغلال أعماله"[2].

و في المغرب (كما سبق القول) تسمح المادة 12(1) باستنساخ "جزء" من مصنف منشور للاستعمال الخاص. وتخضع بعض الاستنساخات التي تشمل "جزءاً كبيراً" من العمل لشرط أن لا تلحق الضرر بالحقوق الاقتصادية للمؤلف أو لمالك حق المؤلف. وتمنع المادة 12(2)، مثلاً، استنساخ التصميم الهندسي لعمارة مبنية أو التصاميم الأخرى المتعلقة بالبناء أو استنساخ جزء كبير من كتاب، أو استنساخ

[1] - المرجع أعلاه

[2] راجع قانون نيبال الجديد لحق المؤلف/ انظر بوستن برادهان محاضر في مركز التطوير الاقتصادي والإداري، في جامعة تريبهوفان وزميل باحث في معهد ماكس بلانك للملكية الفكرية والمنافسة وقانون الضريبة، في ميونيخ

حق المؤلف في الخزانات العامة: ثروة غير محصنة من أضرار القرصنة

المصنفات الموسيقية على هيئة مقطوعات موسيقية مدونة، أو استنساخ كامل أو جزء كبير من قاعدة معلومات بطريقة النسخ الرقمي بشكل قد يلحق الضرر بالحقوق الاقتصادية للمؤلف أو لمالك حق المؤلف.

"حق المؤلف": علم قائم بذاته.. له خبراؤه و فقهاؤه و قاموسه اللغوي.

حيث "يستخدم القانون الخاص بحقوق المؤلف مصطلحات خاصة أو لغة خاصة قد تورث الخلط أحيانا. ذلك أن الكلمات تعطى لها مدلولات قانونية دقيقة تختلف عن مدلولاتها المستخدمة في الحياة اليومية العادية."[1]

ومن باب الإنصاف نقول كذلك: إن مادة حقوق المؤلف مادة دخيلة و مستوردة إلى البلدان العربية التي تفتقر إلى مراكز ومعاهد للدراسات والبحوث الإستراتيجية خاصة بحقوق الملكية الفكرية، وجامعات وأكاديميات متخصصة في تكوين الأطر القانونية، القضائية والاقتصادية.. وذلك من طرف أساتذة مبرزين ومعتمدين في حقوق الملكية الفكرية، كل حسب فرع اختصاصه ودائرة خبرته، كما هو الحال في الدول الغربية التي تعتبر حقوق الملكية الفكرية علما قائما بذاته، إن لم نقل أم العلوم و الآداب و الفنون.

وإمعانا في المزيد من التبليغ والتوضيح، نبادر بالإشارة إلى أن هذه الفئة من الأساتذة المتخصصين، جلهم فقهاء وخبراء قانونيون معتمدون (قضاة، محامون، وزراء ومستشارو الدولة) يمارسون مهامهم على أعلى المستويات. ومع ذلك، يخضعون بدورهم لدورات تكوينية بصفة دائمة ومنتظمة، تحدو بلدانهم الرغبة في التجديد والتطوير والمواكبة المستديمة لمستوى الأحداث والأبحاث. وما ذلك إلا لسد الفراغ الهائل والمهول في مجال "حقوق المؤلف"، وحتى لا يأنس بعض الناس من نفسهم الرغبة في ادعاء المعرفة أو الخبرة، فيخوضوا فيما ليس لهم به علم، دون تمحيص دقيق.

دعوة لحماية مادة "حقوق المؤلف" ذاتها من أي اعتداء

إن الأهم من هذا كله هو حماية "قانون حقوق المؤلف والحقوق المجاورة" وتحصينه من الانعكاسات السلبية التي قد تكون على عدة مستويات، وبخاصة:

- على مستوى المحللين والمراقبين بالمنظمة العالمية للتجارة التي تلح على ضرورة حماية حقوق الملكية الفكرية بكل فروعها، وتطبيق الأحكام التشريعية الكفيلة بضمان حقوق التأليف أو النسخ، والتي تتماشى والإطار العام لاتفاقية برن في هذا الشأن...[2]

المنظمات العالمية و مدى قابلية تطبيق القانون الوطني:

---

[1] - المبادئ الأولية لحقوق المؤلف – اليونسكو
[2] - راجع عملنا الأول ص 461-465 (المفهوم الدولي السائد، والقانون الوطني الواضح والصريح)

حق المؤلف في الخزانات العامة: ثروة غير محصنة من أضرار القرصنة

إن أول ما تقوم به الولايات المتحدة الأمريكية هو الفحص الشامل والدقيق للقوانين الوطنية المتعلقة بحقوق الملكية الفكرية، لترى ما إذا كانت القوانين المعتمدة ملائمة (منسجمة مع أحكام الاتفاقيات العالمية) فعالة وقابلة للتطبيق.

« La première chose à faire, c'est d'examiner le droit de la propriété intellectuelle, de voir si des lois adéquates et efficaces ont été adoptées et jusqu'à quel point elles sont appliquées ».[1]

وهو نفس النهج الذي تسير عليه المنظمة العالمية للتجارة والمنظمة العالمية للملكية الفكرية، قبل منح الضوء الأخضر للدولة المرشحة للانضمام إليهما.

ونعرض فيما يلي لمقتطفات من الدراسة التي أنجزتها إدارة حق النسخ بجامعة كولومبيا الأمريكية، بطلب من المنظمة العالمية للملكية الفكرية. والتي تم عرضها على المجلس الدائم لحقوق المؤلف والحقوق المجاورة في دورته السابعة عشر المنعقدة بجنيف من 3 إلى 7 نونبر 2008:

Cette étude a été réalisée à la demande de l'OMPI en août 2007 - Résumé :

« La présente étude sur les exceptions au droit d'auteur en faveur des bibliothèques et des services d'archives donne un aperçu de la nature et de la diversité des textes de la législation sur le droit d'auteur des 184 pays membres de l'Organisation Mondiale de la Propriété Intellectuelle. Elle rassemble pour la première fois les exceptions en faveur des bibliothèques en vigueur dans la quasi-totalité des pays membres de l'OMPI et analyse les dispositions pertinentes de la législation. Les exceptions législatives en faveur des bibliothèques concernent essentiellement des questions comme la reproduction d'œuvres protégées par le droit d'auteur à des fins telles que la recherche et l'étude privées, la préservation et le remplacement des documents, et la fourniture de documents et le prêt entre bibliothèques. Certains pays se sont dotés de lois sur la "mise à disposition" d'œuvres protégées par le droit d'auteur. La présente étude porte également sur les exceptions en faveur des bibliothèques à l'interdiction de la neutralisation des mesures techniques de protection.

L'avant-projet complet a été remis en avril 2008. Les mois qui se sont écoulés entre ces deux dates ont été essentiels pour trouver et analyser les lois pertinentes. Son calendrier d'exécution implique également que l'étude vise à recueillir les faits se rapportant à l'état actuel des exceptions en faveur des bibliothèques à travers le monde. Elle pourra être utile aux parlementaires qui envisagent d'autres dispositions, aux bibliothécaires s'employant à donner un sens concret à la loi et aux spécialistes qui se penchent sur les complications et la dynamique de la législation sur le droit d'auteur. »

<u>دور المنظمات العالمية: تحليل وفحص التشريعات الوطنية:</u>

---

[1] M. Claude Burcky-office du représentant des USA pour le commerce extérieur.

حق المؤلف في الخزانات العامة: ثروة غير محصنة من أضرار القرصنة

<u>المغرب نموذجا</u>ـ اطلالة على الجدول-الملخص الذي أنجزته "إدارة حق النسخ بجامعة كولومبيا الأمريكية"[1] لفائدة الخزانات و/أو مصالح التوثيق بالمغرب، و الذي يتضمن التدابير العامة، الواجب تطبيقها في حالات الاستنساخ المبينة أدناه:[2]

Maroc - Dispositions générales (applicables à toutes les formes de reproduction énumérées ci-après)			
Consentement de l'auteur	Non. L'utilisation est autorisée sans le consentement de l'auteur ou de tout autre titulaire du droit d'auteur.		art. 16
Reproduction aux fins de l'utilisation par une bibliothèque			
Qui peut effectuer une reproduction?	Les bibliothèques ou les services d'archives.		art. 16.a)
^	Conditions :	Les activités ne doivent pas avoir, directement ou indirectement, de but lucratif.	^
Que peut-on reproduire?	Des articles, de courtes œuvres ou de brefs extraits d'œuvres écrites, y compris les illustrations, publiés dans des recueils, des journaux ou des périodiques.		^
^	Conditions :	La reproduction ne peut être effectuée qu'à un seul exemplaire.	^
^	^	Cette autorisation ne couvre pas les programmes d'ordinateurs.	^
But de la reproduction	Répondre à la demande d'une personne physique.		^
^	Conditions :	Aucune.	^
Support de la reproduction	Reproduction reprographique.		^
Préservation et remplacement			
Qui peut effectuer une reproduction?	Les bibliothèques et les services d'archives.		art. 16.b)
^	Conditions :	Les activités ne doivent pas avoir, directement ou indirectement, de but lucratif.	^
Que peut-on reproduire?	Des œuvres.		^
^	Conditions :	La reproduction ne peut être effectuée qu'à un seul exemplaire.	^
But de la reproduction	La préservation, ou si nécessaire (si l'œuvre risquait d'être perdue, détruite ou rendue inutilisable) le remplacement.		^
^	Remplacer, dans le recueil permanent d'une autre bibliothèque ou d'un autre service d'archives, des œuvres ayant été perdues, détruites ou rendues inutilisables.		^
^	Conditions :	Aucune.	^
Support de la reproduction	Reproduction reprographique.		^

التشريعات الوطنية والاتفاقيات العالمية تميز:

- بين "**شخص ذاتي**" مرخص له باستنساخ مصنف (خارج مؤسسة عمومية) "قصد الاستعمال الخاص بالمستعمل" و "الشخصي حصرا". (نص المادة 12 من القانون المغربي)

---

[1] Crews, Directeur, Copyright Advisory Office, Université Columbia Comité permanent du droit d'auteur et des droits connexes. -- Dix-septième session Genève, 3 – 7 novembre 2008

[2] Étude sur les limitations et exceptions au droit d'auteur en faveur des bibliothèques et des services d'archives, établie par Kenneth

حق المؤلف في الخزانات العامة: ثروة غير محصنة من أضرار القرصنة

- وبين "**خزانة أو مصلحة للتوثيق**"، بإمكانها إنتاج نسخة منفصلة (إن كان ذلك ضروريا) من مصنف قصير، نادر أو مفقود - "مقال، مصنف قصير أو مقاطع قصيرة لكتابات غير برامج الحاسوب، برسوم توضيحية أو بدونها، منشورة ضمن سلسلة مصنفات أو ضمن عدد من جريدة أو دورية":

* (أ) إذا كان الهدف من الاستنساخ بغرض الاستعمال من قبل الخزانة أو مصلحة التوثيق ذاتها.

- "أو إذا كان الهدف من الاستنساخ هو الاستجابة لطلب شخص ذاتي"؛ (المادة 16/أ)

* (ب) إذا كان الاستنساخ موجها لحفظ المصنف الأصلي، أو تعويضه (في حالة فقدان هذا المصنف أو تلفه أو عدم قابليته للاستعمال).. (المادة 16/ب)

لا مجال للاجتهاد مع القاعدة

إن كافة الحكومات أصدرت قوانين تنص على تجريم الاعتداء على حقوق النسخ الاستئثارية، ولا تسمح بالاستثناءات الواردة على حقوق المؤلف إلا "في بعض الحالات الخاصة وبشرط ألا يضر ذلك بالاستغلال العادي للمصنف، أو يضر دون مبرر بالمصالح المشروعة للمؤلف." (مقتضيات الفصل الرابع المتعلق بـ"الحد من الحقوق المادية" /المادة 12 من القانون المغربي)

الحكومة الأمريكية تكافح أي اعتداء أو سرقة تقع على حقوق النسخ...تحت ذريعة "الاستنساخ من أجل الاستخدام العادل"، و تعتبر:

- إن "السهولة التي يتم بها الاستنساخ تشكل تهديدا لحماية الأعمال الأدبية و الفنية"؛
- و إن "الاستخدام العادل لا يعني الاستخدام بالمجان":

« La protection des œuvres littéraires et artistiques est menacée par la facilité avec laquelle l'on peut reproduire et distribuer les œuvres dans le monde entier et par une interprétation de la notion de l'usage loyal…or, <u>usage loyal et usage gratuit ne sont absolument pas synonymes</u> ».[1]

« Quant aux limitations du droit d'auteur, il ne doit en être établi que dans des cas très particuliers, et toujours à conditions qu'elles ne portent pas préjudice à l'exploitation normale des oeuvres par leur titulaire. »[2]

كما أن كافة الحكومات أصدرت قوانين تنص على مكافحة أية سرقة تقع على المؤلفات المشمولة بالحماية، سواء تم اقترافها من طرف أشخاص ذاتيين أو من قبل أشخاص اعتباريين أو كيانات أو مؤسسات عمومية.

---

[1] - Bruce Lehman, ministre adjoint du commerce extérieur chargé des services, des investissements et de la propriété intellectuelle. Voir notre 3ᵉ livre p. 59-60
[2] - Gabriel E. Larrea Richerand BDA n° 3, 1991 - p 7

حق المؤلف في الخزانات العامة: ثروة غير محصنة من أضرار القرصنة

300.000 أورو... هو مبلغ التعويض الذي قضت به المحكمة على خزانة استنسخت دون ترخيص

مقتطفات من بعض الكتب:

<u>Google Condamné en première instance pour reproduction illégale d'extraits d'ouvrages des Editions de la Martinière:</u>

« Fin 2009, le tribunal de grande instance de Paris a condamné le groupe Internet pour contrefaçon en reproduisant de manière illégale des extraits de livres sur Google Books (service de contenus numériques mi-librairie mi-bibliothèque) sans l'accord des ayants droit.

L'avertissement adressé par la justice française vis-à-vis de Google est clair au regard du montant des dommages et intérêts: Google doit verser 300 000 euros de dommages et intérêts à la maison d'édition qui avait initialement porté plainte. »

أمر بأداء مبلغ 300.000 أورو...

« Le tribunal de grande instance de Paris a ordonné l'exécution provisoire du jugement : 300 000 euros de dommages et intérêts et une astreinte de 10.000 euros par jour en cas du maintien des extraits littéraires sur son service <u>Google Books</u> au delà des 30 prochains jours.

Dans son jugement, la 3ème chambre civile estime que "en reproduisant intégralement et en rendant accessibles des extraits d'ouvrages sans l'autorisation des ayants-droit, la société Google a commis des actes de contrefaçon de droits d'auteur au préjudice des éditions du Seuil, Delachaux & Niestlé et Harry N. Abrams, ainsi qu'au préjudice du Syndicat national de l'édition (SNE) et de la Société des gens de lettres (SGDL)" indique l'AFP. »

<u>جبهة دولية لمعارضة مقترفي الخرق – فرنسا ترفض التفريط في ثراتها الثقافي لفائدة الغير:</u>

« Nicolas Sarkozy veut contrer les projets de Google Books. Le Président de la République a affirmé que « la France ne veut pas se faire déposséder de son patrimoine culturel au profit du service de numérisation américain ».

"وزير الثقافة والاتصال الفرنسي يرى أن هذا الأمر يشكل تهديدا للتعددية الثقافية"

« Les velléités de Google Books agaçaient déjà Frédéric Mitterrand, le ministre de la Culture et de la Communication, qui voit en ce service une *« menace pour la diversité culturelle »*, c'est au tour de Nicolas Sarkozy de faire part de ses réticences concernant les ambitions du service de numérisation américain. »

ألمانيا تعتبر أن هذا الأمر لا يضمن حماية حق المؤلف...

« Angela Merkel dénonce l'attitude de Google Books - Google Books inquiète ses concurrents, les éditeurs français, mais aussi l'Allemagne : Angela Merkel estime que le service de numérisation de Google ne garantit pas la protection du droit d'auteur.

Alors que Frédéric Mitterrand estimait il y a quelques jours que l'accord signé entre Google Books et les organisations américaines représentant les ayants droit dans le secteur de l'édition, à savoir l'Authors Guild et l'Association of American Publishers (AAP), en octobre 2008, « est une menace pour la diversité culturelle », Angela Merkel rejoint les positions du ministre français de la Culture : la chancelière allemande a vivement critiqué les projet du service de numérisation de Google. »

أما الدول العربية والاسلامية، وما تزخر به من جامعات ومؤتمرات ومنظمات للتربية والثقافة والعلوم، و اتحادات للكتاب و النشر و الصحافة، و "ادارات جماعية لحقوق المؤلفين"، و وزارات مكلفة بالشؤون الثقافية و الشؤون الاسلامية، و وزارات الاتصال و العدل و الخارجية و غيرها، فلا علم لها بعمليات تفويت أو نزع ملكيتها العامة (ثراتها الفكري الثقافي و ارثها الحضاري) التي تم التنازل عنها (بعوض أو بدون عوض) فأصبحت في ملك Google و غيرها.

الاستغلال غير المشروع: خروج عن القاعدة و القانون

يمكن القول كقاعدة عامة، أنه "باستثناء بعض حالات معينة ينص عليها القانون، لا يعتبر أي استخدام للمصنف المشمول بالحماية مشروعا إلا إذا تم الحصول على ترخيص صريح بذلك من صاحب حقوق المؤلف قبل ذلك الاستخدام".[1]

و يعد كل عرض على العموم أو نشر أو تأجير أو إعارة أو استنساخ.. – جزئيا أو كليا – في مكان عمومي تجاري أو غير تجاري، لعمل مشمول بالحماية دون الحصول على إذن مسبق من المؤلف أو ممن ينوب عنه شرعا، عملا غير مشروع يتعين معاقبة مرتكبه أو مرتكبيه.[2]

وقد سبق أن ذكرنا في كتابنا الأول الصادر **عام 1995** – أي قبل إصدار القوانين العربية بعدة سنوات: انه لا غرو أن تجيء أحكام "الاتفاقية على جوانب حقوق الملكية الفكرية المرتبطة بالتجارة" مشددة للغاية نظرا لما لهذه الأخيرة من أهمية ودور رئيسي في التنمية التجارية لبعض الدول، سيما تلك المتقدمة صناعيا. وما ذلك إلا تصديا لانتشار القرصنة الواضحة والمقنعة...

والحالة هذه، كان لا مناص من وضع و توقع قوانين جديدة تجرم هذه العمليات التي تضر بحقوق و مصالح ذوي الحقوق، وتصيب بالأساس النمو التجاري والصناعي وتلحق أضرارا بالغة بالأهداف الاقتصادية المنشودة...[3]

حقوق الملكية الفكرية: "عامل في تحديد أهلية الدول الأجنبية"

---

[1] - المبادئ الأولية لحقوق المؤلف ص 61

[2] - راجع ص 257 من عملنا الأول

[3] - راجع عملنا الأول ص 425-426.

حق المؤلف في الخزانات العامة: ثروة غير محصنة من أضرار القرصنة

- وفي عام 1997 صرح بيتر فاولر المحامي المتخصص في شؤون الملكية الفكرية في وزارة التجارة الأمريكية: "إن حماية حقوق الملكية الفكرية هي جزء أساسي من السياسة الاقتصادية الأمريكية التي تعتبر عاملا في تحديد أهلية الدول الأجنبية (العربية والإسلامية) للحصول على المساعدات...وتنص القوانين الأمريكية على إجراء مراجعة دورية لقوانين الحماية في الدول التي تتعامل معها، وفرض العقوبات في حال ثبوت انتهاك قوانين حقوق الملكية الفكرية." [1]

و خشية من العواقب و العقوبات و المحاسبة الخارجية، صدرت في نفس السنة فتاوى دينية في مصر والسعودية تدعم جهود الأشخاص المعنويين/الشركات المتعددة الجنسيات (المالكة الأصلية للحقوق) – ولم نسمع أو نقرأ عن أي جهة عربية أو اسلامية مسؤولة (منظمة، حكومة، وزارة، جمعية أو رابطة...) تدعم قولا و عملا جهود المبدع الأصلي/الانسان (الأديب والعالم؛ الكاتب والصحفي) العربي/المسلم..

واشنطن: "شركاؤنا عرضة للمحاسبة"

- وفي سنة 1999: "ذكر وكيل وزارة الخارجية لشؤون الاقتصاد والأعمال، ستيوارت ايزنستات، إن الولايات المتحدة ستدعو في العام المقبل إلى تنفيذ بنود في نظام منظمة التجارة العالمية خاصة بسرقة برامج الكمبيوتر في الدول النامية. وقال في شهادة أمام لجنة العلاقات الخارجية لمجلس الشيوخ "أود أن أشدد على النقطة التالية: إذا تبين لنا بعد الأول من يناير عام 2000 أن شركائنا التجاريين لا يتقيدون بهذا الأنظمة، سيكونون عرضة للمحاسبة...إن حماية الملكية الفكرية تعتبر حاسمة..." . [2]

- و في عام 2000، صدرت أوامر بالالتزام بأحكام النظام العالمي العام: نظام التجارة العالمية لحقوق الملكية الفكرية الاقتصادية (الأمريكية).

وهذا مثل بسيط لما تعنيه الملكية الفكرية التي أفرزت سائر المفاهيم الجديدة التي تقود السياسة الدولية التي تمسك بلعبتها وتهيمن عليها الولايات المتحدة، بل القلة القليلة من خبرائها "الوزراء" الذين "يدفعون عجلة الدول النامية كي تتخذ الإجراءات الضرورية للوفاء بالتزاماتها قبل فاتح يناير 2000":

« Nous poussons à la roue pour que les pays en développement prennent les mesures nécessaires afin de s'acquitter de leurs obligations à partir du 1er janvier 2000. » [3]

---

[1] - الشرق الأوسط 1999/06/22

[2] - جريدة الأنباء 1999/5/24 - للمزيد راجع ص 113-115 من "العولمة-المعممة

[3] - J. Papovich - Perspectives économiques - USIA - Mai 1998.

حق المؤلف في الخزانات العامة: ثروة غير محصنة من أضرار القرصنة

وقد استجابت لهذه الأوامر البلدان العربية، و على رأسها المملكة المغربية، و عجلت بإصدار القوانين في وقت وجيز، وعرفت نشاطا متزايدا في هذا المجال واهتماما بالغا بتحرير تجارة وخدمات وسلع الشركات الأجنبية – "المؤلفة" و"الخالقة" – المستثمرة والمنتجة والناشرة للأغاني والأفلام وبرامج الحاسوب التي صدرت بشأنها "فتاوى دينية عن كل من اللجنة الدائمة للبحوث العلمية والإفتاء في السعودية وعن مفتي الديار المصرية، والتي نصت على عدم جواز نسخ برامج الحاسوب..".[1]

وما برامج الحاسوب إلا مصنفات أدبية – كتب و كتابات الكترونية.. أضيفت إلى قائمة المصنفات الأدبية المشمولة بالحماية. حيث:

- "تتمتع برامج الحاسب الآلي بالحماية باعتبارها أعمالاً أدبية"، حسب المادة 32 من اللائحة التنفيذية لنظام حماية حقوق المؤلف السعودي.

هذا مع العلم أن ظاهرة القرصنة على برامج الحاسوب لا تعد شيئا يذكر أمام ظاهرة القرصنة التي تطال الكتب والكتابات الأدبية العربية والإسلامية. حيث إنها، كما سبق القول، أكثر عرضة للسرقة والاستنساخ غير المشروع في الداخل و الخارج. ومع ذلك فإننا لم نسمع أو نقرأ عن أي فتوى تجرم سرقة الكتب العربية أو الاستنساخ غير المشروع للكتابات الأدبية العربية الاسلامية.

---

[1] - راجع الشرق الأوسط 08-07-1997/الصحراء المغربية 1997/05/20

الفصل 14

حق المؤلف...و ضرورة الإصلاح القضائي

التشريعات الوطنية الجديدة: أحكام صارمة ومشددة[1]

غير خاف على أحد أن برامج (أي كتابات وكتب) الحاسب الآلي، والأفلام والأغاني (الأمريكية)، تتعرض للاستنساخ أو القرصنة في كثير من البلدان، وعلى رأسها البلدان العربية، مما يضر بمصالح المؤلفين الأمريكان على وجه الخصوص، لذلك عملت "شركات التأليف و الانتاج والاستثمار في مجال الملكية الفكرية"، المالكة الأصلية للحقوق الاقتصادية، على فرض قوانينها وإملاء أحكامها على البلدان العربية التي جاءت تشريعاتها الجديدة تتطابق مع مواد اتفاقية الجات واتفاقية التبادل التجاري الحر (بالنسبة لبعض البلدان). حيث تلتزم الدول الأعضاء في المنظمة العالمية للتجارة بتنفيذ الأحكام من 41 إلى 61 الواردة ضمن الجزء الثالث من اتفاقية جوانب حقوق الملكية الفكرية المرتبطة بالتجارة. والتي نستشهد على سبيل المثال لا الحصر بمقتطفات منها فيما يلي:

* اتفاقية الجات – القسم 1 – " الالتزامات العامة:

المادة 41 : 1– تلتزم الدول الأعضاء بضمان اشتمال قوانينها لإجراءات الإنفاذ المنصوص عليها في هذا الجزء لتسهيل اتخاذ تدابير فعالة ضد أي تعد على حقوق الملكية الفكرية التي تغطيها هذه الاتفاقية، بما في ذلك الجزاءات السريعة لمنع التعديات والجزاءات التي تشكل رادعا لأي تعديات أخرى. وتطبق هذه الإجراءات بالأسلوب الذي يضمن تجنب إقامة حواجز أمام التجارة المشروعة و يوفر ضمانات ضد إساءة استعمالها.

2 – تكون إجراءات إنفاذ حقوق الملكية الفكرية منصفة وعادلة. ولا يجوز أن تكون معقدة أو باهظة التكاليف بصورة غير ضرورية، ولا أن تنطوي على حدود زمنية غير معقولة أو تأخير لا داعي له..."

- وليس معنى هذا أن هذه الأحكام الجديدة المصادق عليها من قبل الدول الأعضاء في المنظمة العالمية للتجارة جديدة في شكلها، بل جديدها أنها تكتسي صبغة إلزامية تطبيقية وشاملة على نطاق عالمي.

اتفاقية الجات – القسم 3 – التدابير المؤقتة (المادة 50):[1]

---

[1] - راجع ص 426 من عملنا الأول الصادر عام 1995

1 – للسلطات القضائية صلاحية الأمر باتخاذ تدابير مؤقتة فورية و فعالة:

(أ) للحيلولة دون حدوث تعد على أي حق من حقوق الملكية الفكرية..

2 – للسلطات القضائية صلاحية اتخاذ تدابير مؤقتة دون علم الطرف الآخر حيثما كان ذلك ملائما، لاسيما إذا كان من المرجح أن يسفر أي تأخير عن إلحاق أضرار يصعب تعويضها بصاحب الحق، أو حين يوجد احتمال واضح في إتلاف الأدلة".

هذا و تهدف التدابير الوقائية، المؤقتة أو الوقتية إلى منع أو حظر وقوع الاعتداء أو/و وقفه بطرق فعالة و سريعة، تنص على معالجتها أحكام التشريعات الوطنية. و "لئن كان الحظر هو أشد أنواع العلاج فعالية ضد الأداء غير المشروع، فانه يوجد دواء آخر للاعتداءات المتعلقة بالأشياء المادية، مثل الكتب والرسوم... ويتمثل هذا الدواء في توقيع الحجز على الأشياء أو المعدات التي استخدمت في إنتاجها.." [2]

كذلك صدرت القوانين العربية تدرج في نصوصها التدابير أو الاجراءات التحفظية و العقوبات التي نصت عليها اتفاقية الجات، و التي تخول لرئيس المحكمة المختصة، بناء على طلب المؤلف أو من يخلفه، وبمقتضى حكم يصدر على عريضة، أن يأمر، بالنسبة لكل مصنف نشر أو عرض بدون إذن كتابي من المؤلف أو ممن يخلفه، أو في الحالات التي يخشى فيها من اعتداء وشيك على حقوق المؤلف أو الحقوق المجاورة :

* "لمنع وقع الاعتداء على تلك الحقوق...ولقاضي الأمور المستعجلة من أجل ذلك اتخاذ كافة القرارات التي تجيزها القوانين وخاصة القرارات على أصل العرائض حماية للحق أو للعمل المستهدف بالاعتداء ولكافة الأعمال الأخرى المملوكة من قبل المؤلف أو صاحب الحق المجاور، ولقاضي الأمور المستعجلة فرض غرامات إكراهية إنفاذاً لقراراته. كما يحق لرئيس محكمة البداية المختص أو للنيابة العامة المختصة اتخاذ الإجراءات التحفظية المشار إليها أعلاه". (حق المؤلف اللبناني – الفصل الحادي عشر – الإجراءات التحفظية والعطل والضرر والعقوبات (المادة 81)

* "بمنع أو أمر بإنهاء خرق أي حق محمي بموجب هذا القانون

- الأمر بحجز نسخ المصنفات أو المسجلات الصوتية التي يشتبه في كونها أنجزت أو استوردت أو في طور التصدير بدون ترخيص صاحب حق محمي..." (المادة 61 من القانون المغربي – التدابير التحفظية)

---

[1] - *(راجع الباب الرابع – التدابير الحدودية المادة 61 الى 65/15

[2] - المبادئ الأولية لحقوق المؤلف ص 65.

* "الأمر بوقف التعدي.

- مصادرة النسخ غير الشرعية وأي مواد أو أدوات استعملت في الاستنساخ.

- مصادرة العائدات الناجمة عن الاستغلال غير المشروع (قانون حق المؤلف الأردني المادة 46).

- بإتلاف نسخ المصنف أو الصورة المأخوذة عنه الذي نشر بصورة غير مشروعة والمواد التي استعملت في نشره". (قانون حق المؤلف الأردني المادة 47)

* و في المملكة العربية السعودية: "يجوز للجنة أن تصدر قراراً مؤقتاً بوقف طبع المصنف المعتدى عليه، أو إنتاجه، أو نشره، أو توزيعه، وإجراء الحجز التحفظي على النسخ والمواد والصور التي استخرجت منه، أو القيام بأي إجراء مؤقت تراه ضرورياً لحماية حق المؤلف، وذلك إلى حين الفصل النهائي في الشكوى أو التظلم. وتحدد اللائحة التنفيذية إجراء الحجز التحفظي": [1] (نظام حقوق المؤلف السعودي – أحكام المخالفات والعقوبات/المادة 22)

* حق المؤلف في الحصول على تعويضات – نماذج من التشريعات الوطنية:

تمنح جميع التشريعات الوطنية للمؤلف المتضرر الحق في الحصول على تعويضات عادلة وكافية. حيث:

- " لكل مؤلف وقع الاعتداء على حق من حقوقه المبينة في هذا القانون الحق في التعويض". (المادة 41 من القانون الكويتي)

- "كل من لحقته أضرار مباشرة من أصحاب الحقوق المحمية بموجب أحكام هذا القانون نتيجة تعد وقع على حقه أو ارتكاب فعل محظور منصوص عليه في المادة (40) من هذا القانون، أن يقيم دعوى أمام المحكمة المدنية المختصة لمطالبة المتسبب بالتعويض". (المادة 43 من القانون العماني)

- "في حالة خرق حق معترف به لصاحب حقوق محمية بموجب هذا القانون، يحق لصاحب الحقوق الحصول من مقترفي الخرق على تعويضات عن الضرر الذي تعرض له بسبب فعل الخرق".(المادة 62 من القانون المغربي)

* اتفاقية التبادل التجاري الحر بين المغرب والولايات المتحدة (إجراءات تحفظية وتدابير فورية):

---

[1] - راجع اللائحة التنفيذية لنظام حماية حقوق المؤلف **السعودي** – الفصل الثالث – الحجز التحفظي (المادة 27)

حق المؤلف في الخزانات العامة: ثروة غير محصنة من أضرار القرصنة

في هذا الخصوص و علاقة بالموضوع، يكون من حق المؤلفين المغاربة، ضحايا الاعتداء على حقوق المؤلف، تقديم الشكاوى و طلبات التعويض إلى المحاكم المختصة التي يجب أن: " تدرسها بسرعة دون حضور الطرف الآخر، وتأخذ بصورة عامة، تدابير تستجيب لهذه الطلبات خلال 10 أيام، ما عدا في الحالات الاستثنائية" – وذلك طبقا للمادة 17 من اتفاقية التبادل التجاري الحر بين المغرب والولايات المتحدة.

<u>للمؤلف حق الاختيار بين تعويض..و تعويض.. إضافة إلى التعويض المالي:</u>

للمؤلف أن يختار بين التعويض عن الأضرار التي قد تلحق به فعلا أو التعويض عن الأضرار المقرر مبلغه مسبقا، إضافة إلى أية أرباح أخرى يكون قد جناها المعتدي...كحد أدنى أو أقصى بمقتضى القانون، أو التعويض المالي الإضافي بالمؤلف. والتي تستوجب إجراء خبرة خاصة تبين للمحكمة حجم الضرر الحاصل للمؤلف، و كذا حجم الأرباح التي حصل عليها المعتدي، الخ. حيث:

- " للمؤلف الذي وقع الاعتداء على أي حق من الحقوق المقررة له على مصنفه بمقتضى أحكام هذا القانون الحق في الحصول على تعويض عادل عن ذلك على أن يراعى في تقديره مكانة المؤلف الثقافية وقيمة المصنف الأدبية أو العلمية أو الفنية له ومدى استفادة المعتدي من استغلال المصنف..." (المادة 49 من القانون الأردني)

- "ويعتبر التعويض المحكوم به للمؤلف في هذه الحالة ديناً ممتازاً على صافي ثمن بيع الأشياء التي استخدمت في الاعتداء على حقه وعلى المبالغ المحجوزة في الدعوى". (المادة 49 من القانون الأردني)

- "ويجب أن يكون التعويض الذي تقضي به المحكمة لصاحب الحق جابرا للأضرار التي لحقت به، وتأخذ المحكمة في الاعتبار عند تقدير قيمة هذا التعويض الأرباح التي جناها المتعدي وقيمة الخدمة أو السلعة محل التعدي مقدرة بسعر التجزئة المحدد من قبل المدعى أو وفقا لأي معيار آخر تراه عادلا، و قيمة ما يكون قد تحمله المدعى من مصروفات قضائية وأتعاب محاماة، وبديلا عن ذلك يجوز للمحكمة أن تقضي للمدعى بناء على طلبه بقيمة التعويض المنصوص عليه في اللائحة التنفيذية، وتحدد اللائحة قيمة التعويضات المستحقة لأصحاب الحقوق المحمية بموجب أحكام هذا القانون عن الأضرار التي تلحقهم جراء التعدي على حقوقهم أو نتيجة ارتكاب أفعال محظورة وفقا لأحكامه بما لا يجاوز مبلغ (10000) عشرة آلاف ريال عن كل فعل من أفعال التعدي أو فعل محظور". (المادة 43 من القانون العماني)

– "يدفع كل من اعتدى على حق من حقوق المؤلف أو الحقوق المجاورة تعويضاً عادلاً عن العطل والضرر المادي والمعنوي اللاحق بصاحب الحق تقدره المحاكم بالاستناد إلى قيمة العمل التجارية والضرر اللاحق بصاحب الحق وخسارته لربحه الفائت والربح المادي الذي جناه المعتدي وللمحكمة أن

حق المؤلف في الخزانات العامة: ثروة غير محصنة من أضرار القرصنة

تأمر بضبط الأغراض الجارية عليها الدعوى والآلات واللوازم التي استخدمت في التعدي". (المادة 84 من القانون اللبناني)

- "يتم تحديد مبالغ التعويض عن الضرر طبقا لمقتضيات القانون المدني مع مراعاة حجم الضرر المادي و المعنوي الذي تعرض له صاحب الحق، وكذا حجم الأرباح التي حصل عليها مقترف الخرق من فعله.

- يجوز لصاحب الحقوق الاختيار بين التعويض عن الأضرار التي لحقت به فعلا بالإضافة إلى كل الأرباح المترتبة عن النشاط الممنوع والتي لم تؤخذ بعين الاعتبار في حساب التعويض المذكور أو التعويض عن الأضرار المحدد سلفا في خمسة آلاف (5000) درهم على الأقل وخمس وعشرين ألف (25.000) درهم كحد أقصى حسب ما تعتبره المحكمة عادلا لجبر الضرر الحاصل". (المادة 62 من القانون المغربي)

* حق المؤلف في تعويض اضافي عن الضرر الأدبي

"لما كان المصنف الأدبي يعد تعبيرا عن شخصية الكاتب و انعكاسا لها، فان الجرائم التي تقع على الملكية الأدبية قد تلحق أضرارا أدبية بالمؤلف. و تعترف بعض التشريعات صراحة بهذه الحقيقة و تخول المؤلف المتضرر الحق في أن يطلب من المحكمة أن تقضي له بتعويض اضافي عن الضرر الأدبي الناشئ عن الجريمة"[1].

* و في نظام حماية حقوق المؤلف السعودي: "يجوز للجنة أن تقرر تعويضاً مالياً لصاحب حق المؤلف المعتدى عليه الذي يتقدم بالشكوى، ويكون التعويض متناسباً مع حجم الاعتداء والضرر الذي لحق به". - (المادة 22- العقوبات)

* و طبقا للائحة التنفيذية لنظام حماية حقوق المؤلف السعودي، يكون:

"لصاحب حق المؤلف أو من يمثله حق المطالبة بالتعويض عن الأضرار التي لحقت به من جراء الاعتداء على أي من حقوقه التي يحميها النظام، وله أن يقدم بذلك مذكرة خطية للإدارة المختصة عند رغبته في ذلك، يوضح فيها بشكل مفصل الأضرار التي لحقت به من جراء هذا التعدي وكيفية وقوعها، وكذلك مبلغ التعويض التقديري الذي يطالب به والأساس الذي بني عليه هذا التقرير، وفي جميع الأحوال عليه إبرار الأدلة والمستندات التي تثبت أقواله وعلى المحقق الذي يتولى التحقيق في المخالفة مناقشته

---

[1] المبادئ الأولية لحقوق المؤلف – اليونسكو

بشأنها والتحقيق من حجمها وكذلك إطلاع المدعي عليه على ما قدم ضده وتمكينه من إبداء راية ورده بهذا الشأن ومن ثم إحالة الطلب إلى لجنة لنظر في المخالفات للبت فيه. المادة 24 – حق طلب التعويض)

* و للمحاكم المختصة في المغرب " صلاحية أن تأمر أو تقضي بإجراءات مدنية...تشتمل على الأقل:
"إتاحة الفرصة لحامل الحقوق في أن يختار بين التعويض عن الأضرار التي لحقت به فعلا (بالإضافة إلى أية أرباح تعزى إلى النشاط المحظور لم تؤخذ في الحسبان في حساب تلك الأضرار) أو تعويض محدد مسبقاً". وذلك طبقا للمادة 14 (ب) من اتفاقية التبادل التجاري الحر بين المغرب والولايات المتحدة".

(إجراءات تحفظية: تدابير التعويض و الحجز)

الأمر العالمي الجديد بالحجز و الاتلاف...و التعويض

حيث ورد نص المادة 14 من من "اتفاقية التبادل التجاري الحر بين المغرب والولايات المتحدة" بأن: "ينص كل طرف من الطرفين على أنه لسلطاته القضائية صلاحية أن تأمر أو تقضي بإجراءات مدنية...تشتمل على الأقل على:

- (أ) إجراءات تحفظية، بما فيها تدابير حجز الأجهزة والمعدات التي يشتبه أن لها صلة بالنشاط المحظور".

- "<u>الإجراءات وسبل الإنصاف المدنية والإدارية</u>":

تتلخص هذه الإجراءات في دفع التعويضات والأرباح وقيمة المنتوج، كما نصت عليها اتفاقية التبادل التجاري الحر بين المغرب والولايات المتحدة، حيث:

• "يتيح كل طرف من الطرفين لمالكي الحقوق القيام بإجراءات قضائية مدنية ترمي إلى صيانة حق من حقوق الملكية الفكرية.

• ينص كل طرف من الطرفين على ما يلي:

(أ) في إجراءاته القضائية المدنية، تتمتع سلطته القضائية بصلاحية إصدار أمر للمعتدي على أن يدفع لمالك الحق:

- تعويضات كافية عن الضرر لتعويض مالك الحقوق عما لحق به من ضرر نتيجة للتعدي على حق الملكية الفكرية.

- على الأقل في حالة التعدي على حقوق المؤلف أو على الحقوق المجاورة أو تزييف علامة صنع أو علامة تجارية، الأرباح التي جناها المعتدي من النشاط الذي يعد تعديا أو تزييفا والتي لم تؤخذ بعين الاعتبار عند حساب مبلغ التعويضات الفعلية عن الضرر المشار إليها في الفقرة (1).

حق المؤلف في الخزانات العامة: ثروة غير محصنة من أضرار القرصنة

- من بين ما تراعيه سلطاته القضائية في تحديدها للتعويض عن التعدي على حقوق الملكية الفكرية، قيمة المنتوج أو الخدمة التي تم التعدي عليها، حسب سعر التقسيط المقترح أو أي مقياس آخر مشروع للقيمة التي أدلى بها مالك الحقوق".[1]

* كما تنص جميع التشريعات بدون استثناء على حجز النسخ الناتجة عن الاعتداء، و كذلك الأدوات والمعدات التي استخدمت في عملية التعدي. حيث:

- "للمحكمة أن تحكم بمصادرة نسخ المصنف أو الصور المأخوذة عنه والمواد التي استعملت في إخراجه وبيعها وذلك في حدود ما يفي منها بتعويض المؤلف عن الضرر الذي أصابه وذلك بدلاً من إتلاف تلك النسخ والصور أو تغيير معالمها أو إتلاف تلك المواد." (التشريع الأردني – المادة 47 / ج)

- "في حالة وجود النسخ المتحصلة من انتهاك حقوق ثابتة، يخول للسلطات القضائية إصدار الأوامر بإتلاف هذه النسخ و تلفيفها، و الأمر في حالات استثنائية بالتصرف فيها بشكل آخر معقول، خارج النطاق التجاري بشكل يحول دون إحداث ضرر لصاحب الحق، إلا إذا رغب صاحب الحق في غير ذلك.

– في حالة استعمال معدات أو جهاز من أجل ارتكاب أعمال تمثل خرقا، تصدر السلطات القضائية أمرا بتدميرها على الفور دون تعويض من أي نوع كان أو الأمر في حالات استثنائية بالتصرف فيها بشكل آخر خارج النطاق التجاري بكيفية تقلص إلى أدنى حد خطر حدوث خروقات جديدة أو تأمر بتسليمها إلى صاحب الحق.

- في حالة التخوف من استمرار أعمال تشكل خرقا، تصدر السلطات القضائية أمرا صريحا بوقف هذه الأعمال، كما تحدد مبلغا يساوي 50 في المائة على الأقل من قيمة العملية برسم التعويض عن الأضرار." (التشريع المغربي - المادة 62)

كما يعود للمحاكم المختصة في المغرب صلاحية أن تأمر بتدمير تلك المعدات أو الأجهزة على الفور أو تأمر بتسليمها إلى صاحب الحق..كما لها صلاحية أن تحدد مبلغا يساوي على الأقل نصف قيمة عملية الاستنساخ بهدف تعويض المؤلف عن الأضرار التي أصابته.

اعلام المؤلف بهوية الأطراف المتعدية (حق الحصول على المعلومات)

ورد نص المادة 47 من اتفاقية أدبيك/تريبس بالزام الدول الأعضاء في المنظمة العالمية للتجارة بـ: "منح السلطات القضائية صلاحية أن تأمر المتعدي بإعلام صاحب الحق بهوية الأطراف الثالثة المشتركة

[1] - اتفاقية التبادل التجاري الحر بين المغرب والولايات المتحدة".

في إنتاج وتوزيع السلع أو الخدمات المتعدية وقنوات التوزيع التي تستخدمها، ما لم يكن ذلك غير متناسب مع خطورة التعدي".

وهو ما التزم المغرب بفرض احترمه و تطبيقه، طبقا لاتفاقية أدبيك و اتفاقية التبادل التجاري الحر، حيث تعهد كل طرف من الطرفين بأن:

- "ينص في إجراءاته القضائية المدنية المتعلقة بتنفيذ القوانين الخاصة بصيانة حقوق الملكية الفكرية، على أن لسلطاته القضائية صلاحية أن تأمر المعتدي لتقديم أية معلومات يملكها تتعلق بأي شخص شارك في أي جانب من جوانب التعدي أو التزييف، فيما يتعلق بوسائل لإنتاج للسلع أو توزيعها، بما في ذلك تحديد أشخاص ينتمون لطرف ثالث شاركوا في إنتاج وتوزيع السلع أو الخدمات التي تشكل تعديا أو تزييفا أو قنوات توزيعها، وتقديم هذه المعلومات لمالك الحقوق".[1]

<u>تقديم المعلومات لمالك الحقوق: إجراء يصادر أهم حق..</u>

إنه إجراء قانوني مدبر بإحكام شديد، لحماية الاقتصاد الوطني الأمريكي من التدهور، والقضاء على جرثومة الفساد في مهدها، قبل أن تستشري آثارها على المستوى العالمي.

و هو إجراء يصادر أحد أهم حق من "حقوق الإنسان"...حيث إن القانون المتعلق بحقوق المؤلف لا يمتع المجرم "القرصان" بذلك الحق أو المبدأ الذي قد يجعل إجراءات و سبل البحث و التحقيق تطول وتطول...

وحيث إن "القرصنة" لا تتعلق بشخص واحد، بل غالبا ما تنتظم في شبكة وطنية، وقد تكون دولية، فإن الإجراءات التي تطول، مقابل استفادة هذا القرصان أو ذاك من "الحق المذكور"، ستشكل كارثة حقيقية للاقتصاد والتجارة... حيث إن الدقيقة الواحدة التي تضيعها السلطات المختصة في عدم إحكام القبضة على القرصان وعصابته أو شبكته، قد تكلف من الخسارة ما قد يبلغ الملايير من الدولارات التي يخسرها المؤلف أو "المالك الأصلي للحقوق" (الشركة العملاقة).[2]

النظام الجنائي العالمي الجديد: وعد و وعيد

- في سنة 1992، تمت ملائمة و توحيد النظام الجنائي المتعلق بحقوق المؤلف.[3]

---

[1] - المادة 11 من اتفاقية التبادل التجاري الحر بين المغرب و الولايات المتحدة الأمريكية./ الإجراءات وسبل الانتصاف المدنية والإدارية.

[2] - راجع الباب التاسع من عملنا الرابع ص 133-143

[3] La répression pénale dans l’ordre international – Le régime international des sanctions pénales du droit d’auteur. Carlos A. Villaba – Bulletin du droit d’auteur n° 3, 1992.

حق المؤلف في الخزانات العامة: ثروة غير محصنة من أضرار القرصنة

- و في أبريل 1994 بمراكش، وقعت الدول، في اطار الجات، على عولمة هذا النظام.

حيث: "التزمت البلدان الأعضاء بفرض تطبيق الاجراءات و العقوبات الجنائية على الأقل في حالات التقليد المتعمدة للعلامات التجارية أو انتحال حقوق المؤلف على نطاق تجاري. و تشمل الجزاءات التي يمكن فرضها الحبس أو الغرامات المالية بما يكفي لتوفير رادع يتناسب مع مستوى العقوبات الطبقة فيما يتعلق بالجرائم ذات الخطورة المماثلة..." (المادة 61 من انتفاقية أدبيك/المنظمة العالمية للتجارة).

و طبقا لهذه المادة، فرضت البلدان العربية الأعضاء في المنظمة العالمية للتجارة، عقوبات رادعة تشمل الغرامة و الحبس، أو احدى هاتين العقوبتين، في حالة ارتكاب جرائم الاعتداء على حق من حقوق المؤلف. و قد تضاعف العقوبات في حالة تكرار أي جريمة من الجرائم المنصوص عليها في القوانين الوطنية التي نذكر منها:

* قانون حق المؤلف المغربي "يعاقب بالسجن من شهرين الى ستة أشهر و بغرامة تتراوح بين عشرة آلاف (10000) و مائة ألف (100000) درهم أو باحدى هاتين العقوبتين فقط، كل من قام بطريقة غير مشروعة و بأي وسيلة كانت بقصد الاستغلال التجاري بخرق متعمد لحقوق المؤلف..." (المادة 64)

* قانون حق المؤلف الاماراتي " يعاقب بالحبس مدة لا تقل عن شهرين وبالغرامة التي لا تقل عن عشرة الاف درهم ولا تزيد على خمسين الف درهم، او بإحدى هاتين العقوبتين، كل من قام بغير إذن كتابي من المؤلف او صاحب الحق المجاور او خلفهما بالاعتداء على حق من الحقوق الادبية او المالية للمؤلف...." (المادة 37)

* قانون حق المؤلف القطري "يعاقب بالحبس مدة لا تقل عن ستة أشهر ولا تزيد على سنة، وبالغرامة التي لا تقل عن ثلاثين ألف ريال ولا تزيد على مائة ألف ريال، أو بإحدى هاتين العقوبتين، كل من قام بنشر أو استغلال مصنف غير مملوك له، دون الحصول على إذن كتابي موثق من مؤلف المصنف أو ورثته أو ممن يمثله - ويعاقب بذات العقوبة كل من يدعي، خلاف الحقيقة، ملكيته لمصنف غير مملوك له". (المادة 48).[1]

* قانون حق المؤلف الكويتي "يعاقب بالحبس مدة لا تزيد على سنة واحدة وبغرامة لا تزيد على خمسمائة دينار أو بإحدى هاتين العقوبتين كل من اعتدى على حقوق المؤلف..." (المادة 42)

* قانون حق المؤلف اللبناني "يعاقب بالسجن من شهر إلى ثلاث سنوات وبجزاء نقدي من خمسة ملايين إلى خمسين مليون ليرة لبنانية، أو بإحدى هاتين العقوبتين، كل شخص:

- وضع أو كلف أحداً بأن يضع بقصد الغش اسماً مختلساً على عمل أدبي أو فني.

- قلد بقصد الغش وخداع المشتري إمضاء المؤلف أو الإشارة التي يستعملها.

---

[1] - راجع باب العقوبات/ المواد 48 – 53

ـ قلد عن معرفة عملاً أدبياً أو فنياً.

ـ باع أو أودع عنده أو عرض للبيع أو وضع في التداول عن معرفة عملاً مقلداً أو موقعاً عليه باسم منتحل". (المادة 85)

* <u>قانون حق المؤلف السوري</u> "يعاقب بالحبس من ثلاثة أشهر إلى سنتين وبغرامة لا تقل عن مائة ألف ليرة سورية أو بإحدى هاتين العقوبتين كل من اعتدى على أي حق من الحقوق المشمولة بالحماية ..

ـ كل من نسب لنفسه مصنفا ليس من تأليفه". (المادة 40)

* <u>قانون حق المؤلف العماني</u> "يعاقب بالسجن مدة لا تقل عن ثلاثة أشهر ولا تزيد على سنتين وبغرامة لا تقل عن ألفي ريال ولا تزيد على عشرة آلاف ريال أو بإحدى هاتين العقوبتين كل من:

1 ـ تعدى عمدا على نطاق تجاري على حق من حقوق المؤلف أو الحقوق المجاورة المحمية بموجب أحكام هذا القانون، و يشمل ذلك ما يأتي:

ـ التعدي وإن لم يستهدف تحقيق كسب مادي بصورة مباشرة أو غير مباشرة.

ـ التعدي بغرض تحقيق منفعة تجارية أو كسب مادي خاص.

ـ ارتكب أيا من الأفعال المحظورة بموجب أحكام هذا القانون بغرض تحقيق منفعة تجارية أو كسب مادي خاص إذا كان يعلم أو كانت لديه أسباب معقولة للعلم بأن الفعل من شأنه أن يمكن أو يسهل أو يخفي تعديا على حق محمي بموجب أحكام هذا القانون".[1] (المادة 52)

* <u>قانون حق المؤلف المصري</u> "يعاقب بالحبس مدة لا تقل عن شهر وبغرامة لا تقل عن خمسة آلاف جنيه ولا تجاوز عشرة آلاف جنيه أو بإحدى هاتين العقوبتين كل من ارتكب احد الأفعال الآتية:

ـ الاعتداء على أي حق أدبي أو مالي من حقوق المؤلف أو من الحقوق المجاورة المنصوص عليها في هذا القانون...". (المادة 181)

* <u>قانون حق المؤلف الأردني</u> "يعاقب بالحبس مدة لا تقل عن ثلاثة اشهر ولا تزيد على ثلاث سنوات وبغرامة لا تقل عن الف دينار ولا تزيد على ستة آلاف دينار او باحدى هاتين العقوبتين:

ـ كل من باشر بغير سند شرعي احد الحقوق المنصوص عليها في القانون". (المادة 51)

<u>تضاعف العقوبات في حالة تكرار أي جريمة:</u>

---

[1] ـ راجع الفصل الرابع عشر ـ الإجراءات والعقوبات الجزائية

* "وفي حالة العود تكون العقوبة الحبس مدة لاتقل عن ثلاثة أشهر والغرامة التي لاتقل عن عشرة آلاف جنيه ولا تجاوز خمسين ألف جنيه". (حق المؤلف المصري المادة 181)

* "وفي جميع الأحوال تضاعف العقوبة بحديها الأدنى والأقصى في حال التكرار" (حق المؤلف العماني المادة 52)

* "وفي حالة تكرار اي جريمة من الجرائم المنصوص عليها في الفقرة (ا) من هذه المادة يحكم على مرتكبها بالحد الاعلى لعقوبة الحبس وبالحد الاعلى للغرامة" (حق المؤلف الأردني - المادة 51)

* "و يعاقب بالحبس مدة لا تقل عن ستة اشهر وبغرامة لا تقل عن خمسين الف درهم في حالة ارتكاب الجريمة مرة اخرى" (حق المؤلف الاماراتي - المادة 37)

* "وفي حالة العود تضاعف العقوبات المنصوص عليها في هذا الباب.." (حق المؤلف القطري - المادة 52)

* **وفي لبنان** " يعاقب بالسجن من شهر إلى ثلاث سنوات وبغرامة نقدية من خمسة ملايين إلى خمسين مليون ليرة لبنانية، أو بإحدى هاتين العقوبتين، كل من أقدم عن معرفة وبغاية الربح على الاعتداء أو على محاولة الاعتداء على أي حق من حقوق المؤلف أو الحقوق المجاورة المنصوص عليها في هذا القانون، وتضاعف العقوبة في حالة التكرار." (حق المؤلف اللبناني - المادة 86)

* **أما في المغرب**، فينص القانون على أن: "تضاعف العقوبات المنصوص عليها في المادة 64 أعلاه في حالة الاعتياد على ارتكاب المخالفة". (المادة 1.64) – و:

"يعاقب بالحبس من سنة إلى أربع سنوات و بغرامة تتراوح بين ستين ألف (60.000) و ستمائة ألف (600.000) درهم أو بإحدى هاتين العقوبتين فقط كل من ارتكب أحد الأفعال المشار إليها في المادة 64، اقترف فعلا آخر يعد خرقا لحقوق المؤلف والحقوق المجاورة داخل الخمس سنوات التي تلي صدور حكم أول صار نهائيا". (المادة 2.64)

<u>الحكم باغلاق المؤسسات و نشر الأحكام</u>

انسجاما مع أحكام النظام الجنائي العالمي الجديد، تقضي التشريعات الوطنية بنشر الأحكام الصادرة في الجرائد على نفقة الطرف المحكوم عليه و باغلاق المؤسسات التي كانت مسرحا للجريمة:

* "اغلاق المنشأة التي ارتكبت فيها جريمة التقليد بما لا يجاوز ستة أشهر و بنشر ملخص الحكم الصادر بالادانة في جريدة يومية أو أكثر على نفقة المحكوم عليه" (حق المؤلف الاماراتي - المادة 40)

أضرار القرصنة

* "نشر الحكم في جريدة واحدة أو أكثر على نفقة المحكوم عليه.. واغلاق المنشأة التي استغلت في ارتكاب الجريمة لمدة لا تزيد على ستة أشهر." (حق المؤلف الكويتي ـ المادة 42)

* "اغلاق المحل مدة لا تقل عن شهر ولا تزيد على ثلاث سنوات". (حق المؤلف القطري المادة 52)

* "إغلاق المحل التجاري أو المنشأة التي ارتكبت فيها الجريمة أو وقف النشاط بحسب تقدير المحكمة". (حق المؤلف العماني (المادة 52)

* " نشر ملخص الحكم الصادر بالادانة في جريدة يومية أو أكثر على نفقة المحكوم عليه. و يكون غلق المنشأة وجوبيا في حالة العود في الجرائم المنصوص عليها في البندين (ثانيا، ثالثا) من المادة 181". (حق المؤلف المصري)

* " اغلاق المكان أو المؤسسة التجارية أو محطة التلفزيون أو الاذاعة التي ترتكب مخالفة لحقوق المؤلف لمدة تتراوح بين أسبوع و شهر واحد و اتلاف جميع نسخ الأعمال المصنوعة من غير اجازة صاحب الحق و جميع المعدات و الآلات التي استخدمت لصنعها، و يجوز للمحكمة أيضا أن تأمر بنشر حكمها في جريدتين محليتين على نفقة المدعى عليه." (حق المؤلف اللبناني – المادة 86).

* أما في الأردن، فـ"للمحكمة بناء على طلب المحكوم له أن تقرر نشر الحكم الذي تصدره بموجب هذا القانون في صحيفة يومية أو أسبوعية محلية واحدة أو أكثر على نفقة المحكوم عليه." (حق المؤلف الأردني – المادة 50).

* و في المغرب، ورد نص المادة 3.64 بـ:

- "الاغلاق النهائي أو المؤقت للمؤسسة التي يستغلها مرتكب المخالفة أو شركاؤه فيها؛

- نشر الحكم الصادر بالادانة بجريدة واحدة أو أكثر، يتم تحديدها من لدن المحكمة المختصة، و ذلك على نفقة المحكوم عليه، شريطة أن لا تتعدى مصاريف هذا النشر الحد الأقصى للغرامة المقررة".

و هو ما تنص عليه أحكام اتفاقية التبادل التجاري الحر بين المغرب و الولايات المتحدة، المتعلقة بحجز جميع النسخ المنجزة خرقا لأحكام القانون، و بمصادرة جميع الأصول التي يمكن اثبات علاقتها بالنشاط غير القانوني؛ و باتلاف المواد و الأدوات و السلع المقرصنة أو المزيفة... (المادة 9 و المادة 10

دور النيابة العامة: "ملاءمة اتخاذ الاجراءات الجنائية"

حيث "يجوز في بعض البلدان تحريك الدعوى العمومية في حالات الجرائم التي تقع على حقوق المؤلف بناء على مجرد بلاغ يقدمه أي فرد على الاطلاق يدعي أن لديه معلومات عن الجريمة. و ليس في

حق المؤلف في الخزانات العامة: ثروة غير محصنة من أضرار القرصنة

ظل مثل هذه التشريعات أن يقوم المؤلف أو صاحب حقوق المؤلف الذي لحقه الضرر بتقديم الشكوى. ذلك أنه لما كانت البلاد التي تأخذ بهذا النظام انما تؤسسه على سياسة عامة، فانها تخول المدعي العام سلطة البث، بناء على المعلومات التي يتضمنها البلاغ، في ملاءمة اتخاذ الاجراءات الجنائية." [1] حيث:

* في الكويت: "تتولى النيابة العامة التحقيق و التصرف و الادعاء في جميع الجرائم الناشئة عن تطبيق أحكام هذا المرسوم بقانون." (حق المؤلف الكويتي – المادة 46)

* في عمان: يباشر الادعاء العام التحقيق الجنائي فيما يصل الى علمه من جرائم تقع بالمخالفة لأحكام هذا القانون دون حاجة الى شكوى من صاحب الحق أو من يمثله أو طلب من الجهات الحكومية المعنية." (حق المؤلف العماني – المادة 49)

* و في المغرب: "يجوز للنيابة العامة و دون تقديم أي شكاية من جهة خاصة أو من صاحب الحقوق أن تأمر تلقائيا بمتابعات ضد كل من مس بحقوق صاحب حقوق المؤلف أو الحقوق المجاورة." (حق المؤلف المغربي – المادة 2.65)

منظومة الإصلاح القضائي...وضرورة الاستعانة بالخبير القضائي[2]

حيث أصبح "دور الخبراء متعاظما..و القضاة مجرد مسيرين."[3] حيث "في ضوء ما يشهده العالم من تطوّرات سريعة متلاحقة في مختلف نواحي الحياة وما رافقها من تعدّد للتخصّصات الدقيقة في كافة المجالات تعاظمت أهمية الخبرة باعتبارها وسيلة من وسائل الإثبات المعروضة أمام القضاء يستعين بها القاضي لتحقيق العدالة"[4].

كما ان المادة 42 من اتفاقية أدبيك تلزم الدول الأعضاء بأن تسمح تشريعاتها للأطراف المتخاصمة بأن يمثلها "مكتب استشاري قانوني مستقل"

و طبقا لهذه المادة، نصت التشريعات الوطنية المتعلقة بحقوق المؤلف على أن للمحاكم المختصة أن تأمر بتعيين خبير لمعاونة السلطات المختصة و أعوان الإدارة و القضاء.

التحكيم في قانون حق المؤلف – مصر نموذجا:

[1] - المبادئ الأولية لحقوق المؤلف/من الذي يقدم الشكاوى ؟

[2] - راجع عملنا الجديد الصادر تحت عنوان: "المكتب المغربي لحقوق المؤلفين...كائن غريب ...خارج القانون"

2 - دور القضاء في إنفاذ حق المؤلف والحقوق المجاورة في المغرب - عبد المجيد غميجة مدير الدراسات والتعاون والتحديث بوزارة العدل - الندوة الوطنية: "حق المؤلف والحقوق المجاورة في مجتمع الإعلام" المنظمة بتعاون بين وزارة الاتصال والمنظمة العالمية للملكية الفكرية والمكتب المغربي لحقوق المؤلفين بمشاركة المندوبية السامية للتخطي والمركز الوطني للتوثيق (الرباط، 3 و 4 أبريل 2006)

[4] - القانون العربي الاسترشادي للخبرة أمام القضاء – المذكرة الايضاحية

حق المؤلف في الخزانات العامة: ثروة غير محصنة من أضرار القرصنة

"في حال اتفاق طرفي النزاع على التحكيم تسري أحكام قانون التحكيم في المواد المدنية و التجارية بالقانون رقم 27 لسنة 1994 ما لم يتفقا على غير ذلك." (المادة 182 من قانون حق المؤلف المصري)

* النظام السعودي و"معاقبة الاعتداء بلا هوادة"

حيث "تعد التصرفات الآتية تعدياً على الحقوق التي يحميها النظام:

- نسخ أو تصوير أجزاء من كتاب أو مجموعة كتب أو أجزاء من أي مصنف بعوض أو بدون عوض دون الحصول على الموافقات الخطية من أصحاب الحق والجهات المعنية في الوزارة، باستثناء حالات النسخ المشروعة المبينة في المادة الخامسة عشرة من هذا النظام.

- الاعتداء على أي حق من الحقوق المحمية المنصوص عليها في هذا النظام، أو ارتكاب مخالفة لأي حكم من أحكامه". (المادة 21 من الفصل السادس - أحكام المخالفات والعقوبات)

و تنص المادة 22 على أن:

- أولاً : يعاقب كل من خالف حكماً من أحكام هذا النظام بعقوبة أو أكثر من العقوبات الآتية :

1) الإنذار.
2) غرامة مالية لا تزيد على مائتين وخمسين ألف ريال.
3) إغلاق المنشأة المتعدية أو التي ساهمت في الاعتداء على حق المؤلف مدة لا تزيد على شهرين.
4) مصادرة جميع نسخ المصنف، وكذا المواد المخصصة أو المستخدمة في ارتكاب التعدي على حقوق المؤلف.
5) السجن مدة لا تزيد على ستة أشهر.

- ثانياً : في حالة تكرار التعدي على المصنف نفسه أو غيره تجوز مضاعفة الحد الأعلى للعقوبة والغرامة والإغلاق

- ثالثاً : إذا رأت اللجنة أن المخالفة تستوجب عقوبة السجن أو غرامة مالية تزيد على مائة ألف ريال أو تستوجب شطب الترخيص، ترفع الموضوع للوزير لإحالته إلى ديون المظالم.

- رابعاً : يجوز للجنة أن تضمن قرارها عقوبة التشهير بحق المعتدي، ويكون النشر على نفقته وبالطريقة التي تراها اللجنة مناسبة.

- خامسا: يجوز للجنة أن تضمن قرارها تعليق مشاركة المنشأة المعتدية في الأنشطة أو المناسبات أو المعارض إذا ضبطت المخالفة في مناسبة تجارية، على ألا تزيد مدة التعليق على عامين.

حق المؤلف في الخزانات العامة: ثروة غير محصنة من أضرار القرصنة

* كما تحدد "اللائحة التنفيذية للنظام السعودي لحماية حقوق المؤلف" المخالفات ومسئولية الاعتداء على حق لمؤلف – و تنص المادة الحادية عشر على أن:

- أولاً : يعتبر معتدياً على حق لمؤلف كل من يحصل على نسخة أصلية لأي مصنف فكري ويقوم باستغلاله كتأجيره أو تحويره أو السماح لآخرين بتصويره أو استنساخه أو غير ذلك من التصرفات التي تؤثر أو تعيق المؤلف عن ممارسة حقوقه.

- ثانياً: تعتبر المنشئات مسئولة عن أي مخالفات يرتكبها أحد العاملين بها على أي مصنف فكري إذا ثبت علمها أو تقصيرها، مثل الاحتفاظ ببرامج حاسب أو أشرطة مسموعة أو مرئية مزورة أو منسوخة، أو إجراء صيانة لجهاز إلكتروني محمل ببرامج مزورة أو مفكوك الشفرة أو نحو ذلك من مصنفات.

- ثالثاً: يعتبر تعدياً على حقوق المؤلف ومخالفاً أحكام النظام وهذه اللائحة، كل من أعاد إنتاج مصنفات محمية أو باع هذه المصنفات أو استوردها أو صدرها أو تولى نقلها أو نشرها أو تأجيرها وهو يعلم بالمخالفة.

* و تنص المادة الثانية عشر (التعدي على المصنفات الأدبية) على أن:

- أولاً : يعتبر في نطاق الاستخدام الشخصي كل استعمال للمصنف الفكري بقصد الاستخدام الشخصي الخاص دون سواه مثل استنساخ المصنف بغرض الاحتفاظ بالنسخة الأصلية والكتابة على النسخة المستنسخة أو لترجمة فقرات منه أو لكتابة تعليقات تعبر عن الرأي الشخصي وما تعدى هذه الأغراض اعتبر تجاوزاً لحدود الاستخدام الشخصي.

- ثانياً: يعتبر تعديا كل استخدام للمصنف يتخطى مفهوم الاستخدام الشخصي في مثل الحالات التالية:

- استخدام ونسخ المصنف أو الاستعانة به واستغلاله لأداء مهام وظيفية.
- استخدام المصنف لأغراض تجارية أو استهداف الربح.
- استخدام المصنف بطرق لا يسمح بها المؤلف.
- تأجير المصنف أو استنساخه أو السماح لأخرين باستنساخه أو تحويره بحجة امتلاك نسخه أصلية. أي تصرفات تعيق المؤلف من ممارسة حقه الأدبي أو المالي.

- ثالثاً: يعد تعدياً على حق المؤلف استنساخ المصنف بقصد توفير نسخ منه للاستغلال التجاري أو لبيعه على طلبة العلم أو المؤسسات التعليمية أو غير ذلك.

- رابعاً: امتلاك صاحب العمل لنسخة أصلية من المصنف لا يعطيه حق استنساخها وتوزيعها على موظفي منشآته بحجة أنها استخدام شخصي".

نظام "القرية الشاملة" يشدد العقوبات على "أم القرى"

"الاتحاد الدولي للملكية الفكرية يشدد العقوبات": كتبت جريدة "الوطن[1]" أن:

ذالك ما طلعت علينا به الأخبار الآتية من المملكة العربية السعودة، حيث "وجه مجلس الوزراء السعودي، في 23 محرم 1427هـ، وزارة التجارة والصناعة لاتخاذ عدة إجراءات نظرا لأهمية سرعة معالجة القضايا المتعلقه بحقوق الملكية الفكرية، من خلال ضرورة قيام اللجنة الدائمة لحقوق الملكية الفكرية – والمشكلة في وزارة التجارة والصناعة بدراسة معاهدتي حقوق المؤلف والتسجيلات الصوتية ورفع توصياتها حيال انضمام المملكة لهاتين المعاهدتين بأسرع وقت ممكن، وكذلك توجيه كافة الوزارات والأجهزة الحكومية للتأكيد على الالتزام بنظام حقوق المؤلف وعدم استخدام أي نسخ غير أصلية لبرامج الحاسب الآلي في أجهزة الحاسب التي تستخدمها. وطالبت وزارة التجارة وزارة الثقافة والإعلام بمراجعة الإجراءات التنفيذية لديها المتعلقة بتطبيق نظام حقوق المؤلف، وخاصة إجراءات لجنة النظر في الشكاوى والتعديات على حقوق المؤلف وتطويرها بما يكفل تحقيق العقوبات الرادعة وفقا للنظام، وكذلك الشفافية بتبليغ أصحاب الحقوق بالمعلومات اللازمة التي تكفل لهم حق التظلم من القرارات التي تصدرها اللجنة وفقا للنظام وللاتفاقيات الدولية التي التزمت بها المملكة وعلى رأسها اتفاقية الانضمام لمنظمة التجارة العالمية.

وعلمت "الوطن" أن هذا الإجراء جاء استجابة لاقتراح رئيس الاتحاد الدولي للملكية الفكرية الدكتور إيريك سميث على المملكة لتطوير الملكية الفكرية فهي مجموعة نقاط تمثلت في العمل على تطبيق العقوبات التي تتناسب مع حجم المخالفة بما في ذلك عقوبة السجن التي يجيزها نظام حقوق المؤلف للحد من التعديات الكبيرة المتكررة. إضافة إلى تطبيق مبدأ الشفافية وإطلاع أصحاب الحقوق على الإجراءات المتخذة في قضايا التعدي والأحكام الصادرة ضد المنتهكين وتزويدهم بالمعلومات اللازمة عن المداهمات التي قامت بها وزارة الإعلام منذ صدور النظام الجديد لحقوق المؤلف بالمرسوم الملكي رقم (م/41) وتاريخ 1424/7/2هـ، والاستمرار في ذلك مستقبلا، لتمكين أصحاب الحقوق من التظلم من القرارات التي تصدرها لجنة النظر في الشكاوى بوزارة الثقافة والإعلام إذا رأوا عدم كفاءة العقوبات التي تفرضها.

[1] - جريدة الوطن الصادرة في الرياض - بقلم فداء البديوي

حق المؤلف في الخزانات العامة: ثروة غير محصنة من أضرار القرصنة

ونص المقترح الثالث على أن تقوم كافة الأجهزة الحكومية باستبدال برامج الحاسب الآلي غير الأصلية ببرامج أخرى أصلية.

أما المقترح الرابع فدعا إلى تطبيق أنظمة حماية حقوق المؤلف على الإنترنت وضرورة انضمام المملكة للاتفاقيتين ذات العلاقة التابعتين للمنظمة العالمية للملكية الفكرية وهما (معاهدة الوايبو لحقوق المؤلف)، و(معاهدة الوايبو للتسجيلات السمعية). يذكر أن هذه المقترحات أتت على خلفية عودة رئيس الاتحاد الدولي للملكية الفكرية والوفد المرافق له من زيارة قصيرة للعاصمة الرياض في يناير الماضي لمناقشة إصلاحات السعودية في مجال الملكية الفكرية.

نص نظام حماية حقوق المؤلف على العديد من العقوبات الصارمة مثل الغرامات المالية والتشهير والسجن وتعليق أنشطة المنشأة التجارية والإغلاق المؤقت وشطب الترخيص، وكذلك تعويض أصحاب الحقوق تعويضا عادلاً عن الأضرار التي لحقت بهم.[1]

الفصل 15

حق المؤلف:

ألماس و ألماس...لـ "خير أمة أخرجت للناس"

المؤلف المسلم (بأعماله) **لا يمشي في الأسواق..و لا يأكل الطعام ! ؟**

"وَمَا أَرْسَلْنَا قَبْلَكَ مِنَ الْمُرْسَلِينَ إِلَّا إِنَّهُمْ لَيَأْكُلُونَ الطَّعَامَ وَيَمْشُونَ فِي الْأَسْوَاقِ"[2]

ما أحوج البلاد العربية والإسلامية الى مثل هذه "المقترحات"...حيث ترسخ في ذهنيتها عبر حقب موغلة في القدم، من أن "الثقافة ليست تجارة أو بضاعة"، وأن "الثقافة ملك للجميع"...و أن "الحديث الشريف يقول: "من كتم العلم ألجمه الله يوم القيامة بلجام من حديد" الخ.

كما اننا نجد فقهاءنا الأجلاء يجمعون ويتفقون - وهذا صحيح - على أن "الإسلام دين العلم" وأن "القرآن يكرم العلم والعلماء" وأن المؤلف "صاحب رسالة سامية"...وأن "العلماء ورثة الرسل"...فهل

---

[1] -المصدر كتيب إرشادي حول نظام حماية حقوق المؤلف واجراءات تطبيقه - وزارة الثقافة والإعلام - المملكة العربية السعودية.
http://www.ecoworld-mag.com/Detail.asp?InNewsItemID=270665

[2] - الفرقان 30.

حق المؤلف في الخزانات العامة: ثروة غير محصنة من أضرار القرصنة

العلماء والرسل لا يأكلون الطعام ولا يمشون في الأسواق ؟ "وَ قَالُوا مَالِ هَٰذَا الرَّسُولِ يَأْكُلُ الطَّعَامَ وَيَمْشِي فِي الْأَسْوَاقِ ۙ لَوْلَا أُنزِلَ إِلَيْهِ مَلَكٌ فَيَكُونَ مَعَهُ نَذِيرًا * أَوْ يُلْقَىٰ إِلَيْهِ كَنزٌ أَوْ تَكُونُ لَهُ جَنَّةٌ يَأْكُلُ مِنْهَا "[1]

حقوق المؤلف هي الحقوق التي سهر على وضعها المنظرون والخبراء والفقهاء الغربيون من أجل تكريم العلم والعلماء..حيث أصبح من شأنها اغناء وبعث الحياة في نفوس فئة واسعة من مؤلفي الأعمال الأدبية والعلمية، والمحاضرات والكلمات والخطب والمواعظ والمقالات، و المصنفات الأخرى المكتوبة بكلمات أو المعبر عنها شفاهيا. والتي تشكل "كنز المؤلف" و ثروة الأمة الحقيقية و الهائلة، الا أنها – في بلادنا - غير محصنة من أضرار القرصنة.

أما المؤلف، في الدول الغربية، فيأكل الطعام وأعماله تتداول في الأسواق وفي بورصات القيم، وملكيته الفكرية تدر عليه أموالا تعد بأرقام فلكية، ومعه "سلطان نذير" يتولى حماية كنزه ورعاية «جنانه" و"جنيهاته" عبر بلدان العالم أجمع.

" تَبَارَكَ الَّذِي إِن شَاءَ جَعَلَ لَكَ خَيْرًا مِّن ذَٰلِكَ جَنَّاتٍ تَجْرِي مِن تَحْتِهَا الْأَنْهَارُ وَيَجْعَل لَّكَ قُصُورًا "[2]

إن من غريب الصدف، بل من العار، أن يصبح الكتاب – كتاب المؤلف العربي المسلم - المشمول بالحماية القانونية، معرضا للاستغلال دونما ترخيص أو إذن من مؤلفه، داخل هذه الخزانة أو تلك، فيصبح مشكلة وقضية من قضايا حقوق الملكية الفكرية، وموضوع نزاع، بين المؤلف (الإنسان العربي المسلم/المالك الأصلي للكتاب) وبين جامعة أو "مؤسسة للدراسات والبحوث العلمية العربية الإنسانية الإسلامية".. مما يعتبر "معصية" في حق المؤلف، واعتداء على حقوقه الاقتصادية الاستئثارية، ومنافسة تجارية غير مشروعة.

ونحن لا نشك في أن ذلك ناتج إما عن جهل ما تنطوي عليه التشريعات الوطنية والدولية، وإما عن عدم الوعي والتخصص والتحري في مجالات حساسة معينة. وهذه مهمة أمناء الخزانات ومصالح التوثيق والقيمين على المؤسسات التعليمية والتربوية. وهي، بالدرجة الأولى، مسؤولية القيمين على حقوق المؤلفين، ووزارات الإعلام أو الاتصال والثقافة والتعليم والعدل والشؤون الاسلامية و غيرها. فـ"كلكم راع و كلكم مسؤول عن رعيته"، كما جاء في الحديث الشريف.

وقد نلتمس العذر للقيمين على الخزانات ومصالح التوثيق لجهلهم بقانون "حقوق المؤلف"..ما دامت السلطات المختصة الوصية و المكلفة بحماية حقوق المؤلفين ذاتها تجهل أبجدية حقوق المؤلفين الواجب

[1] - الفرقان 7-8.
[2] - الفرقان 10

حق المؤلف في الخزانات العامة: ثروة غير محصنة من أضرار القرصنة

تطبيقها، وما دامت عدة جهات رسمية من العالم العربي الاسلامي - يفترض فيها أن تكون حامية القانون وراعية الحقوق - هي أول من يخرق القانون ويهضم الحقوق..."حقوق المؤلف" طبعا.

وقد بلغ "الجهل بالمبادئ الأساسية لحقوق المؤلف، وانتشر انتشار الحريق في هشيم البلاد العربية، لدرجة أصبح فيها الحق باطلا والباطل حقا. فهذا "شبه مثقف" أو "شبه فنان" يحدث حول "حقوق ما" على أمواج الاذاعة والتلفزة، وهذه نقابة تنظم لقاءات وطنية و جهوية للمطالبة "بالدعم المالي" (بما هو صدقة) من وزارة الشؤون الثقافية و غيرها، بدل المطالبة بحقوقهم المالية المشروعة و السهر على استخلاصها من المؤسسات المستغلة لابداعاتهم ...وكلهم يدعون الأستاذية أو "الخبرة"، وكل مواضيعهم تدور في حلقة مفرغة حول شيئ يسمى " الملكية الفكرية أوحقوق المؤلف أو النشر"، وما هي بحقوق ولا بملكية فكرية..بل هي نشر الأمية و اذاعة الجهل البسيط و المركب.

وهذا مدير "المكتب المغربي لحقوق المؤلفين" المتوفى وفاة شرعية (حسب القانون) لا يفرق بين "حق المؤلف" و"حق النسخ"..ولا بين ما هو حلال و ما هو حرام...

وهذا وزير الاتصال الناطق الرسمي باسم الحكومة، و"الوصي (سابقا) على المكتب المغربي لحقوق المؤلفين" يكتب بالفرنسية مقدمة[1] مصنف بعنوان «الملكية الفكرية..ثروة الأمم الجديدة" صادر بالفرنسية عام 1996، يحث من خلالها حثا صريحا، ويحرض تحريضا واضحا على قرصنة أعمال وحقوق الملكية الفكرية، حيث جاء في العبارات الأولى للمقدمة، والتي هي للأسف الشديد بقلم المسؤول الأول عن حماية حقوق المؤلف بالمغرب: "انهبوا هذا الكتاب، واعملوا على استنساخه ونشره بمختلف الوسائل، دونما أدنى اعتبار "لحق النسخ" والحقوق الأخرى التي تحمي الملكية الفكرية؛ إنه يستحق هذا العناء.."

« Pillez ce livre, copiez-le, faîtes-le circuler par tous les moyens sans tenir compte du copyright et de tous autres droits protégeant la propriété intellectuelle ». [2]

وتلافيا للوقوع في الأخطاء التي من شأنها نشر الجهل وإثارة البلبلة والفوضى، فإننا كنا ولازلنا ندق ناقوس الخطر للتحسيس بوجوب الالتزام "بالاختصاص". وهذا الالتزام هو طوق النجاة الوحيد للإفلات من "أمية العولمة". كما أنه السبيل الوحيد لتوفير المناخ الصحي والسليم، لإحقاق الحق و إزهاق الباطل، واغتناء المؤلفين.. بقدر ما تغتني الخزانات ومصالح التوثيق و الأوطان بأعمال الملكية الفكرية

---

[1]-Préface par M. Driss Alaoui Mdaghri, Ministre de la Communication, Porte-Parole du Gouvernement et Ministre de tutelle du Bureau marocain du droit d'auteur

[2] -Voir page 7 du livre « la propriété intellectuelle – la nouvelle richesse des nations » par Vincent Blanc et Asmaâ El Bacha

- راجع عملنا الرابع "دستور الملكية الفكرية..سلطان العولمة.." ص 20-27

حق المؤلف في الخزانات العامة: ثروة غير محصنة من أضرار القرصنة

الأصلية التي نعتبرهـا - ويقاسمنا الـرأي بتزكيـة الواقـع والتـاريخ الخبـراء الغربيون : "أس الحضـارة والعمران"، والقوة الحقيقية الدافعة لسطوع نجم أمة، وأفول نجم أخرى.

حق المؤلف: ثروة "خير أمة أخرجت للناس"

ونؤكد على ان الخزانات هي مصدر رزق المؤلفين الذين هم أساس التقدم والازدهار. وان مفتاح الحق والسلام وأس أي تنمية إنما هو أولا وأخيرا "**المؤلف**". وما لم تسلم حقوقه من أضرار "القرصنة"، فلن يتحقق أي نمو أو تنمية، ولن يتحقق أي تقدم أو ازدهار، ولن يتحقق العدل والسلام أبدا..

وإن نجاح أي كان، سواء أكان دولة أو اتحاد مجموعة دول، أو فردا، ومهما كانت قيمته ومستوى درجته في سلم المسؤولية، إن في السياسة أو الاقتصاد، أو الاجتماع، أو الثقافة أو أي مجال من المجالات الحيوية، إنما هو رهين بمدى احترامه لحقوق الملكية الفكرية، ودرجة جهاده واجتهاده في سبيلها..[1]

وحيث ان الملكية الفكرية هي الأساس النظري للمنظمة العالمية للتجارة - فقد صارت هي المحرك الفعلي والرئيسي للتجارة والاقتصاد والمال والأعمال، مما تولد عنه، عن خطإ أو صواب، القضاء على المفاهيم القديمـة التـي لا زالـت راسخة في بعض الأذهـان، وبـروز مفاهيم جديـدة للتعامـل التجـاري والاقتصادي والسياسي بين البلدان، أساسه "الإبداع" لا "الثقافة"، أي "الحاضـر" لا "الماضـي"، أي تحقيق التجـارة والمـال وتـوفير فرص الشغـل والأعمال.. ولن يتحقق ذلك بالتنظيـر والتمنـي واصدار التوصيات وعقد الندوات. حيث ان حقوق الملكية الفكرية خبرة نظريـة و ميدانيـة، بحث علمي وتخطيط استراتيجي شامل، ممارسة وتنفيذ...وتطبيق عملي.

الا أن المؤسف والمقلق حقا أن العديد من الخزانات ومصالح التوثيق أصبحت عبارة عن مقاولات رسمية للاستنساخ طبق الأصل – إن لم نقل أوكارا للقرصنة - لأعمال مشمولة بالحماية القانونية، دون ترخيص من المؤلف و/أو دون أداء مكافأة عادلة.

استنساخ الكتب بدون حق: سرقة، فواحش و "بغي بغير الحق"

أما الراسخون في العلم فيعرفون أن الاستنساخ طبق الأصل بدون حق، "بغي بغير الحق": اعتداء يعادل جريمة السرقة، يثبط العزيمة ويقتل النفس المبدعة، وهو من الفواحش الظاهرة والباطنة، وهو أكل بالباطل لمال الغير: مال المؤلف المبدع المسكين و الناشر المستثمر و الوارث و اليتيم و الأرملة.. وهو ما يحرمه الفقه الغربي قولا وعملا.. حيث تتضمـن تشريعاتـه أحكامـا صارمة تنص على جزاءات في حالة ارتكاب جرائم الاعتداء على حق من حقوق المؤلف... و هي الأحكام المنصوص عليها في الاتفاقيات

---

[1] - راجع ضمن أعمالنا القادمة " حق المؤلف الحبيس"

حق المؤلف في الخزانات العامة: ثروة غير محصنة من أضرار القرصنة

الثنائية والمتعددة الأطراف، والتي تم تمريرها الى التشريعات الوطنية العربية والاسلامية..والتي نظمت من أجلها عدة أيام دراسية، وصدرت بشأنها عدة توصيات (تصب في صالح الأمم المتوفرة على خبراء).

تلكم وصاكم بها "الخالق الجديد" - "المالك الأصلي للحقوق"...تلكم وصاكم بها الآمر بتنفيذ أحكام النظام العالمي الجديد والآمر بتطبيق "شريعة العولمة"...حيث وصاكم بالأداء فالأداء، ثم الأداء والامتثال لأمر (Ordre) الأداء العالمي (المعولم)، ولا شيئ غير عولمة الأداء.

(قل انما حرم ربي الفواحش ما ظهر منها وما بطن والاثم والبغي بغير الحق).[1]

ذلك ان الاستنساخ غير المرخص به (في الشرق أو الغرب) هو اخلال بالكيل و الميزان، قتل للنفس المبدعة، فواحش ظاهرة (قرصنة واضحة) و باطنة (قرصنة مقنعة) "اثم و بغي بغير حق" .

(أَتَدْعُونَ بَعْلًا وَتَذَرُونَ أَحْسَنَ الْخَالِقِينَ)[2]

و "الخالق البارئ المصور"عز و جل يقول: "ولا تقربوا الفواحش ما ظهر منها وما بطن ولا تقتلوا النفس التي حرم الله الا بالحق ذلكم وصاكم به لعلكم تتقون* ولا تقربوا مال اليتيم الا بالتي هي أحسن حتى يبلغ أشده وأوفوا الكيل والميزان بالقسط لا نكلف نفسا الا وسعها واذا قلتم فاعدلوا و لو كان ذا قربى وبعهد الله أوفوا ذلكم وصاكم به لعلكم تذكرون* و أن هذا صراطي مستقيما فاتبعوه و لا تتبعوا السبل فتفرق بكم عن سبيله ذلكم وصاكم به لعلكم تتقون".[3]

قانون حقوق المؤلفين...لا يعفي من الأداء المستغلين و لا يحمي المغفلين

"القانون لا يحمي المغفلين يا معشر الكتاب":[4]

"من منا هو في منأى عن هذه القرصنة التي دخلت بيوتنا دون استئذان ؟ لا أحد ؟ ومن يستطيع حمايتنا من زائر غير مرغوب فيه ؟ لا أحد ؟ ومن سيغير المنكر بشكل زجري يردع كل من سولت له نفسه استباحة ما لا يملك ؟ أكاد أبوح بتشاؤمي والحال أن الحقل القانوني في هذا الشأن فارغ أكثر من فراغ أم موسى، بالطبع لا قياس مع وجود الفارق..

"غريب أمرنا معشر المبدعين والمفكرين وعاشقي الكتابة جملة وتفصيلا.. أصبحت سوءاتنا عارية ومستباحة يركبها لصوص آخر زمان ونجوم في السماء تنظر ولا تسعف.. أصبحنا نحن من يدعي الكتابة

---

[1] - الأعراف - الآية 33
[2] - الصافات - الآية 125
[3] - الأنعام 151-153.
[4] - كتبها: عن مجموعة إتحاد كتاب الإنترنت المغاربة في الخميس، 23 ديسمبر، 2010، الدكتور عبد السلام فزازي، جامعة ابن زهر باكادير.

حق المؤلف في الخزانات العامة: ثروة غير محصنة من أضرار القرصنة

لا يعرفون حقوقهم في سبيل الدفاع عن أنفسهم، والقانون عالمي ومعروف، إلا أننا لا نعرفه أم ترانا لا نريد أن نعرفه والله لست أدري ؟

"من منا تصفح يوما قوانين الملكية الفكرية أقف له إجلالا واحتراما وحين تستباح ملكيته يقيم الدنيا ولا يقعدها ؟ من منا تصفح ما كتبه المفكر المغربي عبد السعيد الشرقاوي الخبير العالمي والذي كتب منددا بعملية تجاهل الملكية الفكرية، هذا الرجل الذي يستدعى من قبل دول العالم وأكاد اجزم أن لا احد يعرفه من الكتاب والمفكرين المغاربة، بل الدولة نفسها لم ينل منها غير إنكار الجميل عوض الإشادة به.. الأستاذ الجليل الذي كتب ما لم يكتبه أعظم المفكرين في هذا المجال. واقف عند قوله الرائع عسى الرسالة تصل لمن في آذانه وقرا:" وإمعانا في الوضوح للتدليل على أن الإنسان درجات ودرجات، أي أن هناك إنسانا وإنسانا، يسير أحدهما في خط مواز للآخر، فإننا لا نحتاج إلى كبير عناء، طالما أن هناك حقوق الإنسان و حقوق المؤلف. وحيث إن المؤلف إنسان وأن الحقوق الأولى تختلف نوعيا عن الحقوق الثانية، فإنه يترتب عن هذا الاختلاف في نوع الحقوق، حتما الاختلاف في نوعين من الإنسان:

"إنسان عادي: لا يملك تجاوزا، سوى ذاته التي تقتضي عليها نوعا من الحقوق، تنتهي بانتهاء تلك الذات".

"وإنسان مؤلف: يملك إضافة إلى ذاته، التي يقتضي هو كذلك عليها حقوقا نظير تلك التي للأول، أعمالا ملكيات فكرية تستوجب حقوقا أخرى إضافية، لا تنتهي بانتهاء ذاته أو موته، أي أنها تستمر استمرار ما خلفه من آثار وأعمال.."

"وفي هذه الحالة، فإن نظام حقوق الملكية الفكرية العالمي الجديد أعم وأشمل وأوسع من إطار حقوق الإنسان التي تكتسي في المقام الأول طابعا سياسيا في الدولة الحديثة ذات النهج الديمقراطي، بدءا من الثورة الفرنسية.... كما أن الإنسان يختلف عن غيره من بني البشر حتى داخل البلد الواحد، بل حتى داخل الخلية الأساسية لنفس المجتمع... هذا في الوقت الذي تكتسي فيه ملكية حقوق المؤلف صبغة عالمية شاملة موحدة... وملزمة لكافة بلدان المعمور، بمقتضى عدة اتفاقيات متعددة الأطراف، وعلى رأسها اتفاقيات الجات/المنظمة العالمية للتجارة... وما تتضمنه من استثناء وإقصاء... استثناء ثقافة النكران وسلطة الطغيان وحقوق الإنسان... إقصاء الثورة الثقافية والحقوق الاجتماعية وطغيان الأغلبية..."

"أليس حري بنا قبل أن نتشدق معشر الكتاب والمفكرين والمبدعين بكلام تجيبنا عنه حقوقنا التي لا نعرفها مع الأسف الشديد أن نتصالح مع ذاتنا ونحاول ما استطعنا إليه سبيلا أن نراجع دروسنا في سبيل معرفة من نكون ؟ وماذا علينا ؟ وماذا يجب أن نعرفه على حقوقنا ؟ ومن ثم ننتقل إلى المواجهة ومحاربة الكيانات الغريبة التي تتسلل إلى ملكيتنا وكأن ما نملك بقى ماخورا يمكن أن يأويه القاصي والداني ونجوم

حق المؤلف في الخزانات العامة: ثروة غير محصنة من أضرار القرصنة

في السماء تنظر ولا تسعف ؟ ولعل ما أثارني عند الأستاذ الشرقاوي (في كتابه: دستور الملكية الفكرية..سلطان العولمة..) هو تتبعه الكرونولوجي لظاهرة السرقة التي خبرها عبر التاريخ الإنساني والحال أننا نبحث عمن يحمينا من ظاهرة نعتقد أنها ظهرت بظهور الانترنيت ليس إلا.."

الملكية الفكرية: مفهوم قديم، ظهر في القرن السادس قبل ميلاد المسيح عليه السلام.

المسيحية تعتبر الاعتداء على الملكية الفكرية، في أي صورة من الصور، جريمة السرقة؛ و يدخل مرتكبه في حكم "المطففين" "المعتدين على سائر الحقوق القانونية."[1]

« La notion de propriété intellectuelle est très ancienne, puisqu'on en trouve des traces au 6e siècle av. J.C. Cette loi portait sur l'invention de recettes de cuisine. Toutefois, aucune loi ne peut répondre à toutes les situations. C'est pourquoi, la perspective chrétienne nous invite à aller plus loin et à nous interroger sur le caractère éthique de certains comportements courants qui nous semblent simples et anodins, mais qui ne sont ni légaux, ni élégants, ni honnêtes, car ils portent aussi atteinte à la propriété intellectuelle. »[2]

الاستنساخ بغير وجه حق: إثراء بدون حق على حساب ذوي الحق..

كل التشريعات السماوية و الوضعية تؤكد على أن حق المؤلف: "حق استئثاري" مخول أصلا وشرعا وحصريا للمؤلف وحده دون سواه. وكل استنساخ كلي أو جزئي بدون ترخيص لكتاب مشمول بالحماية أو لعمل أصلي يحمل التأشير بحفظ حقوق المؤلف، "يعادل جريمة السرقة".

La Bible et la propriété - « Selon la Bible, Dieu considère l'homme comme un *étranger* et un *voyageur* sur la terre (He 11.3 ; 2 P 2.11). Ses vrais biens sont ceux d'ordre spirituel par opposition à ce qui est matériel (1 Co 9.11). Idéalement, l'homme est plus appelé à être un gestionnaire, un économe, qu'un "propriétaire". Tel est le sens fort, par exemple, du principe selon lequel une terre devait être vendue non pour elle-même mais pour ses récoltes, en fonction du temps séparant la date de la vente de l'année du jubilé (Lv 25.13-17).

Cependant, Dieu sait bien que, sans un minimum d'avoir, il est difficile de vivre dignement. En conséquence, il a permis à l'homme d'avoir la jouissance du fruit de son travail ou de celui de ses ancêtres. Dans l'Ancien Testament, un verbe assez fréquent, souvent rendu par "être", "exister" ou "avoir", peut aussi être compris, suivant le contexte, comme "ne pas manquer de", "posséder", "avoir des biens", ou quelque chose ou quelqu'un qui "appartient" à telle ou telle personne (par ex. : Gn 28.16 ; 33.9,11 ; 39.5). Même s'il fait état un certain moment d'une expérience communautaire (Ac 4.32), le Nouveau Testament ne réprouve pas le fait d'avoir des biens (Ac 5.4). Jésus met en garde contre la tentation des richesses pour elles- mêmes ou contre leur mauvais usage ; il ne condamne pas la propriété en elle- même. »[3]

---

[1] المبادئ الأولية لحقوق المؤلف – اليونسكو.

[2] - Respect du droit à la propriété intellectuelle - *Commission* d'Éthique de l'UFB et de la FSR, 2 octobre 2007

[3] -Respect du droit à la propriété intellectuelle - *Commission* d'Éthique de l'UFB et de la FSR, 2 octobre 2007

حق المؤلف في الخزانات العامة: ثروة غير محصنة من أضرار القرصنة

(وَيْلٌ لِلْمُطَفِّفِينَ * الَّذِينَ إِذَا اكْتَالُوا عَلَى النَّاسِ يَسْتَوْفُونَ* وَإِذَا كَالُوهُمْ أَو وَّزَنُوهُمْ يُخْسِرُونَ)[1]

« Atteinte au droit d'auteur : Fraude internationale - La piraterie est du vol et le vol est un délit. Les éditeurs luttent contre le piratage des œuvres protégées aux côtés de leurs homologues d'autres branches d'activité, comme les producteurs de disques, de cassettes, de films et vidéos et de logiciels qui sont également touchés par cette forme très perfectionnée de fraude internationale. » [2]

« Malheur aux fraudeurs qui, lorsqu'ils font mesurer pour eux-mêmes exigent la pleine mesure * et qui lorsque eux-mêmes mesurent ou pèsent pour les autres, (leur) causent perte » [3]

الاعتداء على "حقوق الكتاب": غش واختلاس...

كثيرة هي أشكال الاعتداء على حقوق المؤلفين الأدباء والعلماء - "الكتاب" باللغة العربية، بمن فيهم كتاب الانترنيت. وأقصى هذه الأشكال على الإطلاق السرقة، السلب أو النهب الذي يتم باسم "نشر الثقافة والعلم والمعرفة"، عن طريق الاستنساخ غير المرخص به، داخل بعض الخزانات ومصالح التوثيق التي تدعي أنها "مؤسسة ذات نفع عام لا تروم تحقيق الربح"...- حسب حيثيات الحكم رقم 2784 الصادر بتاريخ 24 أبريل 2006 عن المحكمة الابتدائية بالدار البيضاء/ملف مدني عدد (05/2/9775) المشار اليه أعلاه - رغم أنها تتقاضى بصفة معلنة و مباشرة واجبات الانخراط و ثمن الاستنساخ الذي يقارب أو يفوق سعر الكتاب الأصلي؛ كما هو ثابت من خلال وصولات الأداء المقدمة إلى المحكمة، و المرفقة بالملف المدني المذكور.

Détournement ou utilisation frauduleuse d'oeuvres - « Si quelqu'un vole un objet, oeuf... ou boeuf, il prive effectivement le propriétaire de cet objet. Mais si une personne use illicitement d'une production, il ne "prive" pas l'auteur, le propriétaire - au sens de propriété intellectuelle - de la jouissance de celle-ci. Dès lors, une sorte de cécité sur la nature de l'acte risque de frapper cette personne. Cela lui paraît peu grave, ou même normal. Et pourtant, il prive l'auteur des fruits de son travail, sans compter qu'il peut y avoir détournement ou utilisation frauduleuse d'oeuvres. »[4]

ملكية حقوق المؤلف: "أقدس الملكيات".

وسواء كان الاستنساخ مجانا أو بمقابل، وسواء كانت "المؤسسة ذات نفع عام" تروم أو "لا تروم تحقيق الربح"، فان ملكية حقوق المؤلف ليست بالملك العام...بل هي ملكية خاصة بصاحبها وخالصة له. و المؤلف أولى وأحق من غيره بالانتفاع من خيراتها. وهذا مبدأ إنساني، ديني، أخلاقي قديم، نصت عليه التشريعات السابقة والصحف الأولى "صحف إبراهيم و موسى"، و حتى عيسى (عليهم جميعا السلام).

---

[1] - المطففين 1-3 .

[2] - Charles Clark – BDA n° 4, 1992

[3] - Saint Coran; Sourate Al-Mutaffifine 1-3 / Tanzil.net

[4] Respect du droit à la propriété intellectuelle - *Commission* d'Éthique de l'UFB et de la FSR, 2 octobre 2007

حق المؤلف في الخزانات العامة: ثروة غير محصنة من أضرار القرصنة

« Toute reproduction d'une œuvre protégée par des tiers « sans l'autorisation du titulaire de la propriété intellectuelle doit être assimilée à un vol. A ce sujet, les principes moraux et juridiques anciens sont valables : Res clamat ad dominum : la chose appartient à son maître qui en vertu de l'institution légale de la propriété exerce sur elle un pouvoir légitime; Res fructificat domino : la chose rapporte des fruits d'abord à son maître; Nemo ex re aliena se ditescere debet: personne n'a le droit de s'enrichir sans justification aux dépens d'autrui. »[1]

السطو على أجر "المؤلف الإنسان": فعل محرم في سائر الثقافات والأديان.[2]

Selon le principe énoncé par Paul - « "Tout ce qui ne vient pas de la foi est péché" (Rm 14.23). Dans tous les cas "limites", la ligne de conduite à suivre sera une réflexion personnelle quant à la justesse de l'action entreprise.

On le sait, tout ce qui est légal n'est pas forcément permis et moral pour le chrétien. À plus forte raison, le citoyen à part entière qu'est le chrétien se doit donc de respecter la loi. Mais lorsqu'il n'y a pas de conflit de conscience (Ac 5.29), ce qui est légalement exigé devrait être une règle de conduite minimum.

Indépendamment même de la "peur du gendarme", ou avant de répondre à une obligation légale, nationale ou ecclésiastique, son comportement résulte prioritairement d'une conscience lucide et aiguë au service d'une démarche générale de respect. Le domaine, délicat, parfois difficile, abordé ici ne fait pas exception. ».[3]

« Dans leurs récits il y a certes une leçon pour les gens doués d'intelligence. Ce n'est point là un récit fabriqué. C'est au contraire la confirmation de ce qui existait déjà avant lui, un exposé détaillé de toute chose, un guide et une miséricorde pour des gens qui croient. »[4]

القاعدة العامة لا تعفي من الأداء مؤسسة ذات منفعة عامة

القانون لا يعفي أية مؤسسة من أداء أجر المؤلف، حتى لو كانت "مؤسسة ذات نفع عام لا تروم الربح":

و الحالة هذه، فهل صناعة 162 صفحة - مستنسخة من 3 كتب مشمولة بالحماية، متوفرة في الأسواق، و تعود كلها لنفس المؤلف، مسلمة في يوم واحد لشخص واحد مقابل أدائه للمؤسسة الناسخة مبلغا من المال (ثابت من خلال وصلات الأداء و بواسطة مفوض قضائي) – "لا تشكل سوى مقتطفات قصيرة فقط من مؤلفات المدعي وبهدف الاستجابة لطلبات شخصية وعلمية" ؟ (حسب حيثيات الحكم المذكور أعلاه).

---

[1] - Gustav Ermecke, Dr théol. Phil. Dr. jur. utr., Professeur à l'Académie archiépiscopalede Paderborn – Interauteurs n° 153, 1963 –

[2] - راجع "الفتاوى الدينية الصادرة عن كل من اللجنة الدائمة للبحوث العلمية والإفتاء في السعودية و عن مفتي الديار المصرية" – جريدة الشرق الأوسط 1997/07/08 ("عدم جواز نسخ برامج الحاسوب") - راجع الفصل 31 من هذا العمل (برامج الحاسوب: مصنفات أدبية / كتب الكترونية).

[3] - Respect du droit à la propriété intellectuelle, Commission d'Éthique de l'UFB et de la FSR, 2 octobre 2007)

[4] Respect du droit à la propriété intellectuelle - *Commission* d'Éthique de l'UFB et de la FSR, 2 octobre 2007

حق المؤلف في الخزانات العامة: ثروة غير محصنة من أضرار القرصنة

وهذه المؤسسة، حسب قانونها الأساسي، تتوفر على "موارد سنوية تتكون من مداخيل (هبات..اعتمادات... مساهمات ومساعدات) "و كذلك من "مداخيل الخدمات التي تقدمها المؤسسة".

كما أن لها نفقات تتكون من "مصاريف التسيير بما في ذلك نفقات تجديد رصيد الكتب والوثائق وصيانة البنايات والمعدات، ومصاريف تنظيم الأنشطة الثقافية والعلمية" ورواتب الموظفين وباقي المستخدمين والعاملين الذين لا يعملون بالمجان. ولا يعملون بأي حال من الأحوال «من أجل المنفعة العامة"، بل مقابل أجور معينة...

وما حق المؤلف إلا ذلك الأجر المؤجل الذي يكافئ عمل المؤلف كما يكافأ أي مدرس أو قاضي أو أمين خزانة أو موظف أو عامل آخر على عمله...وهو حق مشروع "يمكن المؤلف من كسب عيشه من عمله. حيث "يمثل العائد الاقتصادي المتحصل من انتفاع الجمهور بأعماله، والذي يتلقاه المؤلف، مجرد مقابل لجهده الفكري."[1]

الاستنساخ بغير حق يحرم المؤلف و الناشر و الكتبي من العائد المستحق

« Une copie illégale prive l'auteur du légitime salaire de son travail. Mais ces droits entrent dans un ensemble commercial plus vaste et complexe géré par un éditeur qui assume des coûts très élevés. Le "photocopillage" prive donc l'éditeur de rentrées que l'on peut, pour faire simple, associer à la notion, très large, de propriété intellectuelle ; il prive aussi le libraire d'une partie de ses revenus. »[2]

وهو ما لم تأخذه بعين الاعتبار المحكمة الابتدائية بالدار البيضاء. حيث جاء في حيثيات الحكم المعلوم رقم 2784 الصادر يوم 24 أبريل 2006 أن:

" المدعى عليها مؤسسة ذات نفع عام لا تروم تحقيق الربح بل تكتسي صفة خزانة ومركز للتوثيق، وعلى ضوء تبوث كون عمليات الاستنساخ طالت فقط مقتطفات قصيرة من مؤلفات المدعي وبهدف الاستجابة لطلبات شخصية وعلمية للمستفيدين، يضحى تمسك المدعى عليها بالاستثناءات الواردة في حقوق المؤلف ، حسب الفصلين 12 و16 من القانون رقم 2.00 مبررا وبالتالي يضحى استدلال المدعي بالقاعدة العامة الواردة في الفصل 10 غير مبرر و غير قمين بالاستجابة للطلب وتعين بالتالي رفضه".

حق المؤلف: صراع أزلي بين القوي و الضعيف...بين الغني و الفقير...ضد المستغل...

« Ainsi le faible contre le fort, le pauvre contre le riche, l'exploité, réel ou non, contre l'exploiteur (voire le voleur) risquent de justifier leurs actions parce qu'elles sont vécues comme une sorte de protestation morale. »[3]

---

[1] المبادئ الأولية لحقوق المؤلف

[2]-*Respect du droit à la propriété intellectuelle,* Commission d'Éthique de l'UFB et de la FSR, 2 octobre 2007

[3] - Item

حق المؤلف في الخزانات العامة: ثروة غير محصنة من أضرار القرصنة

﴿ أَفَنَجْعَلُ الْمُسْلِمِينَ كَالْمُجْرِمِينَ* مَا لَكُمْ كَيْفَ تَحْكُمُونَ ﴾[1] ؟

﴿ أَتَأْمُرُونَ النَّاسَ بِالْبِرِّ وَتَنسَوْنَ أَنفُسَكُمْ وَأَنتُمْ تَتْلُونَ الْكِتَابَ ۚ أَفَلَا تَعْقِلُونَ ﴾[2]

* هل المادة 10 من القانون لا تخول "للمؤلف الحق المطلق في المنع أو الترخيص..." ؟؟؟

* هل الفقرة "ب" من المادة 12 (ه) لا تمنع: "عملية استنساخ أي مصنف من شأنها أن تضر بالاستغلال العادي لهذا المصنف، أو من شانها أن تضر دون مبرر بالمصالح المشروعة للمؤلف" ؟

* هل مقتضيات المادة 16 ترخص للخزانات بأن تقوم باستنساخ أي عمل يتمتع أصلا بحماية حقوق المؤلف، و يحمل "التأشير بحفظ حقوق النسخ" ؟؟؟

* هل القانون أضحى يتعلق بحقوق الخزانات ومصالح التوثيق، لا بـ"حقوق المؤلف والحقوق المجاورة" ؟

مما يعني أن المؤلف، و ما يملك من أعمال فكرية، أضحى سلعة تتصرف فيها بكل حرية مؤسسات فوق القانون.

فهل من قانون، أو عرف أو تقليد أو منطق سليم، أو مذهب أو دين يفرض على "إنسان ولدته أمه حرا" بأن يسقي الجماهير مما في بطون الأنعام التي هي في ملكيته..ليكون "لهم فيها منافع كثيرة و منها يأكلون"، و منها يشربون شرابا صفوا "خالصا سائغا لهم"...؟؟؟ بينما يشرب المالك الأصلي كدرا و طينا.

<u>بين خيرات الأنعام و خيرات الفكر – "ان الله يحب أن يرى أثر نعمته على عبده"</u>[3]

« Dieu autorise l'être humain à avoir des biens et à en jouir, et il a inspiré des lois sociales pour les protéger. »[4]

"وَالْأَنْعَامَ خَلَقَهَا ۗ لَكُمْ فِيهَا دِفْءٌ وَمَنَافِعُ وَمِنْهَا تَأْكُلُونَ"[5]

« Ce qui vient d'abord à l'esprit concerne les biens concrets (bétail, or, propriétés mobilières ou foncières) tels qu'une société agraire comme celle de la Bible les envisageait. Pourtant, d'autres biens, moins visibles, peuvent être évoqués. Le travail, le temps, la compétence, la création (au sens de création intellectuelle, artistique, etc.) entrent dans la catégorie des biens pouvant appartenir à une personne.

L'époque actuelle, avec ses formidables avancées technologiques, a augmenté et souvent même créé de toutes pièces des biens immatériels qui ne sont pas aisément discernés comme tels. »[1]

---

[1] - القلم 36/35

[2] - سورة ابقرة – الآية 44

[3] - عن النبي صلى الله عليه و سلم

[4] - Respect du droit à la propriété intellectuelle - *Commission* d'Éthique de l'UFB et de la FSR, 2 octobre 2007

[5]- سورة النحل – الآية 5

حق المؤلف في الخزانات العامة: ثروة غير محصنة من أضرار القرصنة

"وَإِنَّ لَكُمْ فِي الْأَنْعَامِ لَعِبْرَةً ۖ نُّسْقِيكُم مِّمَّا فِي بُطُونِهَا وَلَكُمْ فِيهَا مَنَافِعُ كَثِيرَةٌ وَمِنْهَا تَأْكُلُونَ" [2]

« La propriété intellectuelle présente de nombreuses caractéristiques communes avec les biens meubles et immeubles. Elle constitue un bien qui peut être acheté, vendu, concédé par licence, échangé ou cédé gratuitement, comme tout autre bien. En outre, le titulaire d'un droit de propriété intellectuelle peut en empêcher l'utilisation ou la vente non autorisée. La différence la plus notable entre la propriété intellectuelle et d'autres sortes de biens réside cependant dans sa nature incorporelle : autrement dit, elle ne peut être définie ni identifiée à l'aide de paramètres physiques qui lui seraient propres. » [3]

اصدار القوانين شيئ؛ وتطبيق القانون على الوجه الصحيح شيئ آخر...

« La photocopie et la numérisation permettent de conserver, et même de répandre abondamment, ce qui est évidemment illégal, la teneur d'une oeuvre. Une personne peut emprunter un livre ou un support numérique, le copier et le rendre. En tant qu'objet matériel, celui-ci n'a pas été "volé". Mais y a-t-il eu, pour autant, respect de la propriété ? Qu'est-ce qui constitue la valeur de cette oeuvre ? Nous venons de le voir, ce ne sont pas les éléments matériels. La valeur et les droits de protection qui y sont attachés résident dans les informations, savoirs, expériences, réflexions qu'elle contient. Ainsi émergent d'autres catégories de biens. Les droits d'auteur en sont un exemple parmi beaucoup d'autres. » [4]

"وَإِنَّ لَكُمْ فِي الْأَنْعَامِ لَعِبْرَةً ۖ نُّسْقِيكُم مِّمَّا فِي بُطُونِهِ مِن بَيْنِ فَرْثٍ وَدَمٍ لَّبَنًا خَالِصًا سَائِغًا لِّلشَّارِبِينَ * وَمِن ثَمَرَاتِ النَّخِيلِ وَالْأَعْنَابِ تَتَّخِذُونَ مِنْهُ سَكَرًا وَرِزْقًا حَسَنًا ۗ إِنَّ فِي ذَٰلِكَ لَآيَةً لِّقَوْمٍ يَعْقِلُونَ" [5]

« Dans son acception courante, la notion de *"propriété intellectuelle"* recouvre les droits d'utilisation d'une *"création intellectuelle»:* oeuvre littéraire ou artistique, dessins, marques, logiciels... Elle porte donc sur une "création de l'esprit". Et l'on estime que l'auteur a un droit moral et patrimonial sur son oeuvre, sur sa production.

L'homme est en quelque sorte propriétaire du résultat de son travail ou de son génie, et il a le droit de le protéger et d'en récolter les fruits.

Le respect des biens est aussi une conséquence directe de l'application de la règle d'or et de l'amour par lequel Jésus résume la loi. Le chrétien, mu par l'Esprit du Christ, est poussé à faire pour autrui ce qu'il voudrait que les gens fassent pour lui (Mt 6.12) et à aimer le prochain comme lui-même (Mt 23.39). Il suffit, pour comprendre la nécessité de la réciprocité, de penser aux sentiments que l'homme ressent lorsqu'il lui arrive d'être abusé, volé, exploité, spolié, escroqué, cambriolé! Cette dimension émotive, intérieure, liée à une relation personnelle, renforce en l'homme le principe de pure obligation externe et légale. » [6]

البلاد العربية الاسلامية: قضاء متخلف في مجال حقوق المؤلف

[1] -*Respect du droit à la propriété intellectuelle,* Commission d'Éthique de l'UFB et de la FSR, 2 octobre 2007

[2] - المؤمنون 21

[3] - Etudes sur la prospérité économique – La protection du droit de propriété intellectuelle, par Laurence R. Hefter et Robert D. Litowitz – USIA, mars 1995

[4] - *Respect du droit à la propriété intellectuelle,* Commission d'Éthique de l'UFB et de la FSR, 2 octobre 2007

[5] * النحل 26-27

[6] - Respect du droit à la propriété intellectuelle - *Commission* d'Éthique de l'UFB et de la FSR, 2 octobre 2007

حق المؤلف في الخزانات العامة: ثروة غير محصنة من أضرار القرصنة

« Dans beaucoup de pays en développement, le système d'application des lois, l'appareil judiciaire et le système de justice civil et pénale sont beaucoup moins développés que dans les pays industriels. Les policiers et les juges peuvent être corrompus. A supposer même que tous soient honnêtes, souvent ils ne sont pas assez nombreux, d'où la difficulté d'effectuer des descentes de police et de juger rapidement les affaires portées devant la justice... La vérité, c'est qu'ils n'ont pas l'infrastructure en place pour faire bouger les rouages de la justice aussi rapidement que dans la plupart des pays industrialisés. »[1]

القضاء العربي: عجز عن الفهم الصحيح..أم خرق صريح ؟

لا يختلف اثنان من الخبراء في مجال حقوق المؤلف أن أغلبية الأحكام الصادرة في البلاد العربية تشكل خرقا صريحا للتشريعات الوضعية (و السماوية) المتعلقة بحقوق المؤلف والحقوق المجاورة، وتتعارض مع كل المواثيق والمعاهدات الدولية والاتفاقيات الثنائية والمتعددة الأطراف الخاصة بحقوق الملكية الفكرية؛ والتي يتوقف نجاحها على قدرة القضاة على تقديم شرح منطقي للمقتضيات التشريعية وقدرة المحاكم على تطبيقها وتنفيذها بشكل صحيح وسريع. لكن للأسف لا يملك القضاة والمحامون العرب بصفة عامة، والمغاربة بصفة خاصة، معرفة كافية بقوانين حقوق المؤلف والحقوق المجاورة لأنها "مادة دخيلة" مستوردة من الخارج؛ كما أنه لم تتح لهم فرصة مواتية لمواجهة مشاكل الملكية الفكرية الأدبية والعلمية والفنية أو لطلب خبرة قضائية تساعدهم على تفادي أي خرق أو سد أي نقص أو عجز في هذا المجال.

« À cela, il convient d'ajouter que dans les pays en développement où il n'y a pas de jurisprudence en matière de droit d'auteur, « les autorités judiciaires avancent dans ce labyrinthe de procédures avec beaucoup de tâtonnements, assimilant celles qui sont propres au droit d'auteur à d'autres qui leur sont plus familières mais qui ne sont pas nécessairement applicables dans ce domaine ».

العولمة: "اتفاقيات لمكافحة السرقات":

وإننا لا نكاد نجد عند سائر الخبراء نصا أبلغ مما أورده بروس ليمان[2] تعبيرا عن هذا "الخرق" أو "النقص" أو "العجز" عن الإحاطة الكلية والمطلقة بحقوق الملكية الفكرية، وذلك خلال مفاوضات المؤتمر الدبلوماسي للمنظمة العالمية للملكية الفكرية.

يقول ليمان: "هذه الاتفاقيات التي عملنا على صياغتها ستكون هي حجر الزاوية في القانون الاقتصادي الدولي في عصر المعلومات والتكنولوجيا في القرن الواحد والعشرين". ويضيف ليمان

---

[1] - Joseph Papovich - Représentant adjoint des Etats-Unis pour le commerce extérieur chargé des services, des investissements et de la propriété intellectuelle : «Nous poussons à la roue pour que les pays en développement prennent les mesures nécessaires afin de s'acquitter de leurs obligations à partir du 1er janvier 2000» (USIA - Perspectives économiques - Mai 1998)

[2] الخبير في حقوق الملكية الفكرية والوزير المساعد لوزير التجارة الأمريكي

أضرار القرصنة

"نحاول على مدى 10 آلاف عام من التاريخ المسجل منع السرقات، ولكننا لم ننجح بعد، كل ما نستطيع عمله هو وضع أعراف ومحاولة مكافحة هذه السرقات".[1]

على الدول العربية الاسلامية تطبيق أحكام "الخالق البارئ المصور"

يقول عز و جل : ﴿ قُلْ إِنِّي عَلَىٰ بَيِّنَةٍ مِّن رَّبِّي وَكَذَّبْتُم بِهِ ۚ مَا عِندِي مَا تَسْتَعْجِلُونَ بِهِ ۚ إِنِ الْحُكْمُ إِلَّا لِلَّهِ ۖ يَقُصُّ الْحَقَّ ۖ وَهُوَ خَيْرُ الْفَاصِلِينَ ﴾[2]

وسواء تعلق الأمر بالأدوية الصيدلية أو البيطرية أو بالمواد الفلاحية أو البحرية، أو ببرامج الحاسوب أو بالأفلام أو الكتب.. فكلها مواد ومصنفات مشمولة بالحماية، و قابلة للتطبيق على الصعيد العالمي، بمقتضى الاتفاقيات الثنائية والعالمية والتشريعات الوطنية (بما فيها النصوص المغربية) المتعلقة بحقوق المؤلف. حيث:

" إن مقتضيات أي معاهدة دولية متعلقة بحقوق المؤلف والحقوق المجاورة والتي تكون المملكة المغربية قد صادقت عليها، تعتبر قابلة للتطبيق على الحالات المنصوص عليها في هذا القانون.

وفي حالة وجود تعارض بين مقتضيات هذا القانون ومقتضيات معاهدة دولية صادقت عليها المملكة المغربية، تطبق مقتضيات المعاهدة الدولية."[3] حيث "يتمتع المؤلفون، في دول الاتحاد (برن) غير دولة منشأ المصنف، بالحقوق التي تخولها قوانين تلك الدول حاليا أو قد تخولها مستقبلا لرعاياها بالاضافة الى الحقوق المقررة بصفة خاصة في هذه الاتفاقية، وذلك بالنسبة للمصنفات التي يتمتعون على أساسها بالحماية بمقتضى هذه الاتفاقية". (المادة 5 (1) من اتفاقية برن)

وهذه القاعدة أو "المبدأ الأساسي الخاص بمعاملة المصنفات الأجنبية نفس معاملة المصنفات الوطنية هو مبدأ مشترك بين الاتفاقيتين الدوليتين الخاصتين بحقوق المؤلف": الاتفاقية العالمية للملكية الفكرية واتفاقية برن التي هي الأساس المرجعي لاتفاقية المنظمة العالمية للتجارة.

أما كون "المؤسسة ذات نفع عام"، فهذا لا يعفيها من أداء حقوق المؤلف. حيث ان الأداء هو الأداء... وحق المؤلف ضروري، واجب و مؤكد... سواء تعلق الأمر بمؤسسة ذات" منفعة عامة" أو بضحايا "كوارث عامة".

<u>حقيقة هذا العمل: دعوة لإنصاف المؤلفين، اعتبارا لشرف مهنة القضاء</u>:[4]

---

[1] - جريدة الشرق الأوسط 1997/02/22 نقلا عن وكالة رويتر. - راجع كذلك عملنا الثالث ص 291
[2] - الأنعام 57
[3] - * (المادة 68/ قابلية تطبيق الاتفاقيات الدولية)
[4] - راجع عملنا الأول "حقوق الملكية الفكرية: أس الحضارة و العمران.."

حق المؤلف في الخزانات العامة: ثروة غير محصنة من أضرار القرصنة

تلافيا لما من شأنه أن يشوب "حماية حقوق المؤلف" من التباس وغموض، ويقوم حائلا دون إنصاف المؤلفين في بلادنا، واعتبارا لما لشرف مهنة القضاء ودورها الرائد في إحقاق الحق، ودفع عجلة النمو الفكري والاقتصادي للأمم والشعوب، ونظرا لكون حقوق المؤلف مادة دخيلة ومستوردة، كما سبقت الإشارة، وجديدة كل الجدة بالنسبة للدول العربية، فان الرغبة الصادقة تحدونا لعرض اقتراح "تكوين الأطر القانونية والقضائية" - تكوين يجمع بين المدارس أو المذاهب الغربية و المدرسة الاسلامية التي هي المنبع و الأصل (و التي عملنا على تأسيسها) - نرى أنه قد يساهم في بناء أرضية صلبة لتأصيل كافة المقتضيات التشريعية المتعلقة بحقوق الملكية الفكرية، حتى يستأنس بها ويستفيد منها الجميع، و تصبح شيئا مألوفا في حياتنا العادية و ممارساتنا الحقوقية...

من أجل ذلك، ارتأينا وضع هذا "العمل-الأداة" الذي شرحنا على امتداد صفحاته "حقوق المؤلف الاستئثارية" و"الحدود" التي ترد على حماية حقوق المؤلف، المقررة في "بعض الحالات الخاصة وبشروط محدودة"...والذي طمحنا إلى أن يكون منجدا ومرجعا معينا لا غنى للمهتمين عن الرجوع إليه، كلما جد جديد و طفت على سطح الأحداث بعض القضايا والإشكاليات المستعصية – نظير القضية التي تطرقنا إليها أعلاه – كي يهتدوا على ضوئه إلى الحل الصحيح الذي يحدد طبيعة الموضوع ونوعه وشكله و مجاله، ويتماشى مع التشريعين الوطني والدولي، الوضعي و السماوي، دون الزيغ، و لو قيد أنملة عن جادة الطريق...وتلك حقيقته.

الفصل 16

مفهوم "النفع العام" ؟

الالتزام التام بأحكام النظام

ملكية حقوق المؤلف غير قابلة للنزع

<u>المؤلف أولى و أحق من غيره بالانتفاع من ملكية انتاجه الذهني.</u>

ان التظاهرات المنظمة خصيصا لفائدة ضحايا الحرب أو المناطق المنكوبة أو الكوارث العامة تستفيد من الإعفاء من الرسوم والضرائب المطبقة على العروض الأدبية والفنية، باستثناء حقوق المؤلف. و هو ما نص عليه ظهير 20 شوال 1365 (16 شتنبر 1946).

و نقدم فيما يلي النص الفرنسي[1] الذي هو بين أيدينا:

<u>« Dispenses de taxes et impôts pour les appels à la générosité publique en faveur des populations sinistrées et victimes de guerre :</u>

Dahir du 20 Chaoual 1365 (16 septembre 1946) (B. O. du 18 Octobre 1946, p. 943)

Vu le dahir du 7 Chaoual 1356 (11 Décembre 1937) relatif aux quêtes et collectes et à l'ouverture des listes de souscriptions;

Vu le dahir du 22 Hija 1364 (28 Novembre 1945) relatif à l'annonce et à la publication des appels à la générosité publique;

<u>Article unique:</u>

Sous la réserve que les autorisations exigées par les dahirs susvisés des 7 Chaoual 1356 (11 Décembre 1937) et 22 Hija (28 Novembre 1945) aient été accordées, les manifestations organisées au profit exclusif des victimes de la guerre ou des populations sinistrées ou des victimes des calamités publiques bénéficieront d'une dispense :

1° - Du droit de timbre, pour les quittances des souscriptions, des billets d'entrée aux séances récréatives et les affiches faisant appel à la générosité publique;

2° - De toutes autres taxes qui frappent les spectacles, <u>droits d'auteur exceptés</u>. »

« C'est pourquoi bibliothèques et médiathèques paient des droits d'auteurs forfaitaires pour les informations et les documents graphiques ou sonores mis à la disposition du public.»[2]

---

[1] - راجع النص الرسمي بالعربية من مصدره

[2] - *Respect du droit à la propriété intellectuelle*, Commission d'Éthique de l'UFB et de la FSR, 2 octobre 2007

حق المؤلف في الخزانات العامة: ثروة غير محصنة من أضرار القرصنة

"المنفعة العامة": ذريعة للاثراء على حساب المؤلف

« Toute personne qui raisonne avec lucidité devrait comprendre qu'une bibliothèque, un service d'archives ou toute autre personne physique, morale ou publique qui acquiert une photocopieuse, pour la reproduction d'œuvres protégées, « n'acquiert pas par là le droit de s'enrichir aux dépens de l'auteur d'œuvres intellectuelles ou de refuser à celui-ci la juste récompense pour l'utilisation d'une de ses œuvres ou de disposer en maître de la propriété intellectuelle d'autrui. Pour citer un autre exemple analogue :

Qui estimerait licite que quelqu'un fasse une photocopie d'un livre emprunté à une bibliothèque soit pour le posséder – si pour une raison quelconque il ne veut pas l'acheter – soit pour prêter cette photocopie à des tiers contre indemnité ? »[1]

المؤسسات المسيحية "ذات المنفعة العامة" تؤدي حقوق المؤلفين:

« En France, dans le contexte de la musique religieuse, les Églises s'acquittent du droit d'auteur en se déclarant à la SACEM. Elles sont exonérées de droits pour tout ce qui concerne le culte. Pour ce qui est des droits d'éditeurs, il s'agit notamment d'avoir le droit de projeter des chants (rétroprojection ou vidéoprojection), ce qui est un manque à gagner pour les éditeurs qui, du coup, vendent moins de recueils de chants. Un organisme existe, le LTC, qui gère l'essentiel des droits d'éditeurs des chants chrétiens d'Église. Une redevance annuelle permet aux Églises locales de projeter leurs chants. Un contrat global est en cours avec l'Union franco-belge qui relance chaque année les Églises pour savoir si elles projettent ou non des chants.

En Belgique, des droits d'auteurs doivent être payés à la SABAM, y compris pour le culte. Toutefois, si dans nos Églises on chante les chants du recueil adventiste, il n'y a pas de problème car les droits ont été négociés par la Maison d'édition.

En Suisse, l'Union suisse a signé un contrat avec SUISA (Société Suisse pour les droits des auteurs d'oeuvres musicales) et verse chaque année un montant à celle-ci. »[2]

ذريعة المنفعة العامة...بين الاستثناء و القاعدة العامة

أن "النفع العام" يقتضي الالتزام بالشروط الثلاث التي حددها "اختبار الخطوات الثلاث" التي تنص عليها كل الاتفاقيات العالمية والمواثيق الدولية والتشريعات الوطنية، و التي سبق تناولها وشرحها باسهاب في هذه الدراسة. وهي لا تسمح بعمل نسخ من المصنفات المشمولة بحماية حقوق المؤلف الا:

1) "في بعض الحالات الخاصة" - كأن يكون المصنف المطلوب استنساخه موجها لذوي العاهات الجسدية أو/و العقلية، و يكون مفقودا أو نادرا...(مما سبق شرحه)؛

2) "بشرط ألا يتعارض عمل مثل هذه النسخ مع الاستغلال العادي للمصنف؛

[1] -Gustav Ermecke – Interauteurs n° 153, 1963

[2] *Respect du droit à la propriété intellectuelle,* Commission d'Éthique de l'UFB et de la FSR, 2 octobre 2007

حق المؤلف في الخزانات العامة: ثروة غير محصنة من أضرار القرصنة

3) و بشرط ألا يسبب ضررا بغير مبرر للمصالح المشروعة للمؤلف."

هذه الشروط تحد بشكل ملحوظ من حرية المشرع الوطني الذي وضع المعيار الأساسي للقيود و الاستثناءات التي ترد على الحقوق الاستئثارية للمؤلف. و هي الشروط التي حددها "اختبار ثلاث خطوات":

الخطوة الأولى - هل الأمر يتعلق بـ"حالة خاصة" ؟

حيث يمكن السماح ببعض الاستعمالات في "بعض الحالات الخاصة" كحل وسط للتوفيق بين الحاجيات الحقيقية للمستعملين وبين المصالح الاقتصادية للمؤلفين..."دون أن يتعارض ذلك مع الاستغلال العادي للمصنف ودون أن يسبب ضررا غير مبرر للمصالح المشروعة للمؤلف".

ويتجلى هذا الحل الوسط، لا في الحد من حقوق المؤلف المادية، بل في "الحد من حرية الاستعمال أو الاستنساخ" مع منح المؤلفين "مكافأة عادلة".

النفع العام: حالة خاصة بالاحتياجات الضرورية لذوي العاهات..

Intérêt public : « C'est là une notion très large en ce qui concerne les limitations et les exceptions à la protection. Il est donc peu probable qu'on puisse justifier une quelconque exception en invoquant purement et simplement "l'intérêt public".

Pour satisfaire à la première condition (du triple critère), il faudrait préciser clairement la nature et l'étendue de l'intérêt public : on pourrait invoquer à titre d'exemple "la protection de la santé publique", l'application de la loi ou la sécurité nationale (même si cette dernière exception peut également trouver sa justification dans l'article 17 de la Convention de Berne). Mais aux fins de l'analyse en cours, tout ce qu'il y a lieu de dire c'est qu'invoquer purement et simplement "l'intérêt public" amènerait presque inévitablement à ne pas respecter la première condition, sachant, dans ce cas également, que divers types "d'intérêts publics" sous-tendent d'autres limitations et exceptions prévues dans la Convention de Berne notamment aux articles 2bis, 10 et 10bis. » [1]

الخطوة الثانية - هل يتعارض الاستنساخ مع الاستغلال العادي للكتاب ؟

"لقد أشير سابقا فيما يتعلق بالاستنساخ التصويري الى أن استنساخ المصنفات لأغراض شخصية لم يحدد في المادة 9 (2) من اتفاقية برن كحالة خاصة يسمح فيها بوضع استثناءات لحق الاستنساخ دون فرض شروط أخرى. هذا ولا يجوز السماح بأي استثناء الا اذا استوفيت الشروط المحددة في هذا الحكم

---

[1] - Étude sur les limitations et exceptions au droit d'auteur en faveur des bibliothèques et des services d'archives, établie par Kenneth Crews* Directeur, Copyright Advisory Office, Université Columbia - Source : OMPI - SCCR/17/2 Appendice, page 327 Date : 26 août 2008

حق المؤلف في الخزانات العامة: ثروة غير محصنة من أضرار القرصنة

من الاتفاقية، وتحديدا اذا تعلق الاستثناء بحالة خاصة فقط و اذا لم يتعارض مع الاستغلال العادي للمصنف واذا لم يسبب ضررا بغير مبرر للمصالح المشروعة للمؤلفين".[1]

الخطوة الثالثة – هل يسبب الاستنساخ ضررا غير مبرر بالمصالح المشروعة للمؤلف ؟

"بناء على التشريعات الوطنية للبلدان الأطراف في اتفاقية برن (بما فيها التشريع المغربي)، لا يمكن، وكما أشير اليه سابقا بالنسبة الى الاستنساخ التصويري، أن يسمح بأي استنساخ يسبب مثل هذا الضرر الا اذا أزيل الضرر أو أدى تعويض مناسب، على الأقل، الى التخفيف منه الى حد يجعله مقبولا".[2]

<u>التعويض المناسب</u>: يؤخذ في الحسبان خلال فحص الخطوتين الثانية و الثالثة من الاختبار.

اختبار الخطوات الثلاث يحد من حرية المشرع الوطني:

L'article 10 du Traité de l'OMPI sur le droit d'auteur et l'article 13 de l'accord sur les ADPIC « encadrent la liberté générale laissée aux Etats par ces trois conditions. Autrement dit, ces trois conditions s'adressent aux Etats qui doivent les prendre en compte dans l'élaboration de leur législation relative aux exceptions aux droits exclusifs. »[3]

<u>المشرع المغربي يضع "مبدأ الحقوق الدنيا"</u>:

و هو المبدأ الذي تقوم عليه الاتفاقية العالمية لحقوق المؤلف و اتفاقية برن، و تؤكده اتفاقية المنظمة العالمية للتجارة و اتفاقية التبادل التجاري الحر بين المغرب و الولايات المتحدة.

حيث بناء على هذه الاتفاقيات، يوفر المشرع الحماية للأعمال الأصلية المشمولة بالحماية القانونية، و يمتع المؤلف بكافة حقوقه المشروعة. فالمشرع لا يحرم أي عامل من أجر مناسب. كما أنه لا يرخص دائما للخزانات و مصالح التوثيق بالاستنساخ "دون أداء مكافأة أو تعويض". مما هو واضح من خلال مقتضيات المادة 16 من القانون المغربي التي لا تعفي أي مؤسسة من أداء مكافأة أو تعويض عادل. و هو المصطلح على تسميته في اتفاقية المنظمة العالمية للتجارة (أدبيك/تريبس) بـ "مبدأ الحقوق الدنيا."

و حيث: "يقضي هذا المبدأ بأن هناك حقوقا معيّنة (ورد وصفها بإسهاب في نص الاتفاقية) يجب أن تمنح دائما للمؤلفين الذين يتمتعون بالحماية بناء على الاتفاقية. ويشار في هذا الصدد إلى أن المبدأ الذي تقوم عليه اتفاقية برن هو توفير الحماية للمصنفات.."[4]

---

[1] - مقدمة حول الادارة الجماعية لحق المؤلف والحقوق المجاورة – وثيقة من اعداد المكتب الدولي للويبو
[2] - المرجع أعلاه
[3] La directive européenne 2001/29 - SENAT
[1] - حلقة عمل الويبو الوطنية للقضاة تنظمها بالتعاون مع حكومة المملكة العربية السعودية – الرياض من 13 الى 2004/12/15 – السيد هنري أ ولسون قاضي في محكمة الاستئناف و مستشار الحكومة الخاص – وزارة العدل – استكهولم

حق المؤلف في الخزانات العامة: ثروة غير محصنة من أضرار القرصنة

* قانون حق المؤلف السعودي (مثلا) لا يسمح بعملية استنساخ أي مصنف إلا في بعض الحالات الخاصة، منها: "أن يكون المصنف قد نفد أو فقدت إصداراته أو تلفت." (المادة 15/د)

* و نظام حماية حق المؤلف السعودي لا يسمح كذلك – في بعض الحالات الخاصة - إلا:

- بـ "تصوير نسخة أو نسختين للمكتبات العامة أو مراكز التوثيق غير التجارية..." (المادة 3/15)

كما أن النظام المذكور يقضي:

- بعدم تسليم أي نسخة من مصنف مشمول بالحماية لأي شخص آخر (ذاتي أو اعتباري).

- بـ"أن يكون النسخ مقصورا على حاجة الأنشطة الخاصة بالمكتبات العامة أو مراكز التوثيق غير التجارية..."

- و بـ "ألا يضر (النسخ) بالاستفادة المادية من المصنف".

مما سبق تفصيله على امتداد هذا العمل، و مما هو واضح وضوح الشمس من خلال الجدول التالي الذي يلخص دراسة جامعة كولمبيا المتعلقة بالقيود و الاستثناءات لفائدة الخزانات، كما هو وارد في قانون حق المؤلف السعودي:

Arabie saoudite [1]

<table>
<tr><td colspan="4">Utilisation par une bibliothèque</td></tr>
<tr><td>Consentement de l'auteur</td><td colspan="2">Non. L'utilisation est autorisée sans le consentement du titulaire du droit d'auteur.</td><td rowspan="7">Art. 15.3)</td></tr>
<tr><td rowspan="2">Qui peut effectuer une reproduction?</td><td colspan="2">Les bibliothèques publiques et les centres de documentation à but non lucratif.</td></tr>
<tr><td>Conditions :</td><td>La reproduction ne doit pas être effectuée dans un but commercial ou lucratif.[2]</td></tr>
<tr><td rowspan="4">Que peut-on reproduire?</td><td colspan="2">Des œuvres.</td></tr>
<tr><td rowspan="3">Conditions:</td><td>L'œuvre doit être épuisée, perdue ou endommagée.</td></tr>
<tr><td>On ne peut effectuer qu'une ou deux copies.</td></tr>
<tr><td>La reproduction ne doit pas empêcher</td></tr>
</table>

[1] - Étude sur les limitations et exceptions au droit d'auteur en faveur des bibliothèques et des services d'archives, établie par Kenneth Crews* Directeur, Copyright Advisory Office, Université Columbia - Source : OMPI - SCCR/17/2 Appendice, page 327 Date : 26 août 2008

حق المؤلف في الخزانات العامة: ثروة غير محصنة من أضرار القرصنة

		de retirer un avantage matériel de l'œuvre.	
But de la reproduction	Répondre aux besoins découlant des activités de l'établissement.		
	Conditions :	Aucune.	
Support de la reproduction	Tout support. Voir la définition du terme "reproduction" ci-après.		

"معيار الخطوات الثلاث: حكم مهم تستند إليه المحاكم للبت...":

ان حكومة المملكة العربية السعودية تدرك جيدا أن: "بعض الاستثناءات تخصّ السماح بالاستنساخ في حالات خاصة إذا كان ذلك الاستنساخ لا يتعارض والاستغلال العادي للمصنف ولا يلحق ضررا غير مبرَّر بالمصالح المشروعة للمؤلف. وهذا هو ما يعرف *بعبارة معيار الخطوات الثلاث*. وهذا حكم مهم لأنه يضع معيارا تستند إليه المحاكم للبت في مدى صلاحية الاستثناء المطبق ومدى صحة استخدامه. وهو حكم يرد أيضا في اتفاق تريبس. وهناك حالات أخرى يُسمح فيها بالانتفاع بالمصنف دون تصريح المؤلف شريطة دفع مكافأة له (وهو ما يشار إليه عموما بمصطلح "الترخيص القانوني").[1]

اختبار المراحل أو الخطوات الثلاث: قاعدة أساسية تستند اليها السلطة القضائية المكلفة بتطبيق القانون[2]. و يمكن اعتباره الحكم الفصل في هذا الموضوع (القضية) الذي نحن بصدد طرق جوانبه، عله يعيننا جميعا على الاحاطة الشاملة بخبايا و خفايا حقوق المؤلف/التجارة العالمية بامتياز.

هذا و يجب ألا يفهم من كلامنا أننا بصدد تقديم وصفة طبية جاهزة و صالحة لكل الأمراض و الحالات و القضايا، دون الأخذ بعين الاعتبار مدى التفاوت في الضرر، تبعا لكل حالة من الحالات.

الحالات الخاصة تستوجب تراخيص خاصة، تمنح لبعض المؤسسات الخاصة، لغاية الاستجابة لطلب بعض الفئات الخاصة...

حيث لا يسمح القانون بعمل نسخ من المصنفات المشمولة بحماية حقوق المؤلف الا اذا كان ذلك لفائدة فئة معينة من القراء "ذوي العاهات" أو "معاقي البصر و المكفوفين و العاجزين عن قراءة المطبوعات"، نظرا لكون المصنفات الخاصة بهم قد تكون نادرة، مفقودة أو غير متوفرة بالقدر الكافي...وهذه هي احدى الحالات الخاصة التي يسمح فيها القانون بمنح تراخيص قانونية للمؤسسات المرخص لها رسميا بمساعدة هذه الفئة الخاصة من القراء.

---

[1] حلقة عمل الويبو الوطنية للقضاة تنظمها بالتعاون مع حكومة المملكة العربية السعودية – الرياض من 13 الى 2004/12/15 – السيد هنري أ ولسون قاضي في محكمة الاستئناف و مستشار الحكومة الخاص – وزارة العدل – استكهولم

[2] La directive européenne 2001/29 comporte une liste des exceptions admises et le rappel du *« test en trois étapes »* ne s'adresse donc pas tant au législateur national, pour l'encadrer dans la formulation des règles générales, qu'au juge chargé de l'application de la loi à des cas d'espèce concrets.

حق المؤلف في الخزانات العامة: ثروة غير محصنة من أضرار القرصنة

تماذج من الدول الغربية التي لا تضيع حكوماتها أجر العاملين و العاملات بأفكارهم.[1]

- أستراليا نموذجا:

- Assistance aux malvoyants ou malentendants - « C'est là un autre domaine qui mérite un examen attentif. Dans ce cas, les exceptions, même si elles sont limitées à des groupes d'utilisateurs bien définis, peuvent néanmoins avoir une portée assez large pour couvrir tous les types d'œuvres et d'utilisations.

Il faudra donc définir et limiter clairement les exceptions pour s'assurer qu'il s'agit bien de "certains cas spéciaux" relevant de la première condition du triple critère. La deuxième condition peut également poser des problèmes, car ces utilisations risquent d'entrer en conflit avec une exploitation normale de l'œuvre; il faudra peut-être trouver un équilibre avec les considérations non normatives comme entre les besoins réels de ces utilisateurs et les intérêts économiques des auteurs à l'égard de l'exploitation de leurs œuvres. Finalement, la question du préjudice injustifié devra être prise en compte et la réponse peut très bien être qu'il s'agit d'un domaine devant donner lieu à une rémunération équitable et non pas à une utilisation libre. C'est ce qui est fait dans la législation australienne en faveur des lecteurs souffrant d'un handicap (partie V, division 3) et de ceux souffrant d'un handicap intellectuel (partie V, division 4). Les licences légales sont dans ces cas réservées aux institutions qui aident ces lecteurs et leur prétention de faire partie des "certains cas spéciaux" relevant de la première condition du triple critère s'en trouve clairement renforcée. »[2]

مفهوم "المؤسسة ذات النفع العام" في الفقه الغربي.

– فرنسا نموذجا:

- Code de la propriété intellectuelle - Article L122-5 modifié par la loi n° 2006-961 du 1er aout 2006 – art. 1 (V) JORF 3 aout 2006:

« Lorsque l'oeuvre a été divulguée, l'auteur ne peut interdire :

- La reproduction et la représentation par des personnes morales et par les établissements ouverts au public, tels que bibliothèques, archives, centres de documentation et espaces culturels multimédia, en vue d'une consultation strictement personnelle de l'œuvre par des personnes atteintes d'une ou de plusieurs déficiences des fonctions motrices, physiques, sensorielles, mentales, cognitives ou psychiques, dont le niveau d'incapacité est égal ou supérieur à un taux fixé par décret en Conseil d'Etat, et reconnues par la commission départementale de l'éducation spécialisée, la commission technique d'orientation et de reclassement professionnel ou la commission des droits et de l'autonomie des personnes handicapées mentionnée à l'article L.146-9 du code de l'action sociale et des familles, ou reconnues par certificat médical comme empêchées de lire après correction. Cette reproduction et cette représentation sont assurées, à des fins non lucratives et dans la mesure requise par le

---

[1] - راجع على سبيل المثال لا الحصر: تشريعات أستراليا – فرنسا – النرويج...

[2] - Étude sur les limitations et exceptions au droit d'auteur en faveur des bibliothèques et des services d'archives, établie par Kenneth Crews* Directeur, Copyright Advisory Office, Université Columbia - Source : OMPI - SCCR/17/2 Appendice, page 327 Date : 26 août 2008.

handicap, par les personnes morales et les établissements mentionnés au présent alinéa, dont la liste est arrêtée par l'autorité administrative.

Les personnes morales et établissements mentionnés au premier alinéa du présent 7° doivent apporter la preuve de leur activité professionnelle effective de conception, de réalisation et de communication de supports au bénéfice des personnes physiques mentionnées au même alinéa par référence à leur objet social, à l'importance de leurs membres ou usagers, aux moyens matériels et humains dont ils disposent et aux services qu'ils rendent.

Les exceptions énumérées par le présent article ne peuvent porter atteinte à l'exploitation normale de l'œuvre ni causer un préjudice injustifié aux intérêts légitimes de l'auteur. »

- المملكة النرويجية نموذجا:

في دولة الحق والقانون، يقرر جلالة الملك أن للمؤلف الحق في الحصول على أجر، نتيجة انتفاع ذوي العاهات (المكفوفين والعاجزين) بأعمال المؤلف:

وذلك طبقا لقانون حق المؤلف الصادر سنة 1961 بالمملكة النرويجية، الذي يوحي ظاهره بمجانية استنساخ الأعمال الفكرية دون حرج في بعض الحالات الخاصة. ولكن باطنه لا يعفي من الأداء، فهو بمثابة يد من حديد في قفاز من حرير... حيث جاء في المادة 17 من هذا القانون أنه: في بعض الحالات الخاصة "يمكن للملك أن يرخص، بشروط معينة، لمؤسسة أو خزانة (أو أكثر) يتم تعيينها للقيام، وفق شروط محددة، بعمل نسخ من بعض المصنفات الأدبية أو العلمية؛ وذلك من أجل إعارة هذه النسخ مجانا للمكفوفين والعاجزين. وللمؤلف الحق في الحصول على مكافأة تؤديها له الدولة".

الله لا يضيع أجر العاملين... و الملك لا يضيع حق المؤلفين

ونورد فيما يلي بالفرنسية ما ينص على ذلك بجلاء، لا لبس فيه ولا التواء:

<u>Intérêt général ou public: l'auteur a toujours droit à une rémunération</u>

« Le Roi peut décider que certains organismes ou bibliothèques, à nommer particulièrement, auront le droit, dans des conditions à déterminer, de produire des exemplaires d'œuvres littéraires ou scientifiques, éditées par le moyen d'enregistrement sur des appareils qui peuvent les reproduire, le tout dans le but de prêter gratuitement ces exemplaires aux aveugles et aux infirmes. L'auteur a droit à une rémunération qui est payée par l'Etat ».[1]

هكذا القانون وهكذا الملك في النرويج... وهكذا يكون حق المؤلف في العرض والنسخ والاعارة والترويج.

---

[1] - Norvège - Loi sur le droit d'auteur de 1961, Art.17

حق المؤلف في الخزانات العامة: ثروة غير محصنة من أضرار القرصنة

فهل الأفراد الذين يرتادون الخزانات ومراكز التوثيق، في وطننا العربي الكبير والصغير، كلهم من ذوي العاهات، معوقين فقراء، مكفوفين عاجزين غير قادرين على الأداء، ولا يستطيعون إلى ذلك سبيلا ؟

ووجه الطرافة في هذا القانون النرويجي أن الملك ليس مؤلفا، كما أن النرويج يكاد يكون البلد الوحيد في العالم الذي لا يشكل فيه المكفوفون والمعوقون نسبة أو رقما يذكر...ومن ثمة، فالأداء هو الأداء، والأجر هو الأجر.

فالحر يتقاضى هذا الأجر- بينما العبد يعمل في حقل سيده بدون مقابل. وإن هو عاله أو أسكنه، أو تفضل وأنعم عليه، فبالقدر الذي يبقيه حيا ليستغله من جديد، مدى الحياة. [1]

فما رأي السادة الأساتذة المقتدرين في مجال اختصاصهم..البعيد كل البعد عن مجال حقوق الملكية الفكرية ؟

وما موقف نقابات المبدعين وجمعيات حقوق المؤلفين ورابطات المثقفين و اتحادات الكتاب ونقابات الصحفيين والناشرين...العرب والمسلمين ؟

وما رأي القيمين على حقوق المؤلفين و الوزراء الأوصياء على مكاتب حقوق المؤلفين و اللاغطين، المتطفلين والمطففين: أشباه "الخبراء" و"المستشارين" و"المؤلفين"، أو بالأحرى "المصنفين" الذين يتطاولون على اختصاصات الغير، يلغطون بما ليس لهم به علم، يلغون بحقوق المؤلفين ويحاجون دون علم أو معرفة بأبجدية حق المؤلفين ؟!؟

(هَا أَنتُمْ هَٰؤُلَاءِ حَاجَجْتُمْ فِيمَا لَكُم بِهِ عِلْمٌ فَلِمَ تُحَاجُّونَ فِيمَا لَيْسَ لَكُم بِهِ عِلْمٌ ۚ وَاللَّهُ يَعْلَمُ وَأَنتُمْ لَا تَعْلَمُونَ)[2]

"قَالَ يَا قَوْمِ أَرَأَيْتُمْ إِن كُنتُ عَلَىٰ بَيِّنَةٍ مِّن رَّبِّي وَرَزَقَنِي مِنْهُ رِزْقًا حَسَنًا ۚ وَمَا أُرِيدُ أَنْ أُخَالِفَكُمْ إِلَىٰ مَا أَنْهَاكُمْ عَنْهُ ۚ إِنْ أُرِيدُ إِلَّا الْإِصْلَاحَ مَا اسْتَطَعْتُ ۚ وَمَا تَوْفِيقِي إِلَّا بِاللَّهِ ۚ عَلَيْهِ تَوَكَّلْتُ وَإِلَيْهِ أُنِيبُ"[3]

صدق الله العظيم

---

[1] - راجع ضمن أعمالنا القادمة "حق المؤلف الحبيس".
[2] - آل عمران 66.
[3] - سورة هود، الآية 88.

تـذكيـر

نذكر أن هذا العمل لا يزال في طوره الجنيني، غير تام. ولم تتحدد قسماته النهائية بعد، سيما وأن مجال اختصاصه الشاسع والمتشعب لا يزال بكرا، مما يجعل الإحاطة بالموضوع من جميع جوانبه في كتاب أو كتابين أو حتى ثلاثة، مهما كانت أحجامها، في حكم المستحيل.

وتوخيا للشمولية التي يقتضيها البحث العلمي، ومقتضيات العصر الذي تسير فيه الأمور بوتيرة متسارعة، فإننا سوف لا نتوقف عند حد التجربة الأمريكية التي تناولناها في هذا الكتاب. بل إننا سنتناول في أعمال قادمة، قيد المراجعة واللمسات الأخيرة، النموذج الأوروبي الغربي، وكذا النموذج الإسلامي الذي نعتبره محطتنا الأخيرة.

وانسجاما مع ما يمليه علينا ضميرنا، وأخلاقيات المهنة أو العلم ـ المحنة، لا بأس من التذكير بأن قصدنا شريف، ونيتنا حسنة، وغايتنا نبيلة، وإن تبدت هنا وهناك، في هذا العمل أو غيره من أعمالنا، بعض الأخطاء أو الأغلاط أو الهفوات، فإن ذلك لا يعود إلى بين النية بقدر ما يعود إلى الطبيعة البشرية التي ليست معصومة من الأخطاء، مهما بلغت درجة حرصها على التلافي .. فما أكثر أخطاءنا وعيوبنا، وما أضيق ما نعلم بالقياس إلى ما نجهل. فنحن لم نفكر قط في الإساءة إلى هذه الجهة أو تلك، أو الانتقاص من شأن أو قيمة أي إنسان، لعدة أسباب، لعل أبسطها أننا بحكم اختصاصنا في حماية حقوق الملكية الفكرية، فإن الشرط الأساسي لممارسة هذا النشاط هو الالتزام بحماية كل إبداع فكري، كيفما كانت قيمته أو نوعيته أو الغاية منه، ومهما كان شأن مصدره .. ومن ثمة، فإن غايتنا المثلى والمقصودة من هذا العمل المتواضع، إنما هي تكريم المؤلفين من كل الأصناف، بما هم أهل له من الاستحقاقات المادية والمعنوية، واستثناء المتطفلين والفضوليين والقراصنة..

حق المؤلف في الخزانات العامة: ثروة غير محصنة من أضرار القرصنة

قائمة المصادر و المراجع

المصادر الأساسية المعتمدة في هذا العمل:

- ✓ كتاب الله العزيز: القرآن الكريم
- ❖ **موسوعة حقوق الملكية الفكرية:**
- ✓ حقوق الملكية الفكرية: أس الحضارة و العمران و تكريم للحق و الخلق (1995)
- ✓ حماية الملكية الفكرية: دعوة للإنقاذ من هاوية الإفلاس الحضاري www.cherkaoui.net
- ✓ إيلاف الملكية الفكرية – بين نهاية التاريخ و بداية اللعبة – أس العولمة... (1998)
- ✓ دستور الملكية الفكرية – أس النشوء و الارتقاء- سلطان العولمة... (1998)
- ✓ العولمة الظلامية (1999)
- ✓ العولمة الغاشية (2000)
- ✓ العولمة المعمعة (2000)

الاتفاقيات و التشريعات المعتمدة في هذه الدراسة

- ❖ <u>الاتفاقيات المتعددة الأطراف، الاقليمية و الثنائية:</u>
- ❖ اتفاقية برن لحماية المصنفات الأدبية والفنية - المنظمة العالمية للملكية الفكرية
- ❖ الاتفاقية العالمية لحقوق المؤلف – الونسكو
- ❖ اتفاقية جوانب حقوق الملكية الفكرية المرتبطة بالتجارة (أدبيك / تريبس) – المنظمة العالمية للتجارة
- ❖ اتفاقية التبادل التجاري الحر بين المغرب والولايات المتحدة الأمريكية.
- ❖ التشريع النموذجي لحماية حقوق المؤلف والحقوق المجاورة في الوطن العربي. جامعة الدول العربية
- ❖ مشروع القانون العربي الاسترشادي لحماية حق المؤلف و الحقوق المجاورة - جامعة الدول العربية – مجلس وزراء العدل العرب – المركز العربي للبحوث القانونية و القضائية.
- ❖ ندوة الويبو الوطنية المتخصصة للسلطات القضائية الأردنية
- ❖ النشرات و المجلات المتخصصة في مجال حقوق المؤلف (من 1967 الى 2013)

- ✓ Convention de Berne pour la protection des oeuvres littéraires et artistiques
- ✓ Conventions et Traités de l'OMPI
- ✓ Convention universelle sur le droit d'auteur
- ✓ Accord sur les Aspects des Droits de Propriété Intellectuelle qui touchent au commerce (ADPIC/ TRIPs
- ✓ Traité sur le droit d'auteur (1996)
- ✓ ABC du droit d'auteur – UNESCO
- ✓ Bulletins du droit d'auteur (BDA) UNESCO (1967-2013)
- ✓ Revues Internationales du Droit d'Auteur (RIDA) – OMPI
- ✓ Observatoire mondial de lutte contre la piraterie

حق المؤلف في الخزانات العامة: ثروة غير محصنة من أضرار القرصنة

- **المراجع الخبيرة:**
  - ✓ أهل الخبرة والتخصص في مجال حماية حق المؤلف وحق النسخ:
- ✓ Carlos A. Villalba, president de l'Institut interaméricain du droit d'auteur (IIDA)
- ✓ Charles Clark, conseiller de l' International Publishers Copyright Council (IPCC)
- ✓ Institut suisse de droit comparé
- ✓ David S. Lewitt, Copyright protection for United States Government computer programs
- ✓ Joseph Papovich - Représentant adjoint des Etats-Unis pour le commerce extérieur chargé des services, des investissements et de la propriété intellectuelle.
- ✓ Centre Français d'exploitation du droit de Copie (CFC)
- ✓ Amadou Békaye Sidibé, Bibliothécaire
- ✓ Denis de Freitas, juriste, consultant en matière de propriété intellectuelle auprès de la Fédération internationale de l'industrie phonographique (IFPI).
- ✓ Cécile Blanchet
- ✓ Bruce Lehman, ministre adjoint du commerce extérieur chargé des services, des investissements et de la propriété intellectuelle
- ✓ M. Claude Burcky – office du représentant des USA pour le commerce extérieur chargé des services, des investissements et de la propriété intellectuelle
- ✓ Kenneth Crews[*] Directeur, Copyright Advisory Office, Université Columbia
- ✓ Gabriel E. Larrea Richerand – Président de l'Institut mexicain du droit d'auteur, A.C., professeur de droit de la propriété intellectuelle au department des hautes études universitaires de l'Ecole libre de droit de Mexico et ancien président du Comité intergouvernemental du droit d'auteur.
- ✓ Commission d'Éthique de l'UFB et de la FSR
- ✓ Gustav Ermecke, Dr théol. Phil. Dr. jur. utr., Professeur à l'Académie archiépiscopalede Paderborn
- ✓ Laurence R. Hefter et Robert D. Litowitz – USIA

- **المراجع التاريخية:**
  - ✓ الجذور التاريخية لحقوق الملكية الفكرية (الجزء الأول من موسوعتنا الشاملة)
  - ✓ مرصد الملكية الفكرية: مرصد شخصي لمواكبة الأحداث العالمية عبر مختلف القنوات الإعلامية المتاحة لنا منذ 1973

- **المراجع الإعلامية:**
  - ✓ وكالة المغرب العربي للأنباء (و م ع)
  - ✓ وسائل الإعلام الوطني، العربي و الدولي (1973-2010)

- **التشريعات الوطنية العربية:**
  - ✓ مملكة البحرين - قانون رقم (22) لسنة 2006 بشأن حماية حقوق المؤلف والحقوق المجاورة – رقم 2008/12

حق المؤلف في الخزانات العامة: ثروة غير محصنة من أضرار القرصنة

- ✓ دولة الكويت / قانون حق المؤلف – مرسوم بقانون رقم 5 لسنة 1999 - مرسوم تشريعي رقم 64 لسنة 1999 في شأن حقوق الملكية الفكرية
- ✓ جمهورية مصر العربية / قانون الملكية الفكرية رقم 82 لسنة 2002
- ✓ دولة قطر / قانون رقم (7) لسنة 2002 بشأن حماية حق المؤلف والحقوق المجاورة
- ✓ الامارات العربية المتحدة / قانون رقم (7) بشأن حق المؤلف صادر في 2002/07/01
- ✓ المملكة الأردنية الهاشمية / قانون حماية حق المؤلف رقم 22 لسنة 1992 والتعديلات الطارئة عليه بموجب القوانين المعدلة 14 لسنة 98 و 29 لسنة 99 و 52 لسنة 2001 و 78 لسنة 2003 - قانون معدل رقم (88) لسنة 2003 - قانون معدل رقم (9) لسنة 2005 - قانون معدل رقم (8) لسنة 2005
- ✓ سلطنة عمان/ مرسوم سلطاني بإصدار القانون رقم 2008/65 بشأن حق المؤلف والحقوق المجاورة
- ✓ قانون لبنان لحماية الملكية الأدبية و الفنية – القانون رقم 75 صادر في 1999/04/03
- ✓ قانون حق المؤلف السوري / قانون رقم 12 للعام 2001 المتعلق بحماية حقوق المؤلف
- ✓ الجزائر- أمر رقم 03-05-2003 صادر في 19 جمادى الأولى 1424 الموافق لـ19 تموز/يوليه 2003 المتعلق بحقوق المؤلف والحقوق المجاورة.
- ✓ تونس - قانون رقم 2009/33 يعدل ويستكمل القانون رقم 94-36 صادر في 24 فبراير 1994 بشأن الملكية الأدبية و الفنية

- ✓ Tunisie - Propriété littéraire et artistique
- ✓ Loi n° 2009-33 du 23 juin 2009, modifiant et complétant la loi n° 94-36 du 24 février 1994, relative à la propriété littéraire et artistique (1).
  - ✓ Code Français de la propriété intellectuelle

- ✓ جيبوتي – قانون رقم 154 لسنة 2006 بشأن حماية حق المؤلف والحقوق المجاورة
- ✓ Djibouti - Loi n°154/AN/06 du 23 juillet 2006 relative à la protection du droit d'auteur et du droit voisin.
- ✓ المملكة العربية السعودية - نظام حماية حقوق المؤلف/مرسوم ملكي رقم م/41 المؤرخ في 2 رجب 1424 (2003/08/30 واللائحة التنفيذية للقانون بشأن حق المؤلف الصادرة في 22 حزيران/يونيه 2005
- ✓ Loi du Royaume de l'Arabie saoudite sur le droit d'auteur, Décret royal n° M/41 du 2 Rajab 1424 H, correspondant au 30 août 2003,
- ✓ المملكة العربية السعودية - اللائحة التنفيذية لنظام حماية حقوق المؤلف الصادرة في 22 حزيران/يونيه 2005
- ✓ المملكة المغربية / "القانون رقم 2.00 المتعلق بحقوق المؤلف والحقوق المجاورة كما تم تغييره وتتميمه بمقتضى القانون رقم 34.05".

البلدان العربية و تاريخ انضمامها للمنظمة العالمية للتجارة:

- ✓ المملكة المغربية – 1995/01/01
- ✓ مملكة البحرين – 1995/01/01
- ✓ دولة الكويت –1995/01/01
- ✓ تونس – 1995/03/29

أضرار القرصنة

- ✓ جيبوتي – 1995/05/31
- ✓ جمهورية مصر العربية – 1995/07/30
- ✓ دولة قطر – 1996/01/13
- ✓ الامارات العربية المتحدة – 1996/04/10
- ✓ المملكة الأردنية الهاشمية – 2000/04/11
- ✓ سلطنة عمان – 2000/11/09
- ✓ المملكة العربية السعودية – 2005/11/12

- " قل يا قوم اعملوا على مكانتكم إني عامل فسوف تعلمون" (الزمر 39)

المؤلف وأعماله في سطور – عبد السعيد الشرقاوي

- ✓ مؤسس مدرسة حقوق المؤلف الاسلامية.
- ✓ مؤلف موسوعة حقوق الملكية الفكرية : "مشروع أس التحضر والإمساك بناصية التحديث"

مشروع حضاري شامل، كامل و متكامل (جاهز للنشر و قابل للتطبيق العملي منذ أمد غير قريب) ينقسم إلى ثلاثة أقسام؛ و يتكون كل قسم من عدة أعمال مرجعية، تتميز بكونها أصلية، رائدة وغير مسبوقة من أحد في العالم، كما أنها ثمرة خبرة المؤلف النظرية و الميدانية على امتداد أربعة عقود من الزمن.

- ❖ القسم الأول: الجذور التاريخية لحقوق الملكية الفكرية
  - ✓ ملحمة الخلق وتجاوز الحق – سنة الخالق أو "حق المؤلف" (صدور الجزء الأول عام 2012 بعنوان "القرآن...روح العولمة و أس الحق" عن مؤسسة بكة الجديدة)
- ❖ القسم الثاني: أبجدية العولمة - مقدمة علم جديد ونظام عالمي وليد
  - ✓ حقوق الملكية الفكرية: أس الحضارة والعمران وتكريم للحق والخلق (1995)
  - ✓ عولمة الملكية الفكرية : بين التنظير الوهمي والتطبيق العشوائي (على الموقع: www.cherkaoui.net)
  - ✓ إيلاف الملكية الفكرية : بين "نهاية التاريخ" و"بداية اللعبة"– أس العولمة (2008)
  - ✓ دستور الملكية الفكرية – أس النشوء والارتقاء - سلطان العولمة...(2008)
  - ✓ شرعة الملكية الفكرية – منهاج الاقتصاد المستدام ضد الانفصالية و الإجرام (جاهز للنشر منذ 2011)
  - ✓ القرآن: روح العولمة و أس الحق (متوفر بأسواق الشرق الأوسط و دول الخليج منذ 2012)
  - ✓ حق المؤلف في الخزانات العامة: ثروة غير محصنة من أضرار القرصنة (2013)
  - ✓ المكتب المغربي لحقوق المؤلفين: كائن غريب...خارج القانون (كتاب تحت الطبع)
- • دعوة للخروج من متاهات "النظام الشبح" و"العولمة المصطلح" - سلسلة أعمال خاصة:

حق المؤلف في الخزانات العامة: ثروة غير محصنة من أضرار القرصنة

* Appel à la sortie des labyrinthes de la mondialisation :

- ✓ العولمة الظلامية (1999)
  العولمة الغاشية (2000)
  العولمة-المعمعة (2000)

Livres e-book

- ❖ Empire empileur…et mondialisation en douceur (2005) www.lulu.com/ - www.arabicebook.com/ - www.mallbooks.com/
- ❖ Junte et Jungle du droit d'auteur (2011) www.lulu.com/
- ❖ Bureau marocain du droit d'auteur : Droits sans auteurs et Auteurs sans droits. (2012) *www.thebookedition.com*

❖ القسم الثالث: مشروع أس التحضر والإمساك بناصية التحديث (أعمال من أعز و أكتم الأسرار، جاهزة للنشر منذ أمد غير قريب)

أعمال إعلامية:

- ✓ **1973** - " دق ناقوس الخطر" – مؤلفون بدون حقوق وحقوق بدون مؤلفين
- ✓ Des auteurs sans droits et des droits sans auteurs (Journal « L'Opinion » du 9/1/1973
- ✓ **1994** - خبير مغربي يؤكد أن اتفاقية الملكية الفكرية الموقعة في إطار "الغات" ستساهم في حماية بعض ميادين الإبداع من عملية القرصنة (وكالة المغرب العربي للأنباء – و م ع – أبريل 1994)
- ✓ الاعتداء على ملكية الغير بالتصوير(الأسبوع الصحفي السياسي-1994.4.29)
- ✓ خبير مغربي يدق ناقوس الخطر ويدعو البلدان العربية إلى سن قوانين وتنظيمات فعالة لحماية تراثها الفكري والفني والعلمي وصيانة ارثها الحضاري من جميع أشكال القرصنة التي يتعرض لها هذا الإرث من لدن الأجانب (و م ع يوليو1994)
- ✓ خبير مغربي يدعو الناشرين في البلدان العربية إلى حماية حقوق التأليف والنشر..لما تتعرض له من صنوف الانتهاكات...(و م ع 1994)
- ✓ Emanant d'un expert marocain : Appel à la protection des droits d'auteurs (MAP – Novembre 1994)
- ✓ النظام العالمي الجديد "حقوق المؤلف وفناني الأداء" (مجلة اتحاد الإذاعات العربية – عدد 4 - 1994)
- ✓ **1995** - خبير مغربي يدعو إلى إنشاء صندوق لدعم الإبداعات الأدبية والفنية (و م ع – يناير1995)
- ✓ Un expert marocain appelle à l'institution d'un fonds de soutien à la création littéraire et artistique (Maghreb Arab Press/ MAP – janvier 1995)
- ✓ صدور كتاب: حقوق الملكية الفكرية – أس الحضارة والعمران وتكريم للحق والخلق (520 ص)
- ✓ عدم احترام الملكية الفكرية يهدد الحضارة (وكالة رويترز – شتنبر 1995)
- ✓ **1996** - حركة الترجمة "اتفاقية الغات و حقوق الملكية الفكرية" (جريدة "الشرق الأوسط" 1996.4.1)
- ✓ حقوق الملكية الفكرية والغات "بين الابتلاع اليسير والهضم العسير" (و م ع ابريل 1996)
- ✓ كتاب العدد - حقوق الملكية الفكرية... "أي توازن بين التشريع المحلي والتشريع الدولي" لعبد السعيد الشرقاوي (عرض الأستاذ عزيز التجيتي. مجلة "شؤون ثقافية" عدد 10 ابريل 1996)

حق المؤلف في الخزانات العامة: ثروة غير محصنة من أضرار القرصنة

- ✓ مبادرة لتفادي الحرب التجارية بين الصين والولايات المتحدة الأمريكية – "حقوق الملكية الفكرية في إعلام وثقافة السلام (جريدة الصحراء المغربية 1996.5.14)
- ✓ "حول حرب الملكية الفكرية بين الولايات المتحدة و الصين= تنبؤ تحقق ومبادرة ايجابية" (رئيس تحرير جريدة الصحراء المغربية 1996.5.20)
- ✓ حقوق الملكية الفكرية بين القرصنة والارتزاق...(جريدة بيان اليوم 1996.7.30)
- ✓ حقوق الملكية الفكرية "واجهة تشريعية مثلى لتجنب الحروب التجارية" (و م ع يوليو1996)
  - ✓ La protection de la propriété intellectuelle : meilleur moyen pour éviter les guerres commerciales (MAP – août 1996)
- ✓ حقوق الملكية الفكرية "بين وضعية الإفلاس وعملية الإقلاع الحضاري" (جريدة بيان اليوم 1996.8.14)
- ✓ حقوق الملكية الفكرية والنظام العالمي الجديد (بيان اليوم 1996.8.21)
- ✓ حقوق الملكية الفكرية "أس الحرب و السلم" (الصحراء المغربية 1996.9.6)
- ✓ الملكية الفكرية "بين القاعدة والاستثناء" (بيان اليوم و الصحراء المغربية 1996.9.12)
- ✓ حقوق الملكية الفكرية "مفاهيم مقلوبة رأسا على عقب" (الصحراء المغربية وبيان اليوم 1996.10.13)
- ✓ مات الفن الأصيل... مات الفنان محمد الحياني (الصحراء المغربية وبيان اليوم 1996.10.27)
- ✓ وداعا فويتح...سلاما فويتح مؤلفا و فنانا و إنسانا (الصحراء المغربية وبيان اليوم 1996.10.26)
- ✓ قراءة في كتاب "حقوق الملكية الفكرية بين نهاية التاريخ وبداية اللعبة" (بيان اليوم 1996.10.30)
- ✓ مراجعة حقوق الملكية الفكرية تستحق عناية خاصة (و م ع -نونبر 1996)
  - ✓ Droits d'auteurs : Un expert marocain propose une autre approche de la propriété intellectuelle. (MAP – Novembre 1996)
- ✓ 1997 - رسالة مفتوحة إلى الرئيس الأمريكي "باحث مغربي يدعو لمقايضة حقوق الملكية الفكرية بقدسية السلام" (جريدة الشرق الأوسط 1997.4.12)
- ✓ الحاجة إلى ثقافة قانونية لاستخلاص حقوق المؤلف (الصحافة الوطنية والدولية – ابريل 1997)
- ✓ "ممارسة حقوق المؤلف في القانون المغربي" – "المكتب المغربي لحقوق التأليف و ممارسة الحقوق للأستاذ عبد السعيد الشرقاوي" (مجلة شؤون ثقافية – العدد 22؛ ماي 1997)
- ✓ عرض وتقديم ثلاثة كتب حول "العولمة" – (بيان اليوم 1997.6.11)

- **1998**
  - ✓ Le « Bureau marocain du droit d'auteur » (BMDA) : Un organisme bénéficiant d'une période d'exception qui dure depuis 1970 (L'Opinion du 10/ 01/1998)
  - ✓ ABC de la « mondialisation » : Règles et exceptions (L'Opinion du 27/01/1998)
    - ✓ قراءة في كتاب..."حقوق الملكية الفكرية وقراصنة الرمال" (بيان اليوم 1998.3.24)
    - ✓ حماية الخصوصية الشخصية (الشرق الأوسط 1998.4.8)
    - ✓ عولمة أم عوربة الأمية ؟ (بيان اليوم 1998.5.22)
    - ✓ ظاهرة الاعتداء على ملكية الغير بالتصوير- الأميرة ديانا نموذجا – (بيان اليوم 1998.6.6)
  - ✓ كتاب تحت الأضواء: "حقوق الملكية الفكرية أس الحضارة و العمران و تكريم للحق و الخلق" – دورية "بالمرصاد" العدد 4 أبريل 1998 – عن الاتحاد العام للناشرين العرب و اللجنة العربية لحماية الملكية الفكرية

حق المؤلف في الخزانات العامة: ثروة غير محصنة من أضرار القرصنة

- ✓ حقوق الملكية الفكرية أصبحت تشمل مفهوما أوسع...(بيان اليوم 1998.7.27)
- ✓ إشكالية العولمة وقضايا الهوية (مجلة اتحاد الإذاعات العربية – عدد 1998 .2)
- ✓ Droits d'auteur et piratage : L'équation à résoudre (Al Bayane du 19-9-1998)
- ✓ حقوق المؤلف و القرصنة – ندوة وزارة الاتصال – (بيان اليوم 1998.9.23)
- ✓ حقوق الملكية الفكرية – "ضرورة الحوار الجاد لرفع الحصار وإلغاء سياسة إفقار المؤلفين والفنانين والمهنيين" (بيان اليوم 1998.10.28)

- **1999 :**

- ✓ Propriété intellectuelle : A. Cherkaoui fait le point : Droits sans auteurs et auteurs sans droits (Al Bayane du 2-2-1999)
- ✓ حقوق الملكية الفكرية ووسائل الاتصال في العالم العربي "مسألة الملكية الفكرية في المنطقة العربية" (مجلة اتحاد الإذاعات العربية عدد 1999.2)
- ✓ La mondialisation obscurantisme – « Appel à la sortie des labyrinthes » d'Abdessaid CHERKAOUI (Al Bayane – 2 Juillet 1999).
- ✓ - من زمن العولمة إلى أسئلة الهوية : قراءة في كتاب "العولمة الظلامية" لعبد السعيد الشرقاوي (جريدة الصحراء المغربية – 12 يوليوز 1999)
- ✓ **2000** - " العولمة الغاشية" : عنوان كتاب جديد للخبير الاقتصادي عبد السعيد الشرقاوي (وكالات ووسائل الإعلام - شتنبر 2000).
- ✓ " العولمة الغاشية" : عنوان كتاب جديد للخبير الاقتصادي عبد السعيد الشرقاوي (وكالات ووسائل الإعلام - شتنبر 2000).
- ✓ Nouvel ouvrage sur les droits d'auteur : « Mondialisation – Baptisation » d'Abdessaid CHERKAOUI (Al Bayane du 24-04-2000).

2003 - الحكومة المغربية في فخ مايكروسوفت..."ضرورة الاستناد إلى المرجعية الوطنية و الخبرة المتخصصة في أي تفاوض ... (رسالة الأمة – 28 يناير 2003).

- ✓ بصدد اتفاقية التبادل الحر بين المغرب وأمريكا : اقتراحات لحماية حقوق الملكية الفكرية في ظل العولمة" للخبير عبد السعيد الشرقاوي (الصحيفة – العدد99 – 13/7 فبراير 2003).
- ✓ عن أي قانون وعن أي فنان تتحدث الحكومة والبرلمان ؟ للأستاذ عبد السعيد الشرقاوي (رسالة الأمة – 27 فبراير 2003) (العصر العدد 267 – 09 ماي 2003).

- **2005**

- ✓ « Les droits d'auteur dans le contexte de la mondialisation - Edition d'un livre e-book : Pouvoirs de l'empire empileur … et mondialisation en douceur » (L'Opinion - Al Bayane du 08/12/2005 – Aujourd'hui Le Maroc du 4 janvier 2006).

- **2006**

- ✓ Le Bureau marocain de droit d'auteur (BMDA) défend les sociétés étrangères. (Aujourd'hui Le Maroc – 04/01/2006)

- **2007** - اليوم العالمي للملكية الفكرية بين تشجيع وتشويه الخلق – أيهما أحق بالحماية: حق المؤلف المفسد أم حق الخالق البارئ المصور ؟ (التجديد 23 أبريل 2007).
- **2008**- متى يحصل المغرب على استقلاله الفكري ؟
  - ✓ على المغرب حماية ملكيته الفكرية من القرصنة الخارجية (جريدة الحركة 18 يونيه 2008)

حق المؤلف في الخزانات العامة: ثروة غير محصنة من أضرار القرصنة

✓ من هو المؤلف "المالك الأصلي للحقوق"...؟ (جريدة التجديد 13 نونبر 2008)
✓ كتاب جديد للخبير الشرقاوي "إيلاف الملكية الفكرية.." (الحركة 26؛ رسالة الأمة 27 و المغربية 28 نونبر 2008)
✓ ضحايا السرقات الأدبية لا يعرفون طرق العلاج القانونية (جريدة النهار المغربية 28 نونبر 2008)
✓ المبدعون المغاربة: حقوق ضائعة و ملكية سائبة (جريدة الصحراء المغربية 1 دجنبر 2008)

- **2009** – الخبير عبد السعيد الشرقاوي يصدر كتابا جديدا "دستور الملكية الفكرية" (الحركة 2009/02/16)
- As for Abdessaid Cherkaoui, who writes that: 'Morocco has fallen into the trape of globalisation when it implicitly recognised multinational companies as an author. (Participation au Colloque international sur la propriété intellectuelle et l'accès au savoir – Université Cadi Ayyad –2 et 3 octobre 2009 à Marrakech)
- جديد الإصدارات المغربية: "دستور الملكية الفكرية..." (الصحراء المغربية 2009/02/16)

- **2010**– لجوء وسائل إعلام اسبانية للسرقة الفكرية جريمة متعمدة...(و م ع 2010/11/25)

✓ Le recours de certains médias espagnols au plagiat et à la contrefaçon (MAP 25/11/2010)
✓ التأطير القانوني لمعاقبة الاعتداء على حقوق الملكية الفكرية (جريدة الصحراء المغربية 2010/12/28)

لجوء وسائل إعلام إسبانية للسرقة الأدبية جريمة متعمدة على الصعيد (و.م.ع. و وسائل الاعلام الوطنية و الدولية)

* Le recours de certains médias espagnols au plagiat et au piratage, "un crime délibérément commis à l'échelle mondiale" Spécial - /Special www.biladi.ma www.actu-maroc.comPolitique www.maroc.ma/ -

2012 - وزير الاتصال في فخ المكتب المغربي لحقوق المؤلفين (ما وراء الحدث – 18 ماي 2012)

2013 - وزير الاتصال يضرب بالظهير الشريف عرض الحائط و يسير بالمغرب نحو الافلاس الحضاري (ما وراء الحدث – 25 يناير 2013)

✓ المكتب المغربي لحقوق المؤلف غير شرعي (ما وراء الحدث – 2013/02/15)
✓ هل دق أحد قبلنا ناقوس الخطر ؟ (ما وراء الحدث – 2013/02/22)
✓ حق التأليف مقدس و الرئيس الأمريكي يسأل به خبيرا (ما وراء الحدث – 2013/03/01)
✓ مشروع الدعم الثقافي...غير منصف، غير عادل و غير مشروع (ما وراء الحدث – 2013/04/05)

* **الصحافة الالكترونية**

* نعم: للتبادل التجاري... لا: للإفلاس الحضاري www.jilpress.com

* - **وزير الاتصال يسير بالمغرب نحو الافلاس الحضاري** www.maghress.com/

وزير الاتصال يضرب بالظهير الشريف عرض الحائط .. الخبير القضائي عبد السعيد الشرقاوي . www.jilpress.com/

* وزير الاتصال يسير بالمغرب نحو الافلاس الحضاري.: / www.lakome.com

* و لو تمت استشارة خبير في الموضوع (و لو كان في الصين) لكان المغرب و المغاربة بألف خير، و لما بقي المكتب المغربي لحقوق المؤلفين يهضم ... (الرابطة تشارك في نقاش حول حقوق المؤلفين المغاربة) www.ampe-maroc.com/

* *تاونات نيوز* في حوار هام مع **الخبير الدولي عبد السعيد الشرقاوي**

✓ **عدم شرعية المكتب المغربي لحقوق المؤلفين** جيل بريس

- ✓ مشروع الدعم الثقافي...غير منصف، غير عادل و غير مشروع جيل بريس
 YouTube -
- حرية الابداع و التعبير الفني، بالوسائل السمعية البصرية، لا تعني حرية الاساءة للأديان و الرموز الدينية
- ✓ لقاء مع الأستاذ عبد السعيد الشرقاوي عن الملكية الفكرية على قناة تكامل على الإنترنت www.takamul.tv.
- ✓ الحكومات العربية/الاسلامية في فخ الملكية الفكرية
 YouTube -

للمزيد، يرجى زيارة الموقع الالكتروني الخاص بالمؤلف:

www.cherkaoui.net

" إن أريد إلا الإصلاح ما استطعت و ما توفيقي إلا بالله عليه توكلت و إليه أنيب" (سورة هود - الآية 88)

الفهرس
أجزاء وفصول هذا العمل:

- توطئة.................................ص 7

- عرض و تقديم ....ص 11

- الجزء الأول ....ص 13

 حق النسخ...بين القاعدة و الاستثناء

- **الفصل 1** - القاعدة الأساسية: حقوق المؤلف استئثارية   ص 14

  * حق النسخ: حق الاستغلال و الكسب المادي

  * حقوق المؤلف المالية: حقوق حصرية

  * حق المؤلف: حق استئثاري...مع بعض الاستثناءات

  * الاستنساخ محدد بنصوص دولية و وطنية

- **الفصل 2** - "حرية الاستنساخ": استثناء من القاعدة   ص 20

  * استنساخ المصنفات غير المحمية

  * استنساخ المصنفات غير الأصلية

  * استنساخ النصوص الرسمية

حق المؤلف في الخزانات العامة: ثروة غير محصنة من أضرار القرصنة

* استنساخ أعمال الملكية العامة

- **الفصل 3** - "حرية الاستنساخ" مقيدة بشروط   ص 25

* حرية الاستنساخ "لتعزيز أهداف السياسة العامة"

* حرية الاستعمال: حرية مقيدة بشروط

* "حرية الاستنساخ" في اتجاه التقييد و التضييق

* الاعلام: بين حدود الحماية و حدود ما يبرره الغرض الاعلامي المنشود

- **الفصل 4** - الاستنساخ بغير حق: اغتيال لروح الابداع و الخلق   ص 37

* الاستنساخ المشروع: وسيلة لتحقيق الكسب للمؤلف

* المؤلف لا يكتم العلم و لا يكرس للقطيعة

* القاعدة تقيد الاستثناء.

* الخزانة ليست شخصا ذاتيا، و لا مكانا خاصا أو دائرة عائلية

الجزء الثاني.. ص 43

"**النظام العالمي الجديد**": أمر برفع القيود و الحواجز أمام التجارة العالمية لحقوق المؤلف الاقتصادية

- **الفصل 5** – حق المؤلف في تضييق هامش الحرية   44

* أنواع المؤسسات المستفيدة

* "حرية الاستنساخ" مقيدة بشروط صارمة

* حق المؤلف في تضييق هامش حرية المشرع

* "حقوق المؤلف المحفوظة للمؤلف": تأشير صريح بالمنع

- **الفصل 6** – الاستنساخ بغير حق: خرق للقانون و اعتداء على الحق   ص 57

* "الاستجابة لطلب شخص ذاتي": حالة خاصة غير قابلة للتعميم أو التكرار

* اعتبار الخطوات الثلاث

* القانون يحدد نوع المصنف و الهدف من استنساخه

* القاعدة العامة لا تقبل الاجتهاد

- **الفصل 7** - الاستنساخ استجابة لطلب شخص ذاتي: تصريح و التزام و مسؤولية ص 63

* "القاعدة" تقلص حرية المشرع

* شروط الطلب: مسؤولية، تصريح و التزام مكتوب و موقع

حق المؤلف في الخزانات العامة: ثروة غير محصنة من أضرار القرصنة

* شروط الاستجابة لطلب شخص ذاتي – مسؤولية الخزانة

* مسؤولية أمين الخزانة: اعتبار الخطوات الثلاث

- **الفصل 8** – الاستنساخ من قبل الخزانات...قابل لأداء الاتاوات   ص 68

* التشريع المغربي و امكانية المطالبة بمكافأة عادلة

* الحصول على مكافأة دون ترخيص: قيد جزئي

* حق الدولة في الترخيص و حق المؤلف في التعويض

* "اتسونامي".. والمغرب النامي

الجزء الثالث..ص 77

حق المؤلف في الخزانات العربية: ثروة غير محصنة من أضرار القرصنة

- **الفصل 9** – قانون الايداع...لتكميم الأفواه و تكبيل حرية الابداع   ص 78

* قانون الإيداع: حاجز أمام حرية الإبداع

* "تنفيذ قوانين الإيداع: رقابة على المطبوعات"

* المؤلفون الأحرار (في تونس) ضد سياسة التكميم و التكبيل

* الإيداع القانوني: رقابة على الكتب

- **الفصل 10** – النشر و التوزيع: حركة مشلولة، حقوق مجهولة و يد مغلولة   ص 89

* محنة المبدعين العرب مع الموزعين العرب

* التوزيع في البلاد العربية: عقود و بنود...و قيود و حدود...

* "حركة التأليف والنشر في العالم العربي": جعجعة بلا طحن

* التأليف و النشر في العالم العربي: لغو و ثرثرة

- **الفصل 11** - الولوج الى المعرفة و الخلق: ولوج بالحق و التزام بأداء المستحق ص 96

* الجهل بحقوق المؤلف الاقتصادية: جهل بمبادئ التنمية الاقتصادية

* لماذا تكون "القراءة للجميع" و لا يكون الخبز للجميع ؟

* هل العرب "صم بكم عمي فهم لا يعقلون" أو لا يقرؤون ؟

* حق المؤلف: ضامن نهضة الأمة الواعية بثروتها

- **الفصل 12** – "الثقافة بالمجان": جهل وتخلف وإخلال بالميزان   ص 102

* كتاب يصدر و أمة تتأخر...خزانة تغتني و مؤلف يفقر

حق المؤلف في الخزانات العامة: ثروة غير محصنة من أضرار القرصنة

* "لكل عامل أجر"...فأين أجر العامل بجهده الذهني ؟

* البلاد العربية: عشوائية و مفهومية...مع الجهل بأبجدية حقوق الملكية الفكرية

* حق النسخ: التجسيد العملي لثروة الأمم

الجزء الرابع..ص 110

دعوة للخروج من عصر الجاهلية و ولوج نظام الملكية الفكرية...........................

- <u>الفصل 13</u> – <u>النظام العالمي الجديد: أمر بتفعيل تطبيق حق المؤلف الوليد</u>   ص 111

* "جريمة الاعتداء بالنسخ على حق المؤلف": تأطيرها و طرق علاجها

* عود على بدء - حق الاستنساخ حق استئثاري لا يمكن تقييده

* لا مجال للاجتهاد مع القاعدة

* الاستغلال غير المشروع: خروج عن القاعدة و القانون

- <u>الفصل 14</u> – <u>حق المؤلف و ضرورة الإصلاح القضائي</u>   ص 128

* التشريعات الوطنية الجديدة: أحكام صارمة ومشددة

* النظام الجنائي العالمي الجديد: وعد و وعيد

* منظومة الإصلاح القضائي...وضرورة الاستعانة بالخبير القضائي

* نظام "القرية الشاملة" يشدد العقوبات على أم القرى

- <u>الفصل 15</u> – <u>حق المؤلف: ألماس و ألماس...لـ"خير أمة أخرجت للناس"</u>   ص 145

* المؤلف المسلم (بأعماله) لا يمشي في الأسواق..و لا يأكل الطعام !؟

* استنساخ الكتب بدون حق: سرقة، فواحش و "بغي بغير الحق"

* قانون حقوق المؤلفين...لا يعفي من الأداء المستغلين و "لا يحمي المغفلين"

* البلاد العربية الاسلامية: قضاء متخلف في مجال حقوق المؤلف

- <u>الفصل 16</u> – <u>مفهوم "النفع العام" ؟ اللاتزام التام بأحكام النظام</u>   160

* ملكية حقوق المؤلف غير قابلة للنزع

* ذريعة المنفعة العامة...بين الاستثناء و القاعدة العامة

* مفهوم "المؤسسة ذات النفع العام"

* الله لا يضيع أجر العاملين...و الملك لا يضيع حق المؤلفين

حق المؤلف في الخزانات العامة: ثروة غير محصنة من أضرار القرصنة

تذكير .... ص 170

قائمة المصادر والمراجع .... ص 171

المؤلف وأعماله في سطور .... ص 175

الفهرس .... ص 181

(رَبَّنَا لَا تُؤَاخِذْنَا إِن نَّسِينَا أَوْ أَخْطَأْنَا ۚ رَبَّنَا وَلَا تَحْمِلْ عَلَيْنَا إِصْرًا كَمَا حَمَلْتَهُ عَلَى الَّذِينَ مِن قَبْلِنَا ۚ رَبَّنَا وَلَا تُحَمِّلْنَا مَا لَا طَاقَةَ لَنَا بِهِ ۖ وَاعْفُ عَنَّا وَاغْفِرْ لَنَا وَارْحَمْنَا ۚ أَنتَ مَوْلَانَا فَانصُرْنَا عَلَى الْقَوْمِ الْكَافِرِينَ)[1]

صدق الله العظيم والحمد والشكر لله رب العالمين.

عنوان الاتصال والتواصل:

info@cherkaoui.net - www.cherkaoui.net

الإيداع القانوني: 2009/1616

ردمك ISBN 978-9954-8058-7-7

---

[1] ـ سورة البقرة الآية 286

حق المؤلف في الخزانات العامة: ثروة غير محصنة من أضرار القرصنة

www.ingramcontent.com/pod-product-compliance
Lightning Source LLC
Chambersburg PA
CBHW081447170526
45166CB00008B/2346